FRANK HEMPEL

Das Spannungsverhältnis zwischen dem sozialen Schutz der Arbeitnehmer und den wirtschaftlichen Interessen der Verleiher und der Entleiher bei der Arbeitnehmerüberlassung

Schriften zum Sozial- und Arbeitsrecht

Band 22

Das Spannungsverhältnis zwischen dem sozialen Schutz der Arbeitnehmer und den wirtschaftlichen Interessen der Verleiher und der Entleiher bei der Arbeitnehmerüberlassung

Von

Dr. Frank Hempel

DUNCKER & HUMBLOT / BERLIN

Gedruckt 1975 bei Buchdruckerei A. Sayffaerth - E. L. Krohn, Berlin 61
Printed in Germany

ISBN 3 428 03507 0

Vorwort

Auch nach Inkrafttreten des Gesetzes zur Regelung der gewerbsmäßigen Arbeitnehmerüberlassung vom 7. August 1972 ist insbesondere der wirtschafts- und sozialpolitische Stellenwert der Arbeitnehmerüberlassung sehr umstritten geblieben. Da die bisherigen Untersuchungen zur Arbeitnehmerüberlassung sich überwiegend auf die juristischen Aspekte beschränken, hat der Verfasser bewußt den sozialwissenschaftlichen Gesichtspunkten besonderes Gewicht beigemessen. Es handelt sich daher bei der vorliegenden Arbeit um den Versuch, anhand eines konkreten Sozialphänomens die Verbindung zwischen sozialwissenschaftlichen und juristischen Erkenntnissen herzustellen.

Die Arbeit ist im Wintersemester 1974/75 als Dissertation vom Fachbereich Rechtswissenschaft der Universität Frankfurt/Main angenommen worden. Ich möchte Herrn Prof. Dr. Manfred Wolf für die Betreuung der Arbeit und für die wertvollen Anregungen vielmals danken. Auch habe ich den Behörden, Verleihern, Verbänden und anderen Institutionen zu danken, die bereitwillig Auskünfte, Informationsmaterial und Anregungen gaben.

Frank Hempel

Inhaltsverzeichnis

Abkürzungsverzeichnis

a. A.	=	anderer Ansicht
ABuA	=	Arbeit, Beruf und Arbeitslosenhilfe
AcP	=	Archiv für civilistische Praxis
AFG	=	Arbeitsförderungsgesetz vom 25. 6. 1969 (BGBl. I S. 582)
AktG	=	Aktiengesetz vom 6. 9. 1965 (BGBl. I S. 1089)
AP	=	Arbeitsrechtliche Praxis
AR-Blattei	=	Arbeitsrechts-Blattei
ArbErlVO	=	Verordnung über die Arbeitserlaubnis für nichtdeutsche Arbeitnehmer (Arbeitserlaubnisverordnung) vom 2. 3. 1971 (BGBl. I S. 152) zuletzt geändert durch die zweite Verordnung zur Änderung der Verordnung über die Arbeitserlaubnis für nichtdeutsche Arbeitnehmer vom 22. 2. 1974 (BGBl. I S. 365)
ArbG	=	Arbeitsgericht
ArbGG	=	Arbeitsgerichtsgesetz vom 3. 9. 1953 (BGBl. I S. 1267)
ArbN	=	Arbeitnehmer
ArbuSozPol	=	Arbeit und Sozialpolitik
AT	=	Allgemeiner Teil
AÜG	=	Gesetz zur Regelung der gewerbsmäßigen Arbeitnehmerüberlassung (Arbeitnehmerüberlassungsgesetz) vom 7. 8. 1972 (BGBl. I S. 1393)
AuR	=	Arbeit und Recht
AuslG	=	Ausländergesetz vom 28. 4. 1965 (BGBl. I S. 353)
AuWiD	=	Außenwirtschaftsdienst des Betriebs-Beraters
AVAVG	=	Gesetz über Arbeitsvermittlung und Arbeitslosenversicherung vom 16. 7. 1927 (RGBl. I S. 187) i. d. F. der Bekanntmachung vom 3. 4. 1957 (BGBl. I S. 706)
AVG	=	Angestelltenversicherungsgesetz
AZO	=	Arbeitszeitordnung vom 30. 4. 1938 (RGBl. I S. 447)
BAG	=	Bundesarbeitsgericht
BArbBl	=	Bundesarbeitsblatt
BB	=	Betriebsberater
Begr.	=	Begründung
BetrVG	=	Betriebsverfassungsgesetz vom 15. 1. 1972 (BGBl. I S. 13)
BetrVG 1952	=	Betriebsverfassungsgesetz vom 11. 10. 1952 (BGBl. I S. 681)
BGB	=	Bürgerliches Gesetzbuch
BGBl.	=	Bundesgesetzblatt
BGH	=	Bundesgerichtshof

BGHZ	= Amtliche Sammlung der Entscheidungen des Bundesgerichtshofs
BlStSozArbR	= Blätter für Steuerrecht, Sozialversicherung und Arbeitsrecht
BPL	= Bundesverband Personal-Leasing
BReg	= Bundesregierung
BSG	= Bundessozialgericht
BSGE	= Amtliche Sammlung der Entscheidungen des Bundessozialgerichts
BT-Drucks.	= Bundestags-Drucksache
BUrlG	= Bundesurlaubsgesetz
BVerfG	= Bundesverfassungsgericht
CIETT	= Confédération Internationale des Entreprises de Travail Temporaire (Internationaler Verband der Zeitarbeitsunternehmen)
CNRS	= Centre National de la Recherche Scientifique (staatliches französisches Forschungsinstitut)
DAG	= Deutsche Angestelltengewerkschaft
DB	= Der Betrieb
DEVO	= Verordnung über die Erfassung von Daten für die Träger der Sozialversicherung und für die Bundesanstalt für Arbeit (Datenerfassungs-Verordnung) vom 24. 11. 1972 (BGBl. I S. 2159)
DGB	= Deutscher Gewerkschaftsbund
DGPV	= Deutsche Gesellschaft für Personalführung e. V., Düsseldorf
DVO	= Durchführungsverordnung zum französischen Zeitarbeitsgesetz (décret no. 73 - 53 du 9 janvier 1973 portant application de certaines dispositions de la loi no. 72 - 1 du 3 janvier 1972 sur le travail temporaire, Journal officiel vom 13. 1. 1973, S. 564)
GG	= Grundgesetz
GmbH	= Gesellschaft mit beschränkter Haftung
INSEE	= Institut National de la Statistique et des Etudes Economiques (französisches Amt für Statistik)
i. d. F.	= in der Fassung
i. S.	= im Sinne
i. V. m.	= in Verbindung mit
JArbSchG	= Gesetz zum Schutz der arbeitenden Jugend (Jugendarbeitsschutzgesetz) vom 9. 8. 1960
JurA	= Juristische Analysen
JuS	= Juristische Schulung
JW	= Juristische Wochenschrift
KSchG	= Kündigungsschutzgesetz i. d. F. vom 25. 8. 1969 (BGBl. I S. 1317)
KZSS	= Kölner Zeitschrift für Soziologie und Sozialpsychologie
LAG	= Landesarbeitsgericht
LB	= Lehrbuch

LadschlG	= Gesetz über den Ladenschluß vom 28. 11. 1956
lit.	= Buchstabe
Lit.	= Literatur
m. w. N.	= mit weiteren Nachweisen
NJW	= Neue Juristische Wochenschrift
Normatt	= Syndicat professionnel pour la normalisation et la promotion du travail temporaire (französischer Zeitarbeitsverband)
OECD	= Organization for Economic Cooperation and Development (Organisation für wirtschaftliche Zusammenarbeit und Entwicklung)
RdA	= Recht der Arbeit
RefE	= Referentenentwurf
RegE	= Regierungsentwurf
RGBl.	= Reichsgesetzblatt
RKG	= Reichsknappschaftsgesetz vom 23. 6. 1923 i. d. F. vom 1. 7. 1926 (RGBl. I S. 369)
RKW	= Rationalisierungs-Kuratorium der Deutschen Wirtschaft e. V., Frankfurt/Main
RVO	= Reichsversicherungsordnung
S.	= Satz
Sgb.	= Sozialgerichtsbarkeit
SNETT	= Syndicat national des entreprises de travail temporaire (französischer Zeitarbeitsverband)
SozArb	= Soziale Arbeit
VersR	= Versicherungsrecht
UZA	= Unternehmensverband für Zeitarbeit
WdA	= Welt der Arbeit
ZAG	= französisches Zeitarbeitsgesetz: loi no. 72 - 1 du 3 janvier 1972 sur le travail temporaire, Journal officiel du 5 janvier 1972, S. 140
ZfA	= Zeitschrift für Arbeitsrecht
ZRP	= Zeitschrift für Rechtspolitik

Einleitung

Jeder Gesetzgebungsakt läßt sich als Experiment auffassen, in welchem das Gesetz als experimentelle Variable eine andere Variable, nämlich das menschliche Verhalten, den sozialen Zustand beeinflußt[1]. Da das Verhalten der Rechtsgenossen nicht mit mathematischer Genauigkeit vorprogrammierbar ist, läßt sich nicht immer exakt vorhersehen, ob mit dem Gesetzesinstrumentarium die angestrebte Wirkung erzielt wird. In besonderem Maße gilt dies für das Gebiet des Wirtschaftsverwaltungsrechts. Wird die wirtschaftliche Betätigung auf einem Gebiet eingeschränkt, so versuchen die Wirtschaftskreise auf anderem Wege, dasselbe Ziel zu erreichen[2].

Beim Erlaß der AÜG vom 7. 8. 1972 (BGBl. I S. 1393) ist man sich durchaus der Tatsache bewußt gewesen, daß das AÜG kein Jahrhundertgesetz ist, das jahrzehntelang unveränderten Bestand haben könnte. Während der zweiten und dritten Beratung des Gesetzentwurfs zur Regelung der gewerbsmäßigen Arbeitnehmerüberlassung im Bundestag brachten die Sprecher der drei Fraktionen übereinstimmend zum Ausdruck, mit dem Erlaß des AÜG werde Neuland beschritten. Sollte die künftige Entwicklung zeigen, daß mit dem AÜG die beabsichtigte Ordnung des Leiharbeitsmarktes nicht erreicht werde, so müsse das Gesetz an Hand der praktischen Erfahrungen unverzüglich novelliert werden[3]. Der Gesetzgeber hat in beispielhafter Weise dafür gesorgt, daß er die erforderlichen Rückmeldungen erhält, wie sich das Gesetz in der Praxis auswirkt. Der Bundestag hat die Bundesregierung ersucht, alle zwei Jahre einen Erfahrungsbericht zu erstellen. Auf Grund der statistischen Meldungen der Verleiher nach § 8 AÜG[4] wird ferner die Bundesanstalt für Arbeit in die Lage versetzt, Statistiken über den Leiharbeitsmarkt zu erstellen.

Schon während des Gesetzgebungsverfahrens wurden einige kritische Stimmen laut. Nach Erlaß des Gesetzes stand das AÜG vollends im Kreuzfeuer der Kritik. In seltener Einmütigkeit fordern seitdem die

[1] *Noll*, S. 76.

[2] Das klassische Beispiel ist das Sicherungseigentum, das die Funktion eines besitzlosen Pfandrechts hat. Das BGB kennt dagegen kein besitzloses Pfandrecht.

[3] Deutscher Bundestag, 6. Wahlperiode, 194. Sitzung vom 21. 6. 1972, S. 11377 - 11380.

[4] Bei dem Zitat der Paragraphen des 1. Art. des AÜG werden zur Vereinfachung die Worte „1. Art.“ weggelassen.

DAG, der DGB, der UZA, der BPL, die Bundesvereinigung der Arbeitgeberverbände und die mit der Durchführung des Gesetzes beauftragte Bundesanstalt für Arbeit eine tiefgreifende Novellierung. Auch in der juristischen Literatur wurde die gesetzliche Regelung in teilweise sogar polemischer Form abgelehnt. Ramm beispielsweise sprach von einem offenkundigen Versagen des Gesetzgebers, von fehlender Gesetzgebungskunst und von „begriffsjuristischen Scheuklappen", die der Gesetzgeber sich angelegt habe[5].

Die Zielvorstellungen und die genannten Mittel, mit denen die Ziele zu verwirklichen seien, klaffen jedoch weiter auseinander denn je. Während insbesondere der DGB für ein generelles Verbot der Arbeitnehmerüberlassung plädiert — u. a. mit der Begründung, Leiharbeit sei moderner Menschenhandel[6] — sollte nach Ansicht der beiden Verleiherverbände UZA und BPL das Gesetz nur in Details verändert werden. Ihnen geht es vor allem darum, die bürokratischen Hemmnisse abzubauen und nach ihrer Meinung wirtschaftlich nicht sinnvolle Beschränkungen aufzuheben[7].

Auch nach Inkrafttreten sind noch zahlreiche Gesetzesverstöße seitens der Verleiher bekanntgeworden. Es herrscht weiterhin der Eindruck vor, das AÜG sei eine stumpfe Waffe im Kampf gegen unseriöse Leiharbeitsunternehmen. Die Misere hat sich noch dadurch verschärft, daß die Arbeitsbehörden in der Zeit nach Inkrafttreten des AÜG personell unterbesetzt und dem Ansturm der über 4000 Anträge auf Erteilung einer Erlaubnis nach § 1 AÜG nicht gewachsen waren. Sie konnten daher lange Zeit nicht gegen die zahlreichen illegalen Verleiher vorgehen. Nach Angaben des Landesarbeitsamtes Frankfurt/M. wurden allein in Hessen rund 350 Antragsteller bis Herbst 1973 registriert. Die Zahl der illegalen Verleiher wurde in Hessen auf 200 geschätzt. Ferner konnte das AÜG nicht verhindern, daß die Verleiher auf andere Vertragsformen, z. B. Werkverträge auswichen.

Hinter den sehr heftig geführten Auseinandersetzungen stehen natürlich handfeste wirtschaftliche Interessen der beteiligten Verbände. Die Leiharbeitnehmer sind für die Entleiher nicht nur wegen des Arbeitskräftemangels und des von den Verleihern propagierten Abbaus der Personalreserven[8] interessant. Der Einsatz einer größeren Zahl von Leiharbeitnehmern kann ein Mittel zur Umgehung zahlreicher arbeitsrechtlicher Vorschriften sein (z. B. des Kündigungsschutzgesetzes oder des Mitbestimmungsrechts). Ferner mag der Einsatz von Leiharbeit-

---

[5] *Ramm*, DB 1973, 1170 (1175).

[6] *Ohne Verfasser*, „Große Geschäfte mit kleinen Leuten", FR v. 27. 4. 73, S. 5; *ohne Verfasser*, „Verleih-Firmen — Flucht nach vorn", FR v. 20. 7. 73, S. 5.

[7] *Bremke*, „Paragraphen, die nichts nützen", in: Die Zeit vom 11. 5. 73, S. 48.

[8] *Schürhoff* in: Hdb. für Manager, 5.52 - 206.

nehmern vorteilhaft sein, weil sie den Entleiher keine Sozialleistungen kosten (z. B. Gratifikationen, betriebliche Altersversorgung, Urlaubsgeld, Werkswohnung). Die Verleiher wollen ihrerseits den Marktanteil ausbauen und bekämpfen deshalb vehement ein Verbot der Arbeitnehmerüberlassung. Die Gewerkschaften müssen befürchten, durch die starke Expansion der Arbeitnehmerüberlassung an Einfluß zu verlieren: nur wenige Leiharbeitnehmer sind gewerkschaftlich organisiert und wegen ihrer oft besonderen Lebenssituation und Außenseiterstellung bereit, sich für deren gewerkschaftlichen Ziele einzusetzen. Aus dem gleichen Grund muß bezweifelt werden, ob sie sich im Konfliktsfall mit den Stammarbeitnehmern in den Entleiherbetrieben solidarisch erklären. Da die Interessen der Leiharbeitnehmer denen der Stammarbeitnehmer in den Entleiherbetrieben zumindest teilweise diametral entgegengesetzt sein dürften, könnte die Versuchung bestehen, beide Arbeitnehmergruppen gegeneinander auszuspielen. Schließlich mag hinter der ablehnenden Haltung der Gewerkschaften die Befürchtung stehen, daß zahlreiche arbeitsrechtliche Schutzvorschriften durch den gezielten Einsatz von Leiharbeitnehmern umgangen werden könnten.

Das komplexe Phänomen der Leiharbeit läßt sich nicht mit rein juristisch-dogmatischen Methoden bewältigen. Das zeigt die umfangreiche juristische Literatur zu dem typischen Dreiecksverhältnis Verleiher - Leiharbeitnehmer - Entleiher[9]. Wie bereits Eugen Ehrlich richtig erkannt hat, muß der Schwerpunkt jeder Rechtsentwicklung in der Gesellschaft selbst und nicht in der Staatstätigkeit bzw. der Tätigkeit der Juristen gesehen werden[10]. Die Unzulänglichkeit des AÜG dürfte darin liegen, daß für den Gesetzgeber die alleinige Richtschnur des Handelns die Rechtsprechung des BVerfG und des BSG zum Adia-interim-Fall war[11]. Das Verhalten des Gesetzgebers ist insofern verständlich, weil in der Bundesrepublik bis heute keine Untersuchungen über die sozialwissenschaftlichen Implikationen der Leiharbeit vorliegen. Dementsprechend soll den sozialwissenschaftlichen Aspekten der Leiharbeit in der vorliegenden Arbeit ein besonderes Gewicht beigemessen werden. Erst dann kann beurteilt werden, ob der Gesetzgeber bestimmte Probleme über- oder unterbewertet hat. Ferner könnte sich herausstellen, daß bis jetzt überhaupt nur ein Teil der sozialen Implikationen erkannt wurde. Bei der sozialwissenschaftlichen Untersuchung im 1. Teil der Arbeit werden insbesondere die neueren Erkenntnisse der Industrie- und Betriebssoziologie, der Arbeits- und Berufssoziologie sowie der Arbeitsmarktforschung berücksichtigt. Außerdem werden volkswirtschaftliche Überlegungen mit einbezogen. Der Schwer-

[9] Vgl. dazu die Literaturübersicht: 2. Teil, 1. Abschnitt, I.
[10] Zitiert nach Rehbinder, Rechtssoziologie, S. 33.
[11] BVerfGE 21, 261 ff.; BSGE 31, 235 ff.

punkt der rechtsdogmatischen Untersuchungen liegt auf den Problemen, die im Zusammenhang mit dem ersten Teil stehen.

Aus mehreren Gründen ist es nicht möglich, auf sämtliche mit der Arbeitnehmerüberlassung verbundenen Fragen einzugehen. Zum einen ist die damit zusammenhängende Problematik zu vielschichtig und zu komplex, so daß sie den Rahmen einer Dissertation sprengen würde. Für eine solche Untersuchung wäre es erforderlich, daß ein Team von Forschern aus sämtlichen oben erwähnten Disziplinen zusammenarbeiten würde. Zum anderen ist für viele Fragen eine definitive Antwort deshalb nicht möglich, weil dazu genauere Sozialdaten fehlen und wenigstens zur Zeit nicht leicht zu beschaffen sind.

Es war deshalb geboten, die Untersuchung in doppelter Hinsicht zu begrenzen. Wie sich schon aus der Wahl des Themas ergibt, werden nur diejenigen Probleme angeschnitten, die im Zusammenhang mit dem Gegensatz zwischen den sozialen Belangen der Leiharbeitnehmer und der Stammarbeitnehmer in den Entleiherbetrieben einerseits und den ökonomischen Interessen der Verleiher und der Entleiher andererseits stehen. Außerdem müssen sich die rechtspolitischen Erörterungen zwangsläufig auf die Fragenkomplexe beschränken, deren sozialwissenschaftliche Hintergründe sich wenigstens in groben Zügen beleuchten lassen. Im übrigen soll die Untersuchung die Probleme aufzeigen, die von der empirischen Sozialforschung in den nächsten Jahren weiter verfolgt werden müßten, um der Sozialpolitik zuverlässige Entscheidungshilfen an die Hand zu geben. Dabei wird es notwendig sein, die Thesen dieser Arbeit weiter zu präzisieren, zu verifizieren oder auch in manchen Punkten zu falsifizieren.

Trotz des augenblicklichen Mangels an empirischem Material ist es eminent wichtig, wenigstens die Problemstellungen zu erarbeiten und die bisher vorliegenden Erkenntnisse der verschiedenen Wissenschaftszweige aufzuarbeiten. Nur so können die Weichen für eine fortschrittliche Sozialpolitik gestellt werden. Je länger die Arbeitsverwaltung faktisch nur die Funktion einer Registrierstelle hat, bei der die Mißstände nur festgestellt werden, ohne daß sie im erforderlichen Maße den Leiharbeitsmarkt steuern kann, desto schwieriger wird es sein, das Problem endgültig in den Griff zu bekommen. Bei einer weiteren unkontrollierten Expansion der Leiharbeit wird ein Faktum geschaffen, das sich nur schwer korrigieren läßt. Ein Eindämmen auf sozialpolitisch und volkswirtschaftlich vertretbare Ausmaße wäre praktisch nicht mehr möglich. Denn nach dem „sozialen Trägheitsgesetz" ist es immer schwerer, das Bestehende zu beseitigen, als seine Entstehung zu verhindern[12].

---

[12] *Noll*, S. 101.

Erster Teil

Die sozialwissenschaftlichen Grundlagen der Arbeitnehmerüberlassung

1. Abschnitt: Das Verhältnis der Sozialwissenschaften zur Rechtspolitik und zur Rechtsauslegung

Aufgabe der Rechtspolitik ist es, anzugeben welche sozialen Ziele mit welchen rechtlichen Mitteln und auf welchen rechtlichen Wegen erreicht werden sollen[1]. Sie bedarf dazu der Mithilfe der empirischen und der theoretischen Sozialwissenschaften. Erst die Kenntnis der relevanten Sozialdaten führt dazu, daß das Recht als Hebel der gesellschaftlichen Entwicklung wirksam eingesetzt werden kann[2]. Dabei muß die Wechselwirkung zwischen Recht und Sozialleben beachtet werden. So wie das „lebende Recht" gleichsam das Spiegelbild der gesellschaftlichen Entwicklung ist, leistet es durch seine Existenz zugleich einen Beitrag zu dem permanenten Umwandlungsprozeß in der Gesellschaft.

Die empirische Sozialforschung kann ihre wichtige Funktion als Lieferantin der Daten nur dann erfüllen, wenn sie eng mit den theoretischen Sozialwissenschaften zusammenarbeitet. Die Theorie bildet den Ausgangspunkt für die Empirie und schafft den notwendigen Bezugsrahmen. Es muß erst eine theoretische Konzeption bzw. ein Modell der ablaufenden Prozesse in dem zu untersuchenden Sozialsystem erarbeitet werden, um zu den relevanten Fragestellungen vorzustoßen. Entsprechendes gilt für die Auswertung der Daten, die zudem ein doppeltes Ziel hat: ihre primäre Aufgabe ist es, ein möglichst präzises Bild vom Ist-Zustand der Gesellschaft zu liefern. Ferner sollen — soweit möglich — durch Extrapolation voraussichtliche Entwicklungstendenzen in der Gesellschaft aufgezeigt werden, die alternativ bei einem legislatorischen Eingreifen oder ohne gesetzgeberische Intervention zu erwarten sind.

---

[1] *E. E. Hirsch,* Das Recht im sozialen Ordnungsgefüge, 1968 (zitiert nach Rehbinder, JuS 1973, 273 [275 Fn. 8 u. 22]).

[2] So *Eugen Ehrlich,* zitiert nach Rehbinder, Rechtssoziologie, S. 31.

Die sozialwissenschaftlichen Grundlagen des 1. Teils sind nicht nur für die rechtspolitischen Überlegungen zur Novellierung des AÜG, sondern auch für die Untersuchung der mit der Gesetzesauslegung verbundenen Probleme gleichermaßen von Bedeutung. Denn gerade das Arbeits- und Sozialversicherungsrecht — diesen Rechtsgebieten ist ein Großteil der Vorschriften des AÜG zuzuordnen — haben sich schon immer als Nahtstelle zwischen Soziologie und Recht erwiesen. Die Lösung dringender sozialer Probleme unter Berücksichtigung der tatsächlichen Verhältnisse war auf diesen Gebieten immer vorrangig gegenüber rein rechtsdogmatischen Konstruktionen.

2. Abschnitt: Empirische Untersuchungen

Da in der Bundesrepublik fast kein empirisches Material vorhanden ist, mußte sich der Verfasser selbst das erforderliche Tatsachenmaterial beschaffen, um ein verläßliches Bild von der tatsächlichen Lage zu erhalten.

I. Gespräche und Korrespondenzen mit Behörden, Verbänden und anderen Institutionen

Grundlage der sozialwissenschaftlichen Untersuchungen sind einmal die Gespräche und Korrespondenzen, die der Verfasser mit den folgenden Behörden, Verbänden und anderen Institutionen führte:

DAG, DGB, Bundesanstalt für Arbeit, Landesarbeitsamt Frankfurt/Main, Bundesministerium für Arbeit und Sozialordnung, Unternehmensverband für Zeitarbeit, Bundesverband für Personal-Leasing, Sozialwissenschaftliches Institut des DGB in Düsseldorf, Rationalisierungs-Kuratorium der Deutschen Wirtschaft — Abteilung Arbeits- und Sozialwirtschaft — in Frankfurt/M., OECD, Internationales Institut für Zeitarbeit in Brüssel (Vereinigung der nationalen Verleiherverbände), Internationales Arbeitsamt, die beiden französischen Zeitarbeitsverbände NORMATT und SNETT. Außerdem führte der Verfasser ein ausführliches Gespräch mit dem Wirtschaftswissenschaftler Prof. Guy Caire aus Nanterre[1].

Den Gesprächen[2] lag ein ausführlicher Fragenkatalog zugrunde, den der Verfasser vorher ausgearbeitet hatte und in dem die wesentlichsten sozialwissenschaftlichen Probleme zusammengefaßt waren. Auf

---

[1] Autor der Zeitarbeitsuntersuchung: „Les nouveaux marchands d'hommes? — étude du travail intérimaire", 1973.

[2] Soweit die Gesprächspartner ihren Sitz in der Bundesrepublik haben, erfolgte die Befragung im Herbst 1973; die in Frankreich geführten Interviews fanden im März und April 1974 statt.

diesem Wege wurde eine Vergleichbarkeit der verschiedenen Aussagen angestrebt. Die Ergebnisse der Befragungen sind im 1. Teil der Dissertation miteingearbeitet. Zusammenfassend kann festgestellt werden, daß die Ergiebigkeit der Gespräche sehr unterschiedlich war, obwohl fast alle Institutionen den angeschnittenen Fragen sehr aufgeschlossen gegenüberstanden. Dies gilt insbesondere auch von den Verleiherverbänden, die eine Menge Anregungen gaben. Vom RKW erhielt der Verfasser eine Reihe von wissenschaftlichen Untersuchungen zur Mobilitäts- und Arbeitsmarktforschung, zur Frage der älteren Arbeitnehmer und der Frauenerwerbstätigkeit sowie zu dem Problem der Humanisierung der Arbeit. Dennoch blieben oft zahlreiche Fragen unbeantwortet, weil die Beteiligten sich mit dem Problem noch nicht auseinandergesetzt hatten.

II. Die Stellenanzeigen der Leiharbeitsunternehmen in den Wochenendausgaben der Frankfurter Rundschau im zweiten Halbjahr 1973

Die systematische Durchsicht der Stellenanzeigen gibt u. a. Aufschluß über eine Reihe von Fragen: Welche Berufe sind besonders gefragt? Welche saisonale Schwankungen sind zu verzeichnen? Mit welchen Werbemethoden arbeiten die Verleiher? Welcher Personenkreis wird besonders häufig angesprochen? usw.

Anzahl der registrierten Verleiher, die in der FR inserierten

Monat	Wochendurchschnitt
Juli	13,25
August	12,25
September	15,80
Oktober	14,75
November	12,25
Dezember	7,80

Anzahl der Stellenanzeigen

Monat	Anzahl der Anzeigen pro Monat	Wochen-durchschnitt
Juli	84	21,00
August	72	18,00
September	111	22,20
Oktober	80	20,00
November	58	14,50
Dezember	44	8,80

Anzeigen insgesamt: 449

Aufteilung der Anzeigen nach dem Anteil der gesuchten Arbeitnehmer, die Büroberufe ausüben und Arbeitnehmer, die einem gewerblichen Beruf angehören

Monat	Anzahl der Gesuche für Büroberufe pro Monat	Wochen-durch-schnitt bei Büro-berufen	Anzahl der Gesuche für gewerbl. Berufe	Wochen-durch-schnitt bei gewerbl. Berufen
Juli	48	12,0	41	10,5
August	44	11,0	27	6,75
September	66	13,2	48	9,60
Oktober	51	12,75	35	8,75
November	37	9,25	24	6,00
Dezember	34	6,80	12	2,40

Büroberufe insgesamt: 280
Büroberufe auf dem gewerblichen Sektor insgesamt: 187

In den 449 Anzeigen wurden 80 Berufe genannt. Die Konzentration der Arbeitnehmerüberlassung auf einige wenige Berufe und Wirtschaftszweige kommt deutlich darin zum Ausdruck, daß von den 80 Berufen nur die folgenden 26 mehr als zehnmal in den Stellenanzeigen erscheinen:

Berufsbezeichnung:	*Anzahl der Nennungen:*
Stenotypistinnen	210
Sekretärinnen	209
Phonotypistinnen	153
Monteure, Installateure, Spengler	102
Schlosser	101
Maschinenschreiberinnen	99
Locherinnen, Datentypistinnen	72
Buchhalterinnen	55
Dreher	55
Kontoristinnen	54
Mechaniker	47
Schweißer	38
Fräser	32
Maschinenbuchhalterinnen	30
Telefonistinnen	24
technische Zeichnerinnen	23
Schreibkräfte	20
Fernschreiberinnen	19
Einrichter	17
Fakturistinnen	17
Bohrer	14
Schreiner/Tischler	14
Lackierer	12
Schleifer	11
Techniker	10
Verdrahter	10
Sonstige Berufe, die weniger als zehnmal verlangt wurden	148

Jede der drei Berufsbezeichnungen Stenotypistin, Sekretärin und Phonotypistin erschien häufiger in den Stellengesuchen als alle 54 Berufsbezeichnungen zusammen, die jeweils weniger als zehnmal in den Anzeigen genannt wurden. Die Zusammenstellung der 54 Berufsbezeichnungen mit jeweils weniger als zehn Nennungen zeigt, daß teilweise auch Leiharbeitnehmer mit speziellen Berufen gesucht werden. Außerdem lassen die Berufsbezeichnungen gewisse Rückschlüsse auf das generelle Qualifikationsniveau der Leiharbeitnehmer zu.

Die folgenden Berufsbezeichnungen wurden jeweils weniger als zehnmal in den Stellenanzeigen genannt (in alphabetischer Reihenfolge):

Berufsbezeichnung:	*Anzahl der Nennungen:*
Ankerwickler	2
Arbeitsplaner	3
Baggerführer, Raupenfahrer	4
Bankkaufleute	4
Bauhelfer	1
Bauzeichner	5
Betonbauer	1
Büfetthilfen	1
Bürohilfskräfte	4
Chefsekretärin	3
Dachdecker	1
Dachdeckerhelfer	1
Einschaler	2
Elektro(maschinen)bauer	2
Elektroniker	1
Fahrer (Klasse II, III)	5
Fernmelder	3
Fremdsprachenkorrespondentinnen	4
Galvaniseure	5
Gerüstbauer	5
Gipser	1
Glaser	4
Heizungshelfer	1
Hilfskräfte, gewerbliche	4
Hobler	1
Ingenieure	5
Kassiererinnen	1
Köche	5
Konstrukteure	6
Kranführer	3
Lagerarbeiter	3
Lagermeister	2
Lithograph	2
Maschinenarbeiter	1
Maurer	6
med.-technische Assistentinnen	1
Offsetdrucker	3
Operateur	1
Packer	1
Plattenleger	1
Programmierer	2
Prüferinnen (Büro)	1
Putzer	1
REFA-Fachleute	1
Sachbearbeiter, qualifizierte	4
Schreibmaschinenkenntnisse, Studentinnen mit	3
Schriftsetzer	1
Speditionskaufmann	1

Berufsbezeichnung:	*Anzahl der Nennungen:*
Staplerfahrer	3
Studenten technischer Fachrichtungen	4
Verputzer	2
Werkzeugmacher	7
Zimmerleute	8

Der Aussagewert der genannten Zahlen wird dadurch gemindert, daß der Verfasser nur diejenigen Leiharbeitsunternehmen berücksichtigen konnte, die ihm bekannt waren. Zu einem großen Teil sind es Unternehmen, aus deren Firmennamen hervorgeht, daß es sich um Verleiher handelt. Bei einer Reihe anderer Unternehmen kann die Verleihereigenschaft nicht dem Anzeigentext entnommen werden. Andererseits umfassen die genannten Zahlen die gesamte Geschäftstätigkeit der Verleiher, sie gehen also über die gewerbsmäßige Arbeitnehmerüberlassung im Sinne des § 1 Abs. 1 AÜG hinaus. Einem Teil der Anzeigen läßt sich entnehmen, daß die gesuchten Arbeitnehmer zur Erfüllung werkvertraglicher Verpflichtungen eingesetzt werden sollen. Da viele Leiharbeitsunternehmen auf Werkverträge ausweichen, um nicht an das AÜG gebunden zu sein, ist es sinnvoll, die gesamte Geschäftstätigkeit der Verleiher zu erfassen.

Die Zahl der inserierenden Verleiher sowie der Anzeigen war in den Sommermonaten deutlich größer als in den Wintermonaten. Ein deutlicher Einschnitt ist dabei im November zu verzeichnen. Für diese Entwicklung sind mehrere Ursachen verantwortlich. Im Sommer ist die Nachfrage nach Leiharbeitnehmern besonders groß, die als Urlaubsvertretung eingesetzt werden sollen. Ferner unterliegt auch der Leiharbeitsmarkt den generellen Schwankungen des Arbeitsmarktes. Unabhängig von der Konjunktur werden von der Wirtschaft in den Sommermonaten mehr Arbeitskräfte benötigt als in den Wintermonaten, in denen dementsprechend die Arbeitslosenziffern am höchsten sind. Diese beiden Tendenzen wurden zusätzlich von dem Konjunkturumschwung im zweiten Halbjahr 1973 überlagert. Die Erdölkrise und die allgemeine wirtschaftliche Entwicklung brachte eine Reihe von Wirtschaftszweigen in ziemliche Bedrängnis. Daraus erklärt sich insbesondere der rapide Rückgang der Nachfrage nach gewerblichen Arbeitskräften.

Interessant ist ein Vergleich des Werbeaufwands der Leiharbeitsunternehmen mit dem des Arbeitsamtes. Den 449 Anzeigen der Verleiher stehen ganze zwölf Anzeigen des Arbeitsamtes gegenüber, in denen Aushilfskräfte gesucht werden. In den Anzeigen der Arbeitsverwaltung werden entweder Studenten angesprochen oder Interessenten, die bei den Frankfurter Messen vorübergehend arbeiten wollen.

Zwar besteht zwischen der Arbeitnehmerüberlassung und der Arbeitsvermittlung in juristischer Hinsicht ein großer Unterschied. Wirtschaftlich sind beide jedoch durchaus vergleichbar, wie noch zu zeigen sein wird[3].

In der Tabelle über den Anteil an Büroberufen im Vergleich zu den gewerblichen Berufen wurde bewußt darauf verzichtet, als dritte Rubrik die technischen Berufe anzuführen. Ihr Anteil ist bei den erfaßten Anzeigen zu gering. Außerdem erfuhr der Verfasser erst zu einem späteren Zeitpunkt, daß der Anteil der illegalen Verleiher in diesem Bereich besonders groß ist. Bei der Berufsaufstellung dürften insgesamt die gewerblichen und technischen Berufe unterrepräsentiert sein, da gerade bei solchen Gesuchen der Charakter der Leiharbeit besonders oft verschleiert wird. Trotz dieser Vorbehalte dürfte die Auswertung der Stellenanzeigen geeignet sein, wenigstens ein ungefähres Bild vom Leiharbeitsmarkt zu vermitteln, das durch die übrigen Untersuchungen noch ergänzt wird.

Recht aufschlußreich ist ferner die Anzeigengestaltung. Die Stellengesuche enthalten oft überraschend wenig sachliche Information über die Art der künftigen Tätigkeit. Auf der anderen Seite zeichnen sich einige der Anzeigen durch einen anreißerischen Ton aus. Es werden vor allem Personen mit einer rein instrumentellen Arbeitseinstellung angesprochen, denen ein hoher Lohn wichtiger ist als eine interessante Tätigkeit, die den Arbeitnehmer auch ausfüllt. Arbeitnehmer werden beispielsweise mit der Ankündigung geködert, wöchentlich erfolge die Verlosung eines Urlaubshunderters. Die Anzeigen eines anderen Verleihers tragen die fettgedruckte Überschrift „Frauen mit Vergangenheit", darunter folgt in kleiner Schrift der Zusatz „im Büroleben". Bei anderen Stellengesuchen ist ein chinesischer Kuli abgebildet mit einer Sprechblase, die den folgenden Inhalt hat: „Sichel veldienen Zeit - Arbeitel mehl als wil, wil suchen ..." Andere Anzeigen desselben Unternehmens enthalten die Zeichnung eines Paschas mit der folgenden Sprechblase: „Einen Harem suche ich nicht, sondern (es folgt die Aufzählung der Büroberufe für weibliche Arbeitnehmer)." Den Stellenanzeigen eines weiteren Unternehmens ist das Bild eines Mannes beigefügt, der in einem mit Geldscheinen bis zum Rand gefüllten Bottich sitzt, mit denen er lässig spielt. Die Beispiele demonstrieren deutlich, für wie primitiv die künftigen Leiharbeitnehmer gehalten werden und daß die Werbung wenig seriös ist. Darüber hinaus kann ein Teil der geschmacklosen Anzeigen geradezu als Beleidigung der weiblichen Ar-

---

[3] Darauf ist es wohl zurückzuführen, daß die Bundesanstalt für Arbeit in den Anzeigen den von den UZA-Unternehmen gebrauchten Begriff „Zeitarbeit" übernommen hat. Aushilfskräfte werden unter der Rubrik „Zeitarbeit-Vermittlung des Arbeitsamtes" gesucht.

beitskräfte aufgefaßt werden. Der optische Blickfang und der anreißerische Text sollen die sachlichen Informationen ersetzen. Derartige Werbemethoden tragen kaum dazu bei, den Arbeitsmarkt transparenter zu gestalten.

Die Anspielung darauf, daß Leiharbeitnehmer oft mehr verdienen als Stammarbeitnehmer, kommt in den folgenden Formulierungen der Anzeigen zum Ausdruck: wenn sie als Urlaubsvertretung kurzfristig viel Geld verdienen wollen, Spitzenlöhne zahlen wir an Spitzenkräfte auf Zeit, Höchstbezahlung, beste Bezahlung, Spitzengehälter für Spitzenleute auf Zeit, noch mehr freie Zeit und noch mehr Geld mit Sicherheit, der beste Tip für hohe Löhne.

Bemerkenswert ist ferner die häufige Abbildung des Verleihers bzw. des Personalsachbearbeiters eines Leiharbeitsunternehmens. Damit sollen vermutlich Hemmungen abgebaut werden, sich mit dem anonymen Verleiher in Verbindung zu setzen. Außerdem wird dadurch die Tatsache überspielt, daß ein Leiharbeitnehmer zu seinem Verleiher zwangsläufig einen geringeren Kontakt hat als ein Stammarbeitnehmer zu seinem Arbeitgeber. Da der Leiharbeitnehmer in der Regel nie im Verleiherunternehmen arbeitet, hat für ihn der Verleiher nur die Funktion einer Zahlstelle. Die Abbildung selbstbewußt aussehender Leiharbeitnehmer soll dem Interessenten suggerieren, die Zeitarbeit schaffe ein neues Selbstbewußtsein. Damit werden vor allem Hausfrauen angesprochen, die längere Zeit nicht berufstätig waren.

III. Die Werbebroschüren der Leiharbeitsunternehmen

Ein ähnlich nicht immer günstiges Bild vermitteln die Werbebroschüren, die der Verfasser von sieben Frankfurter Verleihern im zweiten Halbjahr 1973 erhalten hat. Einschränkend ist allerdings auch hier hinzuzufügen, daß die Auswahl für sich allein genommen nicht repräsentativ sein kann, da nur die größeren Verleiher Broschüren herausgeben.

1. Zwei Werbeschriften eines Leiharbeitsunternehmens wenden sich speziell an die Wirtschaft und zeigen, wie vielfältig die zugewiesenen Arbeitskräfte einsetzbar sind. Von den Büroberufen werden folgende erwähnt: Telefonistin, Phonotypistin, Stenotypistin, Sekretärin. Zu den gewerblichen Projekten heißt es, das Leiharbeitsunternehmen stelle, ganz gleich für welche Aufgaben und Projekte, Fachkräfte für die Produktion zur Verfügung. Es zeigt sich sowohl hier wie bei den Stellenanzeigen, daß häufig mit Werkverträgen gearbeitet wird. Auch in den Stellenanzeigen findet sich dann der Ausdruck „Projekt". Ferner heißt es u. a. in der Schrift, das Arbeitskräfteangebot reiche vom Spezial-

ingenieur bis zur Putzfrau, vom Betriebsingenieur bis zum Fachmann für Elektronik. Die zweite Broschüre desselben Unternehmens enthält eine Grafik, in der den Kunden gezeigt wird, wie ein Leiharbeitnehmer im Extremfall ein ganzes Jahr über an ein und demselben Arbeitsplatz beschäftigt werden kann, ohne daß die dreimonatige Einsatzbefristung des § 3 Abs. 1 Nr. 6 AÜG verletzt wird. Unter Einbeziehung der zehntägigen Betriebsruhe zwischen Weihnachten und Neujahr, des Urlaubs und der Betriebsferien braucht der Leiharbeitnehmer nur zusätzlich neun Tage auszusetzen. An anderer Stelle heißt es in demselben Heft, die Sicherstellung einer sach- und termingerechten Arbeitsausführung erfordere nun wieder in größerem Umfang Werkverträge oder Dienstverträge.

2. Das Werbefaltblatt des zweiten Verleihers zeigt auf der ersten Seite eine junge Frau am Steuer ihres Wagens, der folgender Ausspruch zugeschrieben wird: „Ich habe jetzt viel mehr Zeit für mich selbst und doch ein sicheres Einkommen." Auf der Rückseite äußert ein lächelnder Leiharbeitnehmer, er lerne viele Betriebe kennen und bleibe trotzdem seinem Arbeitgeber treu. In den Innenseiten findet sich unter dem Bild zweier junger Frauen der Text: „Wir sind schon lange bei [Name des Verleihers] und arbeiten gerne dort." Außerdem werden speziell ältere Arbeitnehmer angesprochen unter der Überschrift: „Was heißt in meinem Alter." Den Interessenten wird ferner versprochen, sie seien Herr über ihre Zeit und würden durch den Verleiher eine Menge interessanter Leute kennenlernen. Wer seine Anschrift dem Leiharbeitsunternehmen mitteilt, soll den „supergroßen Freizeit-Ball" mit der Aufschrift des Verleihers erhalten. Damit dürfte ein Verstoß gegen die Zugabeverordung und gegen das UWG vorliegen.

3. Das dritte Unternehmen wendet sich an Personen, die aus persönlichen Gründen keine Dauerstellung annehmen können, sich zwischen zwei Stellungen befinden, arbeitslos sind oder keine Dauerstellung annehmen wollen. Damit werden Arbeitskräfte mit vorübergehendem Arbeitsinteresse angeworben. Das Bild einer glücklich aussehenden Familie wird mit dem Kommentar versehen: „Für mehr Freizeit."

4. Die Broschüre des vierten Unternehmens spricht die Personen an, „die mehr Geld aus ihrer Freizeit machen möchten". Den Frauen werden Konsumgüter aufgezählt, die sie mit dem verdienten Geld kaufen können: Farbfernseher, neues Auto, schönerer Urlaub. Ferner werden männliche Arbeitnehmer angesprochen, die solange bei dem Verleiher arbeiten sollen, bis sie eine Dauerstellung gefunden haben.

5. Das Titelblatt der Werbeschrift des fünften Verleihers zeigt die Konsumgüter, die mit dem verdienten Geld angeschafft werden kön-

nen: Auto, Fernseher, Fahrrad, Waschmaschine, Flugschein, Kosmetika, Sparbuch. Es wendet sich speziell an Hausfrauen und „Zugvögel", d. h. jüngere Arbeitnehmer, die nicht immer im selben Betrieb arbeiten wollen oder einen längeren Urlaub einlegen wollen.

6. Vorbildlich sind die Broschüren des sechsten Unternehmens. Der Interessent erhält die Arbeitsordnung, aus der er sich eingehend informieren kann, welche Rechte und Pflichten mit der Leiharbeit verbunden sind. Eine zweite Werbeschrift desselben Unternehmens enthält eine Aufstellung der Punkte, auf die der Interessent achten soll, bevor er ein Leiharbeitsverhältnis eingeht, damit er nicht an einen unseriösen Verleiher gerät.

7. In dem Faltblatt des letzten Unternehmens finden sich u. a. folgende Werbeslogans: „Ausgleich zwischen Arbeit und Vergnügen", „die Erfüllung verwegener Wünsche", „ohne Plünderung der Haushaltskasse sich mal was Besonderes leisten". Die Abbildungen zeigen, daß speziell Hausfrauen angesprochen werden. In der zweiten Schrift desselben Verleihers wird wiederum die große Freizeitmöglichkeit angepriesen. Hausfrauen werden mit den folgenden Worten angeworben: „Die deutsche Wirtschaft braucht [Name des Verleihers]-Mitarbeiter als Reserve, um alles zu schaffen. Eine große Aufgabe für jeden, der über kurz oder lang etwas Zeit erübrigen kann ... [Name des Verleihers] hat für treue Mitarbeiter ein wirksames, amüsantes Kurzprogramm, das Ihnen die Möglichkeit gibt, zusätzliche Kenntnisse in Ihrem Beruf oder verwandten Tätigkeiten zu erwerben. Wenn Sie längere Zeit für [Name des Verleihers] gearbeitet haben, geben wir Ihnen kostenlos diese Weiterbildungschance. Da treffen Sie erfahrene Lehrer und Sie sind in Gesellschaft netter, intelligenter Gleichgesinnter. Absolventen solcher Kurse tragen eines Tages voller Stolz die silberne [Name des Verleihers]-Ehrennadel ... Es macht schon Spaß, in eine der schicken [Name des Verleihers]-Filialen zu kommen. Da weiß man gleich, wo man hingehört, wo man sich wohlfühlt. Der Studio-Chef wird sich gern bei einem Täßchen Kaffee mit Ihnen unterhalten. Und nun machen Sie einmal den Versuch ... Auch, wenn sie das gute Gehalt nicht brauchen sollten. Unsere Wirtschaft braucht Sie!"

Zusammenfassend kann festgestellt werden, daß nicht die Attraktivität der auszuübenden Tätigkeit im Vordergrund steht, sondern nur die Begleiterscheinungen: Es werden Erwartungen geweckt, die Leiharbeit sei für Hausfrauen geeignet, menschliche Kontakte herzustellen, ermögliche einen noch höheren Lebensstandard und sei eigentlich mehr eine Art Zeitvertreib. Mit Äußerlichkeiten wie das amüsante Kurzprogramm, die silberne Ehrennadel und den schicken Verleiherfilialen werden die Schwierigkeiten verdeckt, die mit dem ständigen Betriebswechsel verbunden sind. Die vom Leiharbeitnehmer ausgeübte Tätigkeit soll also nicht zu dessen Selbstverwirklichung beitragen. Sie ist nur das Mittel dazu, die Freizeit angenehmer zu gestalten, indem sie einen höheren Konsum gestattet und der Leiharbeitnehmer die Möglichkeit hat, unbezahlten Urlaub zu nehmen oder nur von Zeit zu Zeit zu arbeiten.

IV. Umfragen bei 21 Verleihern in Frankfurt/M. und Offenbach im Oktober/November 1973

Der Verfasser stellte sich den Leiharbeitsunternehmen als Student vor, der sich über die Leiharbeit informieren wolle. Er sei daran interessiert, jeweils ca. eine Woche pro Monat zu arbeiten. Als Qualifikation wurde auf Befragen angegeben: Fremdsprachen sowie nur leidliche Schreibmaschinen- und Stenokenntnisse. Ziel dieser Aktion war es, die Beobachtungen und Erfahrungen zu registrieren, die ein Interessent machen kann, der sich bei verschiedenen Leiharbeitsunternehmen bewirbt. Ferner sollten die Geschäftsgebaren der Verleiher festgestellt werden. Die Anschriften hatte der Verfasser den Stellengesuchen sowie dem Telefonbuch entnommen. Überwiegend suchte der Verfasser das Geschäftslokal persönlich auf. In einigen Fällen mußte er sich auf eine telefonische Anfrage beschränken, weil nur die Telefonnummer aus der Stellenanzeige hervorging oder weil er wiederholt niemanden im Geschäftslokal antraf. Die Anfragen erbrachten folgendes Ergebnis:

1. Verleiher:

Grundsätzlich nehmen wir nur Personen, die 40 Stunden pro Woche arbeiten, Teilzeitarbeit ist nur bei besonders gesuchten Berufen möglich. Voraussetzung dafür wären perfekte Schreibmaschinenkenntnisse sowie Fremdsprachen. Nur jeweils vorübergehend zu arbeiten, ist leider nicht möglich.

2. Verleiher:

Sie könnten bei uns als Kontorist eingesetzt werden und hätten dann die in einem Büro allgemein anfallenden Tätigkeiten zu verrichten. Die Vergütung würde etwa 1600 DM pro Monat betragen, bei guten Schreibmaschinenkenntnissen auch ca. 1800 DM. Der Verdienst richtet sich jedoch nach den Vorstellungen der Kunden. Nach dem AÜG müßten sie jeweils zweimal eingesetzt werden. Wenn Sie jeweils eine Woche pro Monat arbeiten wollen, müßte immer ein neuer Vertrag abgeschlossen werden.

3. Verleiher:

Der Sachbearbeiter versucht sofort den Verfasser dazu zu überreden, er solle „ganz unverbindlich“ den Personalbogen ausfüllen. Wenn eine passende Einsatzmöglichkeit vorhanden sei, soll ich unterrichtet werden. Es wird ein Bruttoverdienst von ca. 9,— DM oder 8,— DM netto in Aussicht gestellt. Auf Befragen erfuhr ich, daß generell nur der Manteltarifvertrag angewendet wird, nicht dagegen der Gehaltstarif, obwohl der Verleiher tarifgebunden ist. Als Begründung wird angegeben, die Qualifikation des Bewerbers sei schwer einzuschätzen, z. B. stelle sich erst nachträglich heraus, wieviele Anschläge ein Leiharbeitnehmer pro Minute schreibe. Durch eine etwas niedrigere Bezahlung bleibe immer noch etwas Luft für eine Gehaltserhöhung, wenn der Leiharbeitnehmer sich längere Zeit bewährt habe. Generell sei für den Verleiher der persönliche Eindruck für einen Vertragsabschluß maßgebend. Man lehne es ab, telefonische Abmachungen zu treffen, weil man schlechte Erfahrungen gemacht habe. Einige Leiharbeitnehmer würden nach einer Woche sechs Wochen lang krank feiern. Es sei allgemein feststellbar, daß sich viele Schüler bei ihnen melden würden, weil andere Firmen sie nicht nehmen. Deren Bezahlung liege aber nicht unter 6,— DM brutto. Ein Einsatz als Sachbearbeiter komme nur für Aufgaben in Frage, bei denen keine großen Kenntnisse der betrieblichen Zusammenhänge erforderlich seien.

4. *Verleiher:*

Das im Dachgeschoß untergebrachte Geschäftslokal macht einen unordentlichen Eindruck. Es ist nur spärlich möbliert, Aktenordner liegen auf dem Boden zerstreut, ein altes Sofa ist mit Sachen der Angestellten belegt. Ich soll als erstes einen Personalbogen mit Anschrift und Telefonnummer ausfüllen. Auf Befragen wird ein Stundenlohn in Höhe von 9,50 DM pro Stunde geboten. Grundlage dafür sind meine Angaben, daß ich allenfalls „normale" Schreibmaschinenkenntnisse und Fremdsprachenkenntnisse besitze. Ein Test ist offensichtlich nicht vorgesehen. Generell wird zur Entlohnung festgestellt, sie richte sich nach der Forderung des Leiharbeitnehmers. Wenn ich nur eine Woche pro Monat arbeiten wolle, müsse jeweils ein neuer Vertrag abgeschlossen werden.

5. *Verleiher:*

Wiederum werde ich sofort aufgefordert, einen Personalbogen auszufüllen. Als ich mich nach Prospekten erkundige, erhalte ich die Antwort, Unterlagen würden nur für Mitarbeiter ausgegeben, die den Personalbogen ausgefüllt haben. Ich erhalte jedoch das Merkblatt der Bundesanstalt für Arbeit (gem. § 11 Abs. 2 AÜG). Die Bezahlung liege nur wenig über dem Gehaltstarif. Der Verleiher ist daran interessiert, mich für Bürotätigkeiten einzusetzen. Dazu müßten erst meine Schreibmaschinenkenntnisse getestet werden. Ich könne nicht bei jedem Einsatz damit rechnen, daß meine Fremdsprachenkenntnisse verwertbar seien. Ich müsse vielmehr bereit sein, u. U. nur als Schreibkraft eingesetzt zu werden.

6. Verleiher:

Da zur Zeit nur Sekretärinnen gefragt seien, wird mir empfohlen, bei einer anderen UZA-Firma vorzusprechen.

7. Verleiher:

In dem Büro sind neben dem Inhaber noch mehrere ausländische Arbeitnehmer anwesend. Im Augenblick seien nur wenige Angebote da, die Konjunkturlage sei sehr schlecht. Nur den Konzernen gehe es gut. Klein- und Mittelbetriebe würden heute nur noch von den staatlichen Subventionen leben oder seien von den Großbetrieben abhängig. Er könne mir allenfalls einen Dauerjob als Kurierdienst anbieten. Voraussetzungen: Führerschein, Kenntnis mit Funkgerät, gute Stadtkenntnisse. Wenn ich nur eine Woche jeweils arbeiten wolle, solle ich mich an eine Spedition im Frachthof des Flughafens wenden.

8. Verleiher:

Bisher sei noch niemand auf dem Bürosektor vermittelt worden. Sie beschäftigten hauptsächlich Handwerker, Technische Zeichner, Ingenieure. Ich solle jedoch in einer halben Stunde noch einmal anrufen. Inzwischen wolle man bei den Kunden anfragen, ob sie eine Bürokraft brauchen. Wenn ich dies nicht wolle, empfehle man mir, mich an Manpower zu wenden, dort würden mehr Bürokräfte eingesetzt. (Anmerkung: Der Verleiher gehört dem BPL an, die Firma Manpower dem UZA.)

9. Verleiher:

Jeweils eine Woche zu arbeiten, ist nicht möglich. Sie können nur eingestellt werden, wenn sie drei bis vier Wochen Zeit haben. Kommen Sie bitte persönlich vorbei, damit Name und Anschrift notiert werden können.

10. Verleiher:

Wir nehmen nur gewerbliche Arbeitnehmer, hauptsächlich Handwerksberufe. Ich werde zu einem anderen, namentlich genannten Verleiher geschickt und bekomme eine entsprechende schriftliche Empfehlung. Auf Befragen erfahre ich, daß beide Verleiher sich gegenseitig Arbeitskräfte zuschicken. Beide Unternehmen ergänzen sich, weil der andere Verleiher nur auf dem Bürosektor arbeitet. Während das erste Unternehmen keinem Verleiherverband angehört, ist das empfohlene Unternehmen Mitglied des UZA.

11. Verleiher:

Wegen der schlechten Konjunkturlage habe er keine Aufträge auf dem Bürosektor. Seine Kunden auf dem gewerblichen Sektor verlangen vor allem längerfristig tätige Arbeitskräfte, nach Möglichkeit länger als drei Monate, so ungefähr für vier bis fünf Monate.

12. Verleiher:

... (am Telefon): Wie war genau der Name? (offensichtlich notiert er den Namen). Antwort auf die Frage, ob ich eine Woche pro Monat arbeiten könne: (erstaunt) ach, dann sind Sie ja ein echter Zeitarbeitnehmer. Er könne jeweils einwöchige Tätigkeiten vermitteln. Voraussetzung sei, daß ich gut zeichnen könne. Es handle sich nicht um die Tätigkeit eines technischen Zeichners. Er stellt einen Stundenlohn von 15 DM in Aussicht, will sich aber nicht festlegen. Vorher müsse er in seinem Büro sehen, was ich alles könne. Normalerweise gewähre er bei so kurzen Verträgen keine Sozialleistungen (gemeint sind: Essensgeld, Fahrgeld). Aber darüber lasse sich reden. Wegen der gesetzlichen Regelung seien die sonstigen Bedingungen bei allen Verleihern gleich, sie unterscheiden sich nur im Preis. Er habe normalerweise acht Berufssparten, für die er Leiharbeitnehmer anstelle.

13. Verleiher:

Eine Woche oder auch zehn Tage sind zu kurz. Können Sie nicht ab sofort (Mitte November) bis Weihnachten arbeiten? Auch in den Semesterferien können Sie zu uns kommen. Wir haben immer viele Studenten. Lassen Sie doch bitte Ihre Anschrift und die Telefonnummer hier. Zur Bezahlung werden nur ungenaue Angaben gemacht: Wir zahlen ab 6,50 DM. Wenn ein Auftrag da ist, müssen wir erst testen, was Sie können, (Schreibmaschine, Englisch, Rechtschreibung).

14. Verleiher:

Eine Woche pro Monat zu arbeiten ist nicht möglich, weil Sie nach dem Gesetz bei zwei Kunden eingesetzt werden müßten. Bei der schlechten Arbeitsmarktlage ist das nicht möglich. In Zeiten der Hochkonjunktur dagegen nehmen unsere Kunden Leiharbeitnehmer auch für zwei bis drei Tage.

15. Verleiher:

Auf dem Bürosektor haben wir zur Zeit wenig. Sie müßten schon 200 Anschläge pro Minute auf der Schreibmaschine schreiben können. Wir könnten Sie nur als Lagerarbeiter oder Packer einsetzen, müßten aber prüfen, ob Sie sozialversicherungspflichtig sind, wenn Sie nur eine Woche pro Monat arbeiten wollen.

16. Verleiher:

Wir nehmen nur gewerbliche Arbeitskräfte (keine näheren Auskünfte).

17. Verleiher:

Der Verfasser erhält mehrere Prospekte sowie das Merkblatt der Bundesanstalt. Leiharbeitnehmer werden vor der Einstellung getestet, indem sie z. B. einen fremdsprachigen Text abzuschreiben bekommen. Die Verdienstspanne liegt bei 7,— bis 9,— DM. In Zukunft soll nur noch ein Grundlohn gezahlt werden. Im einzelnen richtet sich der Lohn nach der Einsatztätigkeit. Der Leiharbeiter soll sich verpflichten, notfalls auch in einer anderen Sparte zu arbeiten oder eine gegenüber der Ausbildung geringwertige Tätigkeit anzunehmen, falls kein anderer Auftrag da ist. In diesen Fällen kann der Grundlohn auch unterschritten werden. Diese Klausel muß der Leiharbeitnehmer bei seiner Einstellung unterschreiben. Die Lohnfortzahlung im Krankheitsfall greift erst nach vier Wochen Beschäftigung ein. Erst 30 Kalendertage nach der Einstellung gewähren wir ein Urlaubsgeld in Höhe von 9 % des Lohnes. Wir haben auch Sekretärinnen, die schon länger als ein Jahr bei demselben Kunden arbeiten. Sie setzen gewöhnlich zwischendurch zwei Wochen aus und werden dann vom Kunden wieder angefordert. (Anmerkung: in der Werbeschrift des Unternehmens ist von voller sozialer Sicherheit des Leiharbeitnehmers die Rede!)

18. Verleiher:

Der Manteltarifvertrag hängt an gut sichtbarer Stelle aus. Es werden nur weibliche Bürokräfte eingestellt. Voraussetzung sind „wirklich perfekte" Schreibmaschinenkenntnisse.

19. Verleiher:

Im Geschäftslokal sind mehrere ausländische Arbeitnehmer anwesend. Es werden nur gewerbliche Arbeitnehmer eingestellt. Besonders gefragt sind Handwerksberufe.

20. Verleiher:

Zur Zeit sind keine passenden Aufträge vorhanden.

21. Verleiher:

Spezialisiert auf den Verleih von Kraftfahrern. Antwort auf die Anfrage des Verfassers, er wolle sich über die Zeitarbeit informieren: Was meinen Sie damit? Was hatten Sie sich darunter vorgestellt? Sind Sie schon mal LKW gefahren? Erfahrung ist erforderlich. Wir können das sonst nicht unseren Kunden zumuten. Sie müßten auch die Hebebühne bedienen können. Wenn Sie inzwischen Erfahrungen gesammelt haben, können Sie im nächsten Sommer gern noch mal nachfragen. Es läßt sich auch einrichten, daß Sie jeweils nur wenige Tage arbeiten und dann aussetzen.

Sechs der Leiharbeitsunternehmen (3., 4., 5., 9., 12. und 13. Verleiher) haben zu erkennen gegeben, daß sie die Daten der Interessenten auf sog. Personalbogen festhalten. Fordert ein Kunde einen Leiharbeitnehmer an, wird der Interessent benachrichtigt. Ist der Interessent an der

Arbeit interessiert, schließt der Verleiher mit ihm einen Arbeitsvertrag. Damit zeigt sich, daß die Tätigkeit der Verleiher große Ähnlichkeit mit der eines Arbeitsvermittlers hat. Dasselbe gilt für den 8. Verleiher, der sich vor dem Vertragsschluß bei seinen Kunden vergewissern wollte, ob sie eine Bürokraft benötigen. Es ist anzunehmen, daß die anderen Verleiher ähnlich verfahren. Sie verzichteten vermutlich auf die Aufnahme der Personalien nur deshalb, weil sie an Studenten kein Interesse hatten.

Die Bekundungen des 3., 4., 5., 7. und 12. Verleihers lassen den Schluß zu, daß der Verfasser nur einem Entleiher überlassen werden sollte. Ein solches Verhalten verstößt eindeutig gegen § 3 Abs. 1 Nr. 5 AÜG. Damit zeigt sich, daß diese Vorschrift wenig effektiv ist.

Der 7., 11. und 21. Verleiher haben zu erkennen gegeben, daß sie den Leiharbeitnehmer auf Wunsch des Kunden entgegen § 3 Abs. 1 Nr. 6 AÜG auch länger als drei Monate zu überlassen bereit sind.

Der 17. Verleiher verstößt gegen § 1 Abs. 2 AÜG, indem er die üblichen Arbeitgeberpflichten und das Arbeitgeberrisiko nur teilweise übernimmt.

V. Statistiken gemäß § 8 AÜG und gemäß dem französischen Zeitarbeitsgesetz

Ursprünglich war geplant, die auf Grund des § 8 AÜG zu erstellenden Statistiken der Bundesanstalt für Arbeit für das erste Halbjahr 1973 zu verwerten. Ein großer Teil der Verleiher kam der gesetzlichen Meldepflicht nicht nach, so daß die Arbeitsverwaltung außerstande war, eine verwertbare Statistik zu erstellen[4]. Dementsprechend beziehen sich die in dem Erfahrungsbericht der Bundesregierung vom 9. 7. 1974 genannten Zahlen auch nicht auf sämtliche in der Bundesrepublik tätigen Verleiher, sondern nur auf diejenigen, die eine Erlaubnis erhalten haben[5].

Ähnliches gilt für die Statistiken gemäß dem französischen Zeitarbeitsgesetz vom 3. 1. 1972[6] in Verbindung mit der dazu ergangenen Durchführungsverordnung[7]. Die an die Arbeitsverwaltung auf Departementsebene zu erstattenden Anzeigen und Meldungen sollten vom französischen Amt für Statistik (INSEE) ausgewertet werden. Wegen der mit den umfangreichen Meldungen verbundenen Überbelastungen

[4] Schriftliche Auskunft der Bundesanstalt für Arbeit vom 23. 3. 1974.

[5] Erfahrungsbericht der BReg., BT Drucks. 7/2365 S. 4.

[6] Loi no. 72-1 sur le travail temporaire, Journal Officiel vom 5. 1. 1972, S. 141.

[7] Décret no. 73-53 du 9 janvier 1973 portant application de certaines dispositions de la loi no. 72-1 du 3 janvier 1972 sur le travail temporaire, Journal Officiel vom 13. 1. 1973, S. 564.

lagen jedoch die Statistiken jedenfalls bis April 1974 nicht vor, obwohl das französische Gesetz bereits Anfang 1972 in Kraft getreten ist.

Zu beachten ist, daß die künftigen Statistiken auf Grund des § 8 AÜG nur bedingt aussagekräftig sein werden, weil sie nicht den gesamten Geschäftsbereich der Verleiher erfassen. Die statistischen Meldungen der Verleiher gehen nämlich nicht über den Anwendungsbereich des § 1 Abs. 1 AÜG hinaus, so daß die von den Leiharbeitnehmern abgeschlossenen Werk- und Dienstverträge unberücksichtigt bleiben.

Gemäß § 8 Abs. 1 Nr. 4 AÜG wird die Dauer der beendeten Leiharbeitsverhältnisse registriert. Diejenigen Leiharbeitnehmer, die schon lange bei demselben Verleiher tätig sind und in absehbarer Zeit nicht kündigen wollen, werden damit nicht erfaßt. Wegen des in der Arbeitsmarktwissenschaft bekannten sog. Zugangs-Abgangs-Kreislaufes sind die Leiharbeitnehmer mit besonders kurzer Beschäftigungsdauer überrepräsentiert. Mit dem Begriff Zugangs-Abgangs-Kreislauf ist der Vorgang gemeint, daß umfangreiche Einstellungen einen rapiden Anstieg der Fluktuation von eben eingestellten Arbeitskräften nach sich ziehen[8]. Dieser Gesetzmäßigkeit zufolge muß ein Verleiher mehrere Leiharbeitnehmer einstellen, die schon nach kurzer Zeit ausscheiden, bis er auf einen Leiharbeitnehmer trifft, der längere Zeit bei ihm arbeitet. Mit zunehmender Betriebszugehörigkeitsdauer nimmt die Fluktuation ab.

Bei der Auswertung der Statistiken gemäß § 8 AÜG muß ferner in Rechnung gestellt werden, daß viele Leiharbeitsunternehmen erst vor kurzer Zeit gegründet worden sind. Bei einem neuen Unternehmen ohne „Stammbelegschaft“ wirkt sich der Zugangs-Abgangs-Kreislauf naturgemäß weit stärker aus als bei einem seit Jahrzehnten bestehenden Unternehmen. Ist eines Tages der Zeitpunkt erreicht, daß die Zahl hinzukommender Verleiher nur noch gering ist, wird sich allmählich auch der Zugangs-Abgangs-Kreislauf abschwächen.

3. Abschnitt: Makrosoziologische Analyse

I. Beschreibung der mit der Entstehung der Arbeitnehmerüberlassung verbundenen Veränderungen im Wirtschafts- und Arbeitsleben

Der Entstehungsprozeß des neuen Sozialgefüges Arbeitnehmerüberlassung läßt sich folgendermaßen deskriptiv erfassen: Durch die Erweiterung des herkömmlichen dualen Beziehungsfeldes Arbeitgeber - Ar-

[8] *Lutz*, Modelluntersuchung, Zusammenfassung, S. 28 f.; ders., Modelluntersuchung, S. 230; *Lutz / Weltz*, Der zwischenbetriebliche Arbeitsplatzwechsel, S. 166 ff.

beitnehmer zu dem neuen typischen Dreiecksverhältnis Leiharbeitnehmer - Verleiher - Entleiher ist ein höchst komplexes Gebilde entstanden. Durch die Reihenfolge, in der die drei Beteiligten genannt wurden, soll die Vermittlerfunktion zum Ausdruck gebracht werden, die der Verleiher innehat. Er nimmt einmal die Aufgabe einer Kontaktstelle wahr, indem er Arbeitsuchende und Arbeitgeber zusammenbringt und erfüllt außerdem eine Reihe von Arbeitgeberfunktionen.

Aus der Sicht der Entleiher ist die Arbeitnehmerüberlassung mit einer teilweisen Ausgliederung der Funktionen der Personalabteilung und deren Verselbständigung durch Gründung eigenständiger, überbetrieblicher Organisationen verbunden, die diese Aufgaben in eigener Verantwortung wahrnehmen. Es handelt sich nur um eine teilweise Funktionsverlagerung, weil der Entleiher während des Einsatzes des Leiharbeitnehmers für die Erfüllung einzelner Arbeitgeberpflichten verantwortlich bleibt, die mit der Arbeitsleistung des Leiharbeitnehmers in dessen Betrieb zusammenhängen (z. B.: gemäß § 11 Abs. 6 und 7 AÜG, allgemeine Fürsorgepflicht).

Die Verleiher übernehmen also Aufgaben, für deren Erfüllung bisher andere Organisationen allein verantwortlich waren. Die Arbeitgeberpflichten hatte bisher derjenige zu erfüllen, in dessen Betrieb der Arbeitnehmer beschäftigt war. Die Aufgabe, Arbeitsuchende und Arbeitgeber zusammenzubringen, oblag herkömmlicherweise der Arbeitsverwaltung. Verallgemeinert man diesen Gedanken, so ist der Entstehungsprozeß der Arbeitnehmerüberlassung durch die Ausgliederung, Zusammenlegung und Verselbständigung von Einzelfunktionen gekennzeichnet, die früher von anderen Organisationen mit wahrgenommen wurden. Dieser Vorgang kann als Spezialisierung bezeichnet werden.

Für den Leiharbeitnehmer führt die Arbeitnehmerüberlassung zu einer einschneidenden Änderung der sozialen Stellung. Bei einem dualistischen Arbeitsverhältnis begibt sich der Arbeitnehmer in die wirtschaftliche und persönliche Abhängigkeit nur zu einem Arbeitgeber. Ein Leiharbeitnehmer ist zwar wirtschaftlich von dem Verleiher wie ein Stammarbeitnehmer abhängig. Die persönliche Abhängigkeit zum Verleiher ist während des Einsatzes in einem Kundenbetrieb stark eingeschränkt. Auf der anderen Seite begibt er sich mit der Arbeitsaufnahme in dem fremden Betrieb in eine partielle persönliche Abhängigkeit zum Entleiher. Diese typische Situation ist ein starkes Indiz dafür, daß zwei unvollkommene und komplementäre Arbeitsverhältnisse vorliegen[1].

---

[1] Nach *Mayer-Maly*, ZfA 1972, 1 (4) liegt ein Doppelarbeitsverhältnis vor. *Mittmann*, S. 66 spricht ebenfalls von zwei beschränkten Arbeitsverhältnissen unterschiedlicher Intensität; vgl. zu den übrigen Auffassungen zur Rechtsnatur der arbeitsrechtlichen Beziehungen: 2. Teil, 5. Abschnitt, III.1.

Die Arbeitsverwaltung verliert durch die Expansion der Arbeitnehmerüberlassung teilweise ihre Bedeutung als Arbeitsvermittlungsstelle. Bisher übte sie eine Art Monopol auf dem Dienstleistungssektor aus. Nunmehr steht sie mit ihrer Job-Zeitpersonal-Vermittlung in Konkurrenz mit privaten Dienstleistungsunternehmen.

Der teilweise Funktionsverlust der Arbeitsverwaltung auf dem tertiären Sektor wird durch einen Aufgabenzuwachs auf dem quartären Sektor in gewisser Weise kompensiert. Die Landesarbeitsämter haben sich nämlich seit dem Erlaß des AÜG zu einer Kontrollbehörde des Leiharbeitsmarktes entwickelt.

Die Bedeutung des beschriebenen Umwandlungsprozesses wird in gewissem Umfang dadurch gemindert, daß nur ein Teil der Arbeitskräfte über das Arbeitsamt eine Arbeitsstelle findet. Sehr viele Arbeitnehmer bewerben sich unmittelbar bei einem Unternehmen und werden auf diesem Wege eingestellt. Gewisse Anhaltspunkte bestehen dafür, daß tendenziell häufiger diejenigen Arbeitnehmer sich an einen Verleiher wenden, die auch sonst nicht die Hilfe des Arbeitsamtes in Anspruch nehmen würden. Nach den Erfahrungen eines Beamten des Landesarbeitsamtes Frankfurt/M. wird die Arbeitsvermittlung um so weniger in Anspruch genommen, je qualifizierter der Beruf ist. Selbst auf dem Sektor der Vermittlung von Facharbeitern und qualifizierten Bürokräften hängt den Arbeitsämtern immer noch der Ruf an, nur für die weniger Tüchtigen da zu sein. Da die Verleiher generell höhere Löhne zahlen, ist es gerade für die besonders aktiven und leistungsfähigen Arbeitskräfte wenig attraktiv, die Dienste der Arbeitsämter in Anspruch zu nehmen. Diese Aussage deckt sich mit den Beobachtungen des Geschäftsführers eines führenden Verleiherunternehmens. Danach bewerben sich bei den Verleihern besonders viele „clevere“ Arbeitnehmer, die es verstehen, sich möglichst teuer zu verkaufen.

II. Interdependenzen zwischen der Entwicklung der Arbeitnehmerüberlassung und dem gesamtgesellschaftlichen Entwicklungsprozeß

Die Gesamtgesellschaft läßt sich als übergeordnetes Sozialsystem auffassen, in das die verschiedenen Subsysteme eingebettet sind. Die Arbeitnehmerüberlassung als ein Gefüge eigener Art mit den Polen Leiharbeitnehmer - Verleiher - Entleiher sowie der Arbeitsverwaltung stellt ein solches Untersystem dar. Die ablaufenden Prozesse bei der Entwicklung der Leiharbeit lassen sich nur dann zutreffend analysieren, wenn die von dem übergeordneten System und von den anderen Teilsystemen ausgehenden Impulse mit in die Untersuchung einbezogen werden. Die Entstehung des Subsystems Arbeitnehmerüberlassung ist nur möglich gewesen, weil sich in der Gesellschaft bestimmte Dispositionen herausgebildet haben. Umgekehrt sind Innovationen und sozialer Wandel der Gesellschaft untrennbar mit den Vorgängen in den Untersystemen verbunden. Zwischen beiden Bereichen besteht eine enge Wechselbeziehung.

Wenn im folgenden Parallelen zwischen beiden Bereichen aufgezeigt werden, so bedeutet dies nicht, daß der Entwicklungsprozeß völlig eindimensional verläuft. Vielmehr sind eine Reihe gegenläufiger Bewegungen zu verzeichnen, die teils unabhängig voneinander existieren, teils — was sehr häufig der Fall ist — als Reaktion auf bestimmte Erscheinungen entstehen. Beispielsweise steht der wachsenden Spezialisierung der Berufe ein gestiegenes Schulbildungsniveau breiter Schichten der Bevölkerung gegenüber. Die höhere Schulbildung wiederum führt dazu, daß die Arbeitnehmer höhere Erwartungen in Bezug auf das Anspruchsniveau der Arbeit haben. Ferner ist auf die — später noch ausführlich zu behandelnden[2] — Tendenzen zur Humanisierung und Demokratisierung der Arbeit hinzuweisen, deren Realisierung nicht nur die negativen Folgen der in den letzten Jahrzehnten immer extremer gewordenen Arbeitsteilung und der damit zusammenhängenden Entfremdung des Arbeitnehmers beseitigen soll, sondern außerdem eine nicht zu unterschätzende integrierende Wirkung haben wird.

Ferner ist zu bedenken, daß die ablaufenden Prozesse in vielfältiger Weise beeinflußbar sind, z. B. durch die Entwicklung eines entsprechenden Problembewußtseins in der Bevölkerung und durch gesetzgeberische Maßnahmen[3]. Selbstverständlich lassen sich die Entwicklungstendenzen im Subsystem nicht mit dem Hinweis auf parallele Erscheinungen in der Gesamtgesellschaft rechtfertigen. Es ist nämlich durchaus denkbar, daß ein gesamtgesellschaftliches Syndrom sich in dem Subsystem widerspiegelt. Fehlentwicklungen des Untersystems lassen sich in diesem Fall nicht allein dadurch korrigieren, daß die Syndrome des Subsystems beseitigt werden. Gleichzeitig müssen die gesamtgesellschaftlichen Ursachen der Fehlentwicklung ausgeschaltet werden.

III. Das Phänomen Arbeitnehmerüberlassung als Ausdruck eines wachsenden gesamtgesellschaftlichen Desorganisationsprozesses

Der mit der Entstehung der Arbeitnehmerüberlassung verbundene Desintegrations- und Desorganisationsprozeß ist keine isolierte Erscheinung. Er hat vielmehr seine Entsprechung in der Gesamtgesell-

---

[2] Vgl. 1. Teil, 8. Abschnitt IX.

[3] Eine ähnliche Auffassung von der Steuerbarkeit der Sozialsysteme vertritt *Noll*, S. 85 („Mobilisierung von Gegenkräften").

schaft. Mit den in der Soziologie weitgehend synonym gebrauchten Ausdrücken ist der Prozeß des Zerfalls einer Ganzheit und der Ausgliederung von Teilen aus Sozialgebilden gemeint[4].

1. Weitgehender Funktionsverlust der *Familie:* Trennung von Arbeitsstätte und Familie; öffentliche Institutionen übernehmen die Sozialisationsaufgaben der Familie (Kinderkrippen, Vorschule, Schule); infolge der Umwandlung der Mehrgenerationenfamilie zur Kernfamilie Übergang der Vorsorge für die ältere Generation von der Familie auf selbständige Institutionen (Altenheime)[5].

2. Zunehmender Bedeutungsverlust der *Wohngemeinde:* Abnahme der Anzahl der Aktivitäten, in denen die Mitglieder zusammenwirken; geringerer Grad der Gruppenkontrolle über die Mitglieder, so daß ein Abweichen von gesellschaftlichen Normen kaum noch sanktioniert wird, wie auch umgekehrt normgemäßes Verhalten nicht durch die Aufnahme der sozialen Integration belohnt wird; zunehmende gefühlsmäßige Indifferenz zwischen den Bewohnern[6]; diese Faktoren bewirken jenen Zustand, der als Anomie bezeichnet wird[7].

3. Trennung des Eigentums an den Produktionsmitteln von der Ausübung der Verfügungsmacht bei den größeren Betrieben. Die Betriebsführung obliegt nicht mehr, wie bei den früher vorherrschenden Kleinbetrieben, dem Fabrikanten als Eigentümer, sondern dem angestellten Manager[8].

4. Die Identifikation des einzelnen mit dem Unternehmen ist heute bei weitem nicht mehr so häufig anzutreffen wie noch vor wenigen Jahrzehnten[9].

5. Weitreichende Differenzierung auf dem beruflichen Sektor: während 1841 in England nur 431 Berufe gezählt wurden, enthält eine neuere Statistik aus den Vereinigten Staaten über 25 000 verschiedene Beschäftigungen[10]. Oft handelt es sich dabei um Teiltätigkeiten und spezielle Verrichtungen eines ehemaligen beruflichen Ganzheitsvollzuges[11].

6. Berufliche Mobilität durch die Beschleunigung des technischen und sozialen Wandels: Der Strukturwandel der Wirtschaft hat ein solches

---

[4] So die Definition in *Bernsdorf*-Bernsdorf, Stichwort: „Integration (Desintegration), soziale."

[5] Vgl. *König*, Soziologie der Familie, Hdb. d. empirischen Sozialforschung II, S. 172 (190 ff.).

[6] Vgl. *Homans*, S. 336 ff., der die langfristigen sozialen Veränderungen in der neuenglischen Ortschaft Hilltown analysiert.

[7] *Durkheim*, Le suicide S. 272 ff.

[8] *Harold L. Wilensky*, Arbeit, Karriere und Soziale Integration, in: Luckmann / Sprondel, S. 332 f.

[9] *Neuloh*, S. 39.

[10] *Bernsdorf / S. H. Udy*, Stichwort „Arbeitsteilung".

[11] *Neuloh*, S. 16.

Tempo erreicht, daß immer mehr Arbeitnehmer gezwungen sind, im Laufe des Arbeitslebens den Beruf zu wechseln[12].

Demgegenüber sind mit der Arbeitnehmerüberlassung folgende spezifische Desintegrationserscheinungen verbunden, die hier nur kurz aufgezählt werden und später näher zu begründen sind:

1. Wegen des ständigen Arbeitsplatzwechsels kann sich keine emotionale Bindung an ein bestimmtes Unternehmen entwickeln. Auch eine Identifikation mit dem Verleiher ist nicht möglich, weil die Arbeit nicht in dessen Unternehmen verrichtet wird.

2. Die Arbeitsleistung ist nicht mehr an einen bestimmten Betrieb gebunden. Die Folge ist eine größere Instabilität des Berufslebens. Der Leiharbeitnehmer kann z. B. nicht vorhersehen, welchen Arbeitsplatz er als nächstes bekommen wird und wie seine Tätigkeit in den einzelnen Entleiherbetrieben aussieht. Er muß sich darauf einstellen, daß der nächste Einsatzort einen längeren Anfahrtsweg erforderlich macht. Auch wird der Spielraum für die Art der zu verrichtenden Tätigkeiten größer als bei einem festen Arbeitsplatz sein, andernfalls wären Leiharbeitnehmer vielfach nur schwer einsetzbar.

3. Die arbeitsplatzbedingten Sozialkontakte zu den Stammarbeitnehmern werden viel oberflächlicher sein als bei einem Dauerarbeitsverhältnis, weil der Leiharbeitnehmer maximal drei Monate bei einem Entleiher bleiben darf und die durchschnittliche Einsatzdauer jedenfalls im Bürosektor deutlich kürzer ist.

4. Niedriger Grad der Gruppenkontrolle über den Leiharbeitnehmer.

5. Außenseiterstellung des Leiharbeitnehmers, begünstigt durch den nur vorübergehenden Einsatz beim Entleiher, den Interessengegensatz zwischen Stamm- und Leiharbeitnehmern und die Schwierigkeiten, sich innerhalb kurzer Zeit an die informellen Leistungsnormen der Stammarbeitnehmer anzupassen.

6. Verstärkung der Tendenz, die Arbeit nur als einen von mehreren Lebensbereichen anzusehen.

Durch die beschriebenen Desintegrationserscheinungen lösen sich bisher bestehende Sozialgebilde und für allgemeinverbindlich gehaltene Verhaltenserwartungen und Werte auf. Weitgehend ist es noch nicht gelungen, neue Sozialgebilde zu schaffen, die die veränderten Bedürfnisse der Gesellschaft und der Individuen angemessen befriedigen. Darin dürfte eine wesentliche Ursache für das gegenwärtige Unbehagen und die Verdrossenheit weiter Kreise und die Zunahme psychischer

[12] Das beweisen folgende Zahlen: ein Drittel aller Männer, die 1970 berufstätig waren, hat zwischen 1955 und 1970 mindestens einmal den Beruf gewechselt (*Liede*, Die Zeit Nr. 47 vom 16. 11. 1973, S. 50).

Leiden liegen. Eine weitere Steigerung des Konsums kann den Wegfall der Sozialbeziehungen nicht ersetzen. Darin zeigt sich, daß die Werbemethoden der Leiharbeitsunternehmen, wie sie in den Prospekten und Stellenanzeigen zum Ausdruck kommen, nicht ganz ungefährlich sind. Lassen sich Arbeitnehmer durch die Aussicht auf Spitzenlöhne und eine weitere Steigerung des Lebensstandards dazu verleiten, Leiharbeitnehmer zu werden, müssen sie dies mit einem weiteren Verlust der ohnehin gelockerten Sozialbeziehungen teuer erkaufen.

IV. Die Arbeitnehmerüberlassung als Symptom einer Überorganisation der postindustriellen Gesellschaft

Im gesamtgesellschaftlichen Bereich ist die Tendenz zu verzeichnen, daß der primäre Wirtschaftssektor (Landwirtschaft) und der sekundäre Wirtschaftssektor (Industrie und Handwerk) bezüglich der Beschäftigtenzahl zu den regressiven Bereichen gehören, während im tertiären Sektor (private Dienstleistungen) sowie im quartären Sektor (öffentliche Dienste) eine starke Zunahme zu verzeichnen ist. Zum quartären Bereich gehören Verwaltung, Verkehr, Sicherheit, Versorgung[13]. Die Entwicklung zur Angestelltengesellschaft zeigt sich darin, daß nach neueren Prognosen der Anteil der Angestellten von gegenwärtig etwa 40 % der Arbeitnehmerschaft auf ca. 80 % um die Jahrtausendwende steigen wird[14]. Diese Entwicklung scheint nicht nur eine Auswirkung der Rationalisierung zu sein, sondern eine Folge der Überentwicklung industriegesellschaftlicher Sozialgebilde[15]. Je entwickelter und differenzierter eine Gesellschaft ist, desto größere Teile der Bevölkerung muß sie einsetzen, um sich selbst funktionsfähig zu halten. Neuloh hat dieses Syndrom recht anschaulich als „Dinosaurierkrankheit“ genannt[16].

Die Entstehung des Subsystems Arbeitnehmerüberlassung ist ein Sympton der sich abzeichnenden Überorganisation der postindustriellen Gesellschaft. Die neu entstandenen Leiharbeitsunternehmen nehmen die Verwaltungsaufgaben für Personalangelegenheiten wahr, für deren Erfüllung die Organisationen des sekundären und tertiären Sektors bisher allein verantwortlich waren. Außerdem übernehmen sie Dienstleistungen im wirtschaftlichen Sinne, die bisher in die ausschließliche Zuständigkeit der Arbeitsverwaltung fielen. Die Arbeitsverwaltung hat dafür die Funktion übernommen, den neuen tertiären Sektor zu kontrollieren. Die bisher beschränkte Dienstleistungsfunktion der Arbeits-

[13] *Neuloh*, S. 113.
[14] *Neuloh*, S. 115.
[15] *Neuloh*, S. 114.
[16] *Neuloh*, S. 113.

verwaltung in Gestalt der Arbeitsvermittlung ist damit zu einem umfassenden tertiären Wirtschaftszweig ausgebaut worden. Der neue quartäre Bereich dient der Kontrolle des neu entstandenen tertiären Sektors.

4. Abschnitt: Strukturierung der den Leiharbeitnehmern in den Entleiherbetrieben übertragenen Tätigkeiten

Aufgabe dieses Kapitels soll es sein, die Möglichkeiten und Grenzen des Einsatzes von Leiharbeitnehmern aufzuzeigen. Dabei ist zu prüfen, welche Tätigkeiten sich auf Grund ihrer Struktur besonders für die Arbeitnehmerüberlassung eignen und welche Tätigkeiten auch künftig faktisch ausgeschlossen sein werden.

Für die Beantwortung der Frage können die Statistiken der Bundesanstalt für Arbeit auf Grund des § 8 AÜG nicht herangezogen werden. Die danach vorzunehmende Aufgliederung nach Berufsbereichen ist ein viel zu grobes Raster, um aussagekräftig genug zu sein. Innerhalb der einzelnen Berufsbereiche gibt es viel zu große Unterschiede bezüglich der Qualifikationsanforderungen, der zu übernehmenden Verantwortung usw. Die Zahlen lassen keine Aussagen über die soziale Mobilität der Leiharbeitnehmer zu. Außerdem dienen die statistischen Fragebogen der Bundesanstalt für Arbeit gemäß § 8 AÜG in erster Linie der Beobachtung des globalen Leiharbeitsmarktes. Demgemäß erfolgt die Aufgliederung der Berufsbereiche nach Wirtschaftszweigen und nicht nach Tätigkeitsmerkmalen. Andere repräsentative Zahlen sind zur Zeit nicht verfügbar.

Die Untersuchung muß sich deshalb damit begnügen, die Erkenntnisse der Arbeits-, Berufs- und Betriebssoziologie aufzuarbeiten und einige — notwendigerweise noch recht undifferenzierte — Thesen aufzustellen. Eine erste Überprüfung soll an Hand der ausgewerteten Stellenanzeigen erfolgen.

Aufgabe künftiger empirischer Untersuchungen wäre es, die vorläufigen Ergebnisse weiter zu präzisieren. Dabei dürfte wohl nur eine Repräsentativerhebung realisierbar sein. Sämtliche Leiharbeitnehmer zu erfassen, würde die Behörden, Verleiher und Entleiher personell und finanziell überfordern.

Im Mittelpunkt der neueren Arbeits- und Berufssoziologie steht der Begriff der Arbeitsfunktion. Auf Grund von Arbeitsplatzbeschreibungen werden die verschiedenen Berufe einzelnen Gruppen zugeordnet. Im einzelnen bestehen jedoch erhebliche Unterschiede.

Daheim[1] geht von der Beschreibung der Arbeitsplätze und der erforderlichen Qualifikationen aus. Er weist auf die Operationalisierungsschwierigkeiten hin, wenn mittels Befragung der Positionsinhaber eine vergleichende Untersuchung vieler Berufspositionen durchgeführt werden soll. Indikator für die verlangte Qualifikation soll das Ausmaß der Entscheidungsbefugnis zusammen mit den Anwendungsmöglichkeiten des im Verlauf einer bestimmten Ausbildung erworbenen Wissens eines Positionsinhabers sein.

Kern / Schumann[2] tragen auf Grund der Beobachtungen der tatsächlichen Arbeitsfunktionen die arbeitssoziologischen Aspekte zusammen, so vor allem die Arbeitsfunktionen und -verrichtungen, den Dispositionsspielraum der Arbeiter, die kooperativen Bindungen bei der Arbeit, die gestellten Qualifikationsanforderungen und die auferlegten Arbeitsbelastungen. Es werden Typen industrieller Arbeiten herauskristallisiert. Diese werden nach Wirtschaftszweigen gegliedert, weil sie historisch-ökonomische Einheiten bilden, deren Milieu die technische Entwicklung mitprägt. Die arbeitsbezogene Analyse wird ergänzt durch eine „arbeiterbezogene" Analyse in Gestalt von Arbeiterinterviews.

Stammer[3] geht ebenfalls von dem Begriff der Funktion aus. Die fachliche Qualifikation und die Dispositionsbefugnis sind die Kriterien für die Zuordnung sämtlicher Tätigkeiten in allen Wirtschaftszweigen zu elf Funktionsgruppen. Zur Dispositionsbefugnis gehört insbesondere die Stellung im Kooperationsgefüge (Betriebshierarchie). Der Katalog reicht von der Funktionsgruppe null (Hilfstätigkeiten ohne Berufsausbildung und -erfahrung bzw. Berufspraxis) bis zur Funktionsgruppe zehn (Unternehmensspitze). Auf Grund der empirischen Untersuchungen kommt Stammer zu dem Ergebnis, daß in den Funktionsgruppen null bis fünf Parallelen zwischen Arbeiter- und Angestelltentätigkeiten bestehen. Die Funktionsgruppen sechs bis zehn bleiben Angestelltentätigkeiten vorbehalten.

Der Ansatzpunkt Stammers scheint am praktikabelsten zu sein. Da die Leiharbeitnehmer zahlreichen Wirtschaftszweigen angehören, müssen Kriterien verwendet werden, die einen Vergleich der Tätigkeiten in verschiedenen Wirtschaftszweigen sowie der Angestellten- mit der Arbeitertätigkeit ermöglichen.

Die empirischen Untersuchungen Stammers haben zu Ergebnissen geführt, die für die Auswertung der Stellenanzeigen von Bedeutung sind. Es wurden Arbeitsplätze mit den Berufsbezeichnungen Kontorist, Sekretärin, Buchhalter, Sachbearbeiter, Meister, Abteilungsleiter, Ver-

---

[1] *Daheim*, S. 43 f.

[2] *Kern / Schumann*, S. 44 ff.

[3] *Stammer*, S. 15 ff.; vgl. dazu auch *Neuloh*, S. 44.

kaufskräfte auf ihre Übereinstimmung mit der effektiven Tätigkeit hin untersucht. Erstaunlich ist vor allem die Tatsache, wie heterogen die Tätigkeiten trotz der gleichen Berufsbezeichnung sind. Da die Nachfrage nach Kontoristinnen, Sekretärinnen und Buchhalterinnen bei den Leiharbeitsunternehmen besonders groß ist, soll hier nur auf diese Berufe näher eingegangen werden.

Bei den *Kontoristen* stellte Stammer eine Streuung über die Funktionsgruppen von null bis fünf fest, wobei der Schwerpunkt eindeutig bei der Gruppe drei lag. Auch die berufliche Vorbildung ergab ein breites Spektrum, das von dem Merkmal keine Ausbildung über Anlernzeit, kaufmännische Lehre und Lehre plus Kurse reichte. Die Aufstiegschancen gelten als außerordentlich begrenzt. Im Laufe der technischen Entwicklung wird eine weitere Umwandlung zur reinen Hilfs- und Zubringertätigkeit prognostiziert[4].

Die mit *Sekretärinnen* besetzten Arbeitsplätze wurden den Funktionsgruppen drei bis sechs zugeordnet. Der Schwerpunkt lag bei der Gruppe vier. An Vorbildung wurde überwiegend entweder nur eine Lehre oder eine Lehre mit zusätzlichen Kursen verlangt. Der Aufstieg hängt stark von der persönlichen Qualifikation ab[5].

Die *Buchhalter(innen)* wurden in die Gruppen eins bis sieben eingestuft, wobei allerdings der Schwerpunkt bei der Funktionsgruppe drei mit 63,1 % besonders ausgeprägt war. Die Bezeichnung wird auch für Arbeitnehmer an Arbeitsplätzen beibehalten, die keine echten buchhalterischen Tätigkeiten mehr ausüben. An Berufsausbildung wird vorausgesetzt: Anlernzeit bis zu einem Jahr (66,1 % der Arbeitsplätze), Lehre und in sehr geringem Umfang auch Lehre und zusätzliche Kurse sowie keine Ausbildung. Gehobene Positionen setzen langjährige Berufserfahrung und in der beruflichen Praxis erworbene Kenntnis der innerbetrieblichen Zusammenhänge voraus. Der Anteil der überhaupt in Frage kommenden Aufstiegsstellen wird mit 15 % angegeben[6].

Für die Auswertung der Stellenanzeigen ergeben sich folgende Konsequenzen. Auch hier verbergen sich hinter den einzelnen Berufsbezeichnungen Tätigkeiten mit sehr verschiedenen Anforderungsstrukturen. Da bei zahlreichen Berufen kein klar umrissenes Berufsbild existiert, dürften sich zahlreiche Überschneidungen ergeben. Das gilt besonders für den Büro- und Verwaltungssektor. Ein Arbeitsplatz mit einer vergleichbaren Arbeitsplatzstruktur kann im ersten Betrieb die Bezeichnung Kontoristinnenstelle, im zweiten Betrieb Stenotypistinnenstelle und im dritten Betrieb sogar Sekretärinnenstelle tragen.

---

[4] *Stammer*, S. 81 - 83.
[5] *Stammer*, S. 85 - 88.
[6] *Stammer*, S. 88 - 92.

Die bei der Auswertung der Stellenanzeigen gewonnenen Zahlen sind ein Indiz dafür, daß innerhalb der angegebenen Berufe generell eine Verlagerung des Schwerpunktes auf die unteren Funktionsgruppen stattfindet. Vergleicht man also die Arbeitsplätze, die mit Leiharbeitnehmern eines bestimmten Berufs besetzt werden sollen, mit denen, die mit Stammarbeitnehmern desselben Berufs besetzt werden, dürfte die fachliche Qualifikation und die Dispositionsbefugnis der Leiharbeitnehmer deutlich geringer sein.

Greifen wir exemplarisch die in den Stellengesuchen besonders häufig vorkommende Berufsbezeichnung „Sekretärin" heraus, dürften bei den unteren Funktionsgruppen (besonders die Gruppen drei und vier) Überschneidungen mit den Berufsbezeichnungen Steno- und Phonotypistin zu verzeichnen sein. Im oberen Funktionsgruppenbereich können wir davon ausgehen, daß Überschneidungen mit den Berufsbezeichnungen Chefsekretärin und Fremdsprachenkorrespondentin vorkommen. Stenotypistinnen waren in den Anzeigen 210 mal und Phonotypistinnen waren 153 mal gefragt. Demgegenüber tauchte die Bezeichnung Fremdsprachenkorrespondentin nur viermal und der Beruf Chefsekretärin nur dreimal auf. Zwar sind auch bei dem Stammpersonal weniger Fremdsprachenkorrespondentinnen und Chefsekretärinnen zu finden als Steno- und Phonotypistinnen. Dennoch sind die Fremdsprachenkorrespondentinnen und Chefsekretärinnen in den Stellenanzeigen unterrepräsentiert. Daher ist die Annahme gerechtfertigt, daß auch bei den Sekretärinnen die unteren Funktionsgruppen vorherrschen.

Weitere Anhaltspunkte dafür, daß Leiharbeitnehmer innerhalb der jeweiligen Berufsgruppe auf dem Büro- und Verwaltungssektor den unteren Funktionsgruppen zuzuordnen sind, ergeben sich aus der Beschreibung der Sekretärinnen- und Buchhalterinnenarbeitsplätze bei Stammer[7]. Bei den Sekretärinnen der höheren Funktionsgruppen treten die Sachaufgaben weitgehend hinter den Kombinations- und Koordinationsanforderungen zurück. Die genaue Kenntnis des oft subtilen innerbetrieblichen Kommunikationsgefüges ist unerläßlich. Diesen Strukturanforderungen kann eine Leiharbeitnehmerin, die höchstens drei Monate bei demselben Entleiher tätig sein darf, auf keinen Fall erfüllen. Entsprechendes gilt für einen Buchhalter der höchsten Funktionsgruppe, dem Sachbearbeiter und Hilfskräfte unterstellt sind und der über spezifische Kenntnisse der Arbeitsplanung und Arbeitsleitung verfügen muß. Die für die Sekretärinnen gewonnenen Feststellungen wird man generalisieren können. Soweit mit der Tätigkeit eine gehobene Stellung innerhalb der Betriebshierarchie verbunden ist, wird der Einsatz von Leiharbeitnehmern auch in Zukunft ausgeschlossen

---

[7] *Stammer*, S. 85 - 91.

sein. Tendenziell werden Leiharbeitnehmern immer nur ausführende Aufgaben übertragen, nicht aber Führungsfunktionen. Der Grund ist darin zu sehen, daß sich die Anforderungsstrukturen je nach der Stellung im Organisationsgefüge Betrieb unterscheiden. Ein Arbeitnehmer auf der untersten Stufe der Betriebshierarchie nimmt rein sachbezogene Aufgaben wahr, die nicht organisationsspezifisch sind. Die rein ausführenden Tätigkeiten sind daher nicht so stark an den Betrieb gebunden. Bei einem zwischenbetrieblichen Arbeitsplatzwechsel braucht sich der Arbeitnehmer nur in relativ geringem Umfang auf einen anderen Arbeitsablauf umzustellen. Je höher dagegen die Stellung innerhalb der Betriebshierarchie ist, in desto größerem Umfang werden die rein sachbezogenen Tätigkeiten durch die organisationsbezogenen Aufgaben verdrängt. Der Funktionsträger muß für die Koordination nach „unten" und „oben" mehr Zeit aufwenden als für die Erledigung der Sachaufgaben, die in zunehmendem Maße von den Mitarbeitern anstatt von der Führungskraft wahrgenommen werden. Das Kennenlernen des äußerst komplizierten Interaktionsgeflechts innerhalb der Arbeitsgruppen, zwischen den Arbeitsgruppen und im Verhältnis zur Betriebsleitung erfordert — zumindest in mittleren und größeren Betrieben — einen so hohen Zeitaufwand, daß Leiharbeitnehmer kaum sinnvoll einsetzbar sind.

Ein Unternehmen wird einen Leiharbeitnehmer auch deshalb kaum als Führungskraft einsetzen, weil mit jedem Wechsel in der betrieblichen Führungsschicht der innere Zusammenhalt der betrieblichen Organisation einer großen Belastungsprobe ausgesetzt ist[8]. Es werden gruppendynamische Prozesse in Gang gesetzt, bis sich die informellen Verhaltensnormen den Veränderungen angepaßt haben. Der Einsatz von Leiharbeitnehmern hätte also eine kaum tragbare Instabilität zur Folge.

Leiharbeitnehmer werden schließlich auch künftig nicht als Führungskräfte eingesetzt, weil es sich auch schon in der mittleren Schicht (z. B. Werkmeister oder Abteilungsleiter) um Vertrauensstellungen im doppelten Sinn handelt. Eine Führungskraft kann nämlich Entscheidungen treffen, die für das Unternehmen von erheblicher Tragweite sind. Eine Kooperation der Führungskraft sowohl mit den übergeordneten Stellen als auch mit den Mitarbeitern ist nur möglich, wenn sie von beiden akzeptiert wird.

Die genaue Abgrenzung und Standardisierung der Berufsrollen ist im technisch-gewerblichen Bereich weiter fortgeschritten als auf dem kaufmännischen Sektor[9]. Dementsprechend werden Fachhochschul- und Hochschulabsolventen nur dann in nennenswertem Umfang als Leih-

---

[8] *Fürstenberg*, Grundfragen der Betriebssoziologie, S. 89/99.

[9] *Stammer*, S. 128 ff.

arbeitnehmer arbeiten können, wenn sie einen technischen Beruf haben. Ein Indiz dafür ist die Tatsache, daß technische Angestellte in der Regel häufiger ihre Stellung wechseln als qualifizierte kaufmännische Angestellte, obwohl beide denselben Funktionsgruppen angehören[10]. Die Arbeitnehmer mit technischen Berufen sind wegen des höheren Grades der theoretischen Ausbildung wesentlich betriebsunabhängiger. Die kaufmännischen Angestellten der höheren Funktionsgruppen befürchten demgegenüber stärker, daß ihre Leistungsfähigkeit durch einen Betriebswechsel für längere Zeit herabgesetzt würde. Damit entspricht der kaufmännische Angestellte eher als der Techniker dem Typ des „organization-man", der sein berufliches und privates Leben darauf ausrichtet, in einer bestimmten Arbeitsorganisation aufzusteigen[11].

Mit der zunehmenden Professionalisierung des kaufmännischen Sektors sind allerdings gewisse Veränderungen möglich. Es ist zu erwarten, daß Angestellte mit einer Hochschulausbildung (z. B. Dipl. Kaufmann, grad. Betriebswirt, Diplom-Volkswirt) in Zukunft immer mehr die Stellen an der Spitze der Betriebspyramide einnehmen, die heute noch zu einem großen Teil von reinen Praktikern besetzt werden.

Dennoch wird auch in Zukunft unter den Leiharbeitnehmern der Anteil der besonders qualifizierten Techniker größer sein als die Zahl der kaufmännischen Angestellten, die der entsprechenden Funktionsgruppe angehören. Die Angehörigen der technischen Berufe üben in

---

[10] Vgl. dazu die Zahlen bei *Stammer*, S. 128 ff., sowie die nachfolgende Statistik (Quelle: *Lutz / Weltz*, S. 23, Zahlen aus dem Jahr 1961):
Fluktuationsraten der

	männlich	weiblich
Angestellten	3,8 %	8,3 %
Facharbeiter I	17,8 %	17,9 %
Facharbeiter II	13,0 %	13,4 %
Nichtfacharbeiter	29,3 %	22,7 %

(Facharbeiter I = mit Facharbeiterausbildung im Lehrberuf tätig;
Facharbeiter II = ohne entsprechende Ausbildung, länger als ein Jahr in einer Tätigkeit beschäftigt, für die es eine Lehrausbildung gibt).

[11] Vgl. zum „organization-man": *Daheim*, S. 129 f.

stärkerem Maße Stabsfunktionen aus, während bei den kaufmännischen Berufen Linienfunktionen vorherrschen. Wegen der mit der Stabsfunktion verbundenen Sonderstellung in der Betriebsorganisation sind hier die Einsatzmöglichkeiten für Leiharbeitnehmer höher einzuschätzen.

Die Stabsfunktionsträger sind in der Regel Spezialisten, die keine Verwaltungs-, sondern eine völlig anders geartete Fachautorität ausüben[12]. Die Beziehung zur Linie ist nicht einheitlich. Teilweise hat der Stab überhaupt keine Anordnungs-, sondern nur Beratungsfunktionen. Er ist dann nur Zulieferer von Entscheidungshilfen. Möglich ist aber auch, daß der Stab für ein begrenztes Tätigkeitsfeld auch die Verantwortung übernimmt. In diesem Bereich hat er die Befugnis, den unteren Organisationsmitgliedern direkte Anweisungen zu erteilen. Die Stäbe nehmen vor allem Funktionen wahr, die mit der Produktion nur in einem mittelbaren Zusammenhang stehen (z. B.: Werbung, betriebliches Gesundheitswesen, Datenverarbeitung, Rechts- und Steuerabteilung).

Die Professionalisierung hat in diesen Bereichen bereits zu einer relativ hohen Standardisierung der Berufsrollen geführt, so daß ein Wechsel des Arbeitsplatzes mit einem Minimum an Umstellung verbunden ist. Ferner ist es nicht unerläßlich, daß der Inhaber einer Stabsstelle das gesamte Kommunikationsnetz des Betriebes kennt. Damit sind die wesentlichsten Voraussetzungen für die Einsatzmöglichkeit von Leiharbeitnehmern erfüllt.

Als Ergebnis ist festzuhalten, daß Leiharbeitnehmer im wesentlichen nur für zwei betriebliche Grundfunktionen eingesetzt werden können:

(1) Erledigung rein sachbezogener Aufgaben auf der untersten Stufe der Betriebshierarchie.

(2) Ausübung einer Stabfunktion ohne Anordnungsbefugnisse gegenüber den Stammarbeitnehmern im Entleiherbetrieb; überwiegend auf dem technischen Sektor.

Andererseits scheiden Linienfunktionen aus, bei denen sich die Dispositionsbefugnisse auf Anordnungen gegenüber den Organisationsmitgliedern beziehen. Insofern ist die Arbeitnehmerüberlassung nur für Spezialisten, nicht aber für Generalisten geeignet.

Diese Annahmen werden durch die Auswertung der Stellenangebote bestätigt:

Technische Berufe und Berufe mit Stabsfunktionen werden schon heute in nennenswertem Umfang verlangt: Arbeitsplaner (3 mal), Ingenieure (5 mal), Konstrukteure (6 mal), Operateure (1 mal), Pro-

[12] Vgl. zum Stab-Linie-System: *Burisch*, S. 90 ff.; *Etzioni*, S. 120 ff.; *Mayntz*, Die soziale Organisation des Industriebetriebes, S. 23 f.; *Oldendorff*, S. 42 ff.

grammierer (2 mal), REFA-Fachleute (1 mal), Techniker (10 mal)[13]. Berücksichtigt man, daß viele Ingenieurs- und Konstruktionsbüros illegale Arbeitnehmerüberlassung betreiben und deshalb bei den Stellenanzeigen nicht berücksichtigt werden können, zeigt sich, daß schon heute viele Leiharbeitnehmer derartige Funktionen ausüben. Demgegenüber sind kaufmännische Berufe der höheren Funktionsgruppen nur sehr selten gefragt: Bankkaufleute (4 mal), qualifizierte Sachbearbeiter (4 mal) und Speditionskaufmann (1 mal).

Damit zeigt sich, daß die euphorische Prognose, „Manager der Jet-Klasse" könnten wie Putzfrauen vermittelt werden[14], unrealistisch ist. Dem Einsatz von Leiharbeitnehmern als betriebliche Führungskräfte sind aus organisations- und berufssoziologischen Gründen klare Grenzen gesetzt.

Daß die These der Verleiher, Leiharbeitnehmer könnten sogar Positionen des Mittelmanagements übernehmen[15], von diesen selbst nicht ernst genommen wird, zeigen die von ihnen aufgeführten Beispiele für die Einsatzmöglichkeiten von Leiharbeitnehmern. Bei betriebsfernen Montagen und Reparaturen genüge es, Meister und Vorarbeiter zu entsenden, während lokale Zeit-Arbeitsfirmen die übrigen Arbeitskräfte stellen könnten. Die Leiharbeitnehmer stehen in diesem Fall auf der untersten Stufe der Betriebshierarchie. Ferner wird für einen optimalen Einsatz von Leiharbeitnehmern vorgeschlagen, daß die Entleiher einen „Mob-Plan" über vorübergehende Umbesetzungen aufstellen. Die Stammarbeitnehmer sollen dabei aushilfsweise die höheren Positionen besetzen, während das Zeitpersonal an einfachen Arbeitsplätzen eingesetzt werden kann[16]. Auch konnten die Verleiher bei den Gesprächen mit dem Verfasser die obigen Thesen nicht widerlegen. Neuerdings räumt Then selbst ein, daß der Einsatz von Leiharbeitnehmern auch in Zukunft nicht überall möglich und sinnvoll sei: Führungskräfte, hochqualifizierte Spezialisten, Arbeitsplätze, die nur nach wochenlanger Einarbeitungszeit übernommen werden können, Chefsekretärinnen und manch andere Position eines Betriebes ließen sich bei Ausfällen nur intern umbesetzen[17].

---

[13] Vgl. oben 2. Abschn. II.

[14] So die Überschrift eines Aufsatzes *ohne Verfasser* in: Zeitungs- und Zeitschriftenverlag 1967, S. 602.

[15] *Then*, Zeit-Arbeit, S. 248 (Then ist Präsident des UZA und General-Manager der randstad-Gruppe).

[16] *Then* in: Personal, Mensch und Arbeit 1972, 148 (150); *Welch*, Handelsblatt v. 25. 4. 1972, S. 35.

[17] *Then*, Zeit-Arbeit, S. 165; vgl. auch *Starosta* in: Berichte des Deutschen Industrieinstituts zur Sozialpolitik, 1971, Heft 5, S. 1 (24 f.).

5. Abschnitt: Veränderung des Mobilitätsverhaltens zahlreicher Arbeitnehmer durch die Arbeitnehmerüberlassung

I. Problemstellung

Das Bundesverfassungsgericht ging in dem adia-interim-Urteil[1] noch von der Prämisse aus, die Leiharbeit diene ausschließlich dazu, Arbeitskräftereserven zu mobilisieren. Wäre diese Annahme richtig, hätte die Arbeitnehmerüberlassung keine Auswirkungen auf das Mobilitätsverhalten der bereits im Arbeitsprozeß stehenden Personen. In den sieben Jahren seit Erlaß des Urteils hat sich immer deutlicher gezeigt, daß die Prämisse des Gerichts unzutreffend gewesen ist. Zahlreiche Arbeitnehmer mit dauerhaftem Arbeitsinteresse wandern zu Leiharbeitsunternehmen ab. Das wird durch die folgenden Zahlen bewiesen, die sich auf die Leiharbeitnehmer der 1973 zugelassenen Verleiher beziehen. Danach waren nur 8,5 % der Männer und 8,2 % der Frauen, die erstmals in ein Leiharbeitsverhältnis eingetreten waren, vorher überhaupt noch nicht beschäftigt. Weitere 2,9 % der Männer und 11,3 % der Frauen hatten ihre letzte Beschäftigung vor mehr als einem Jahr aufgegeben. 88,6 % der männlichen und 80,5 % der weiblichen Arbeitnehmer waren dagegen unmittelbar oder während des letzten Jahres vor Eingehen des Leiharbeitsverhältnisses beschäftigt[2].

Um Aussagen über die sozialen und volkswirtschaftlichen Probleme machen zu können, ist es wichtig zu wissen, in welcher Hinsicht sich das Mobilitätsverhalten der abwandernden Arbeitnehmer durch die Ausweitung der Leiharbeit verändert hat. Dabei handelt es sich um die Frage, bis zu welchem Grad sich die Leiharbeitnehmer aus der Gruppe der „mobilen Arbeitskräfte" rekrutieren. Genauer gesagt geht es um die Frage, ob nicht ein großer Teil der Leiharbeitnehmer zu jenen Arbeitskräften gehört, die zwar nicht nur vorübergehend arbeiten wollen, aber dennoch ihren Arbeitsplatz ohnehin ungewöhnlich oft wechseln. Falls der Anteil der sowieso hochmobilen Arbeitskräfte an der Gesamtzahl der Leiharbeitnehmer hoch sein sollte, wäre — gesamtwirtschaftlich gesehen — insoweit keine durch den Zugangs-Abgangs-Kreislauf zu verzeichnende Fluktuationserhöhung zu verzeichnen[3]. Die Mo-

[1] BVerfGE 21, 261 (269).

[2] Erfahrungsbericht der BReg., BT-Drucks. 7/2365, S. 5; die Schlußfolgerung, daß nur 11,4 % der männlichen und 19,5 % der weiblichen Arbeitnehmer aus der Arbeitsmarktreserve gewonnen wurden, ist nicht gerechtfertigt. Hinzugezählt werden müßten noch diejenigen Arbeitnehmer, die vorher bei einem anderen Verleiher beschäftigt waren sowie Arbeitnehmer, die vorher in Aushilfsarbeitsverhältnissen standen. Da der betreffende Personenkreis vermutlich nicht sehr groß ist, geben die obigen Zahlen zumindest einen gewissen Anhaltspunkt über das Ausmaß der Abwanderung.

[3] Vgl. zum Zugangs-Abgangs-Kreislauf die Erläuterungen oben 2. Abschnitt V.

bilitätsbereitschaft würde nicht erhöht, sondern nur über die Leiharbeitsunternehmen umgeleitet. Umgekehrt ist zu fragen, ob sich nicht die „Mobilitätsschwelle“ für bestimmte Arbeitnehmergruppen durch die Expansion der Arbeitnehmerüberlassung deutlich senkt. Eine bisher allenfalls latent vorhandene Bereitschaft zur Mobilität könnte in einen manifesten Mobilitätsentschluß umschlagen. Zur Beantwortung dieser Fragen können die bisher vorliegenden Arbeiten zur Mobilitätsforschung herangezogen werden.

II. Die Literatur zur Arbeitnehmermobilität

Die Durchsicht der Literatur zur Arbeitsmarktforschung ergibt, daß gerade auf diesem Gebiet eine Anzahl sehr aufschlußreicher Untersuchungen existieren. Bemerkenswert ist dabei die Tatsache, daß man nicht auf der Stufe der rein theoretischen Aufbereitung der Probleme — anders als in vielen anderen Teilgebieten der Sozialwissenschaften — stehengeblieben ist, sondern die Thesen durch z. T. recht aufwendige Feldarbeiten wenigstens teilweise verifizieren konnte.

Eine erste Einführung in die Probleme der Fluktuation und Mobilität von Arbeitskräften enthalten die kurzen Beiträge von *Dedering*[4] (Darstellung der Begriffe aus der Sicht der Soziologie, Wirtschaftstheorie, Wirtschaftspolitik, Betriebswirtschaftslehre und Psychologie), *Bolte*[5], *Bolte / Aschenbrenner* u. a.[6] und *Burisch*[7].

Die größeren empirischen Untersuchungen zur Arbeitnehmermobilität sind überwiegend Projekte des RKW.

Eine ältere, aus dem Jahr 1966 stammende Untersuchung von *Lutz / Weltz*[8] enthält im wesentlichen makrosozialökonomische Untersuchungen über die Arbeitsmarktbewegungen in der Bundesrepublik für die Jahre 1950 - 1961. Ebenfalls mit der Situation der fünfziger Jahre befaßt sich der Forschungsbericht von *v. Friedeburg*[9] über die Fluktuation im Steinkohlenbergbau.

Die bisher umfassendsten Arbeiten sind die *RKW-Projekte* zur Erforschung der Arbeitsmarktmechanismen am Beispiel des regionalen Arbeitsmarktes Augsburg[10]. Die zugrunde liegenden Sozialdaten entstammen der Zeit von Juni 1967 bis Mai 1968.

---

[4] *Dedering*, KZSS 1972, 46 ff.

[5] *Bernsdorf / Bolte*, Stichwort „Mobilität“.

[6] *Bolte / Aschenbrenner* u. a., S. 150 - 167.

[7] *Burisch*, S. 112 f.

[8] *Lutz / Weltz* (RKW - Veröffentlichung).

[9] *v. Friedeburg*, BArbBl. 1957, 705 ff.

[10] *Lutz*, Modelluntersuchung eines regionalen Arbeitsmarktes, 1972; *ders.*: Arbeitswirtschaftliche Modelluntersuchung eines Arbeitsmarktes, Zusam-

Für das Verständnis des Fluktuations- und Mobilitätsverhaltens ist schließlich die Untersuchung von *Krahn*[11] von Bedeutung. Er befragte im Jahr 1969 die Arbeitnehmer eines Hüttenwerkes, deren Arbeitsmarkt- und Mobilitätssituation dadurch gekennzeichnet war, daß in jenem Gebiet gerade ein Automobil-Zweigwerk errichtet wurde. Dadurch wurde nachgewiesen, wie sich die Veränderung betriebsexterner Faktoren auf die Mobilitätsbereitschaft auswirkt.

III. Die verschiedenen Mobilitätsarten

Die in einem engen Zusammenhang stehenden Begriffe „Mobilität" und „Fluktuation" haben mehrere Bedeutungsinhalte. Dies gilt sowohl innerhalb der einzelnen Wissenschaftsgebiete als auch im Verhältnis der Gebiete untereinander. Mit „Mobilität" wird der „Platzwechsel" (Positionswechsel) von Menschen im Rahmen gesellschaftlichen Geschehens bezeichnet[12]. Damit erweist sich das Wort „Mobilität" als so unbestimmt, daß es zur näheren Kennzeichnung des damit gemeinten Vorganges eines Zusatzes bedarf.

Aus soziologischer Sicht sind die drei großen Gruppen *vertikale Mobilität*[13] (mit den Untergruppen Berufswechsel mit gleichzeitigem Wechsel der sozialen Rangstellung, Veränderung innerhalb derselben Berufsgruppe z. B. durch Beförderung, Veränderung des Status durch Steigerung des Dienstalters, berufliche Veränderung innerhalb der Generationen, Auf- und Abstieg ganzer Berufsgruppen), *horizontale Mobilität* (mit den Untergruppen Arbeitsplatzwechsel innerhalb desselben Berufs, Berufswechsel mit völlig neuen Aufgaben, horizontale Veränderungen in der Generationsfolge) sowie die *räumliche Mobilität* (mit den Untergruppen Wohnortwechsel und Unbeständigkeit der Wanderarbeiter) zu unterscheiden[14].

In der Volkswirtschaft wird die Mobilität unter dem Gesichtspunkt der Maximierung des Sozialprodukts gesehen. Bewirkt die Veränderung durch Mobilität, daß die Arbeitskräfte an den Arbeitsplätzen tätig sind, an denen ihr Beitrag zum Sozialprodukt am größten ist, spricht

---

menfassung, 1973; *Weltz*, Bestimmungsgrößen des Verhaltens von Arbeitnehmern auf dem Arbeitsmarkt, Zusammenfassung, 1971.

[11] *Krahn*, Mobilitätsorientierung und Fluktuationsbereitschaft, 1971; vgl. dazu die Rezension von *Dedering*, KZSS 1972, 607 ff.

[12] So die Definition in *Bernsdorf / Bolte*, Stichwort „Mobilität".

[13] Da sich in diesen Fällen der soziale Status ändert, ist es berechtigt, von sozialer Mobilität zu sprechen.

[14] Die Aufgliederung zwischen horizontaler und vertikaler Mobilität geht auf *P. A. Sorokin* zurück. Teilweise wird die räumliche Mobilität als ein Unterfall der horizontalen Mobilität angesehen; vgl. zu der Einteilung: *Dedering*, KZSS 1972, 46 (47); *Bernsdorf / Bolte*, Stichwort „Mobilität"; *Bosetzky*, S. 200 ff.

man von *funktionaler Mobilität*. Die Anpassungswanderungen der Arbeitskräfte erfolgen in volkswirtschaftlicher Hinsicht optimal.

Umgekehrt liegt eine *disfunktionale Mobilität* vor, wenn die Anpassung der Beschäftigtenstruktur an die sich permanent ändernden wirtschaftlichen Verhältnisse volkswirtschaftlich gesehen keinen unmittelbaren Gewinn erbringt[15].

Für die Psychologie stehen die Fähigkeiten und die Bereitschaft des Arbeitnehmers oder einer Gruppe von Arbeitnehmern zum Arbeitsplatzwechsel im Vordergrund. Bei der Untersuchung des Grads der Beweglichkeit des Arbeitnehmers spielen die mobilitätsfördernden und die mobilitätshemmenden Elemente eine große Rolle[16].

Schließlich ist auf den Unterschied der in den arbeitswirtschaftlichen Untersuchungen üblichen Begriffe Fluktuationsrate und Mobilitätsrate hinzuweisen. Vereinfacht ausgedrückt bezieht die *Fluktuationsrate* die Arbeitsmarktbewegung auf die Gesamtheit der durchschnittlich bestehenden Beschäftigungsverhältnisse. Demgegenüber bringt die *Mobilitätsrate* zum Ausdruck, welche Relation zwischen den Arbeitsmarktvorgängen und der Zahl der an den Arbeitsmarktvorgängen beteiligten Personen besteht[17].

Im Mittelpunkt des 5. Kapitels stehen die horizontale Mobilität besonders in der Form des zwischenbetrieblichen Arbeitsplatzwechsels sowie die subjektiven Elemente der Mobilität (Mobilitätsbereitschaft). Die übrigen Mobilitätsarten werden mit Ausnahme der räumlichen Mobilität in den späteren Kapiteln angesprochen[18]. Der Ausdruck Fluktuation soll in der Bedeutung des zwischenbetrieblichen Arbeitsplatzwechsels verwandt werden[19].

IV. Die mobilen Arbeitnehmergruppen als wesentliches Rekrutierungsfeld für die Leiharbeitsunternehmen

1. *Aufgliederung der mobilen Arbeitnehmergruppen*

Die arbeitswirtschaftlichen Untersuchungen des sozialwissenschaftlichen Instituts München über den regionalen Arbeitsmarkt Augsburg haben gezeigt, daß

---

15 *Dedering*, KZSS 1972, 46 (51); *Lutz / Weltz*, S. 57 ff.

16 *Dedering*, KZSS 1972, 46 (54 f.).

17 *Lutz*, Arbeitswirtschaftliche Modelluntersuchung eines Arbeitsmarktes, Zusammenfassung, S. 20 f.

18 Die räumliche Mobilität hat im Zusammenhang mit unserem Thema keine Bedeutung.

19 Daneben werden von einigen Autoren mit Fluktuation nur jene zwischenbetrieblichen Arbeitsplatzwechsel bezeichnet, die wirtschaftlich nicht notwendig sind; vgl. dazu: *Dedering*, KZSS 1972, 46 (51) m. w. N.

— eine kleine Zahl von Mehrfachwechslern einen großen Teil der Arbeitsplatzwechselfälle verursacht,
— die Mehrfachwechsler (die sog. mobilen Arbeitnehmer) sich durch spezifische Eigenschaften von den übrigen Arbeitnehmern signifikant unterscheiden,
— die verschiedenen mobilen Arbeitnehmergruppen sich hinsichtlich der individuellen und der beruflichen Situation, der Motivationen und der Verhaltensmuster deutlich unterscheiden[20].

Die Ergebnisse wurden vor allem durch Extrapolation der für den Raum Augsburg ermittelten Daten gewonnen. Da sowohl die Wirtschaftsstruktur des untersuchten Gebietes als auch die besondere konjunkturelle Situation des Erhebungszeitraums Eingang in die Überlegung fanden, erscheinen die dort getroffenen verallgemeinerten Aussagen plausibel genug, um sie der vorliegenden Darstellung zugrunde zu legen.

Die Bedeutung der mobilen Arbeitnehmergruppe soll an Hand einiger Zahlen aufgezeigt werden, die allerdings wegen der starken Konjunkturabhängigkeit nur Annäherungswert haben.

Nach den Augsburger Studien verursacht der zwischenbetriebliche Arbeitsplatzwechsel fast 60 % der Fluktuationsrate. Der Anteil der Arbeitsplatzwechsler an den Arbeitsmarktbewegungen beträgt aber nur ca. 35 %. Der zwischenbetriebliche Arbeitsplatzwechsel wurde etwa zur Hälfte von besonders instabilen Arbeitnehmern mit hoher Wechselbereitschaft hervorgerufen, zu denen insbesondere die Mehrfachwechsler gehören. Die mobilen Arbeitnehmer werden auf ein Achtel der gesamten mobilen Bevölkerung geschätzt, sie sind andererseits mit rund 30 % an der Fluktuation beteiligt[21].

Im einzelnen sind folgende am Arbeitsplatzwechsel beteiligte Arbeitnehmergruppen zu unterscheiden:

A. Männliche deutsche Arbeitnehmer

(1) Freiwilliger Arbeitsplatzwechsel

(a) Mit dauerhafter Mobilitätsneigung

(aa) Hochreagibel auf finanzielle Anreize

(bb) Arbeitnehmer in bestimmten Wirtschaftszweigen (insbesondere: Bau, Handel, Gaststätten- und Beherbergungsgewerbe)

(b) Mit beruflicher Stabilisierungs- und Integrationsorientierung

---

[20] *Weltz*, Bestimmungsgrößen des Verhaltens von Arbeitnehmern auf dem Arbeitsmarkt, Zusammenfassung, S. 14.

[21] *Lutz*, Arbeitswirtschaftliche Modelluntersuchung eines Arbeitsmarktes, Zusammenfassung, S. 24 f.

(2) Erzwungener Arbeitsplatzwechsel

(a) Freisetzung in traditionellen, überwiegend klein- und familienbetrieblich strukturierten Wirtschaftsbereichen durch Expansion des sekundären und tertiären Bereichs

(b) Sonstiger Strukturwandel (z. B. durch Rationalisierung)

(c) Konjunkturelle Gründe

(d) In der Person des Arbeitnehmers liegende Gründe (z. B. Alter)

B. Weibliche deutsche Arbeitnehmer

C. Ausländische Arbeitnehmer[22]

Die genannten Arbeitsplatzwechsler-Gruppen lassen sich im einzelnen noch weiter strukturieren:

Für die kleine Minderheit unter den deutschen männlichen Arbeitnehmern mit freiwilligem und häufigem Arbeitsplatzwechsel sind typisch: unterdurchschnittliche Qualifikation, wesentlich höherer Anteil der Alleinstehenden, deutliche Ausprägung der marginalen Lebensführung, auffällige Konzentration auf einige wenige Wirtschaftszweige und Tätigkeiten. Sie sind eher etwas älter als die restliche mobile Arbeitnehmerschaft[23].

Wirtschaftszweige, die eindeutig stärker am Arbeitsplatzwechsel beteiligt sind, als es ihrem Anteil an der Beschäftigung entspräche, sind das Bau- und das Baunebengewerbe[24], der private Verkehr, das Gaststättengewerbe und die sonstigen privaten Dienstleistungen. Weitere Konzentrationen des Arbeitsplatzwechsels bei Männern sind in der Metallindustrie und im Handel festzustellen[25].

Das Merkmal der geringen Qualifikation trifft weniger für Arbeitnehmer des Bausektors zu. Dafür ist die Ansprechbarkeit auf finanzielle Anreize in diesem Bereich außergewöhnlich groß.

Mit dem häufigen Wechsel korrespondiert die Beziehungslosigkeit zum jeweiligen Arbeitsplatz. Die Ursache für die permanente Mobilität wird in dem Mißlingen des Integrationsprozesses gesehen. Die Hoch-

---

[22] Vgl. zu den verschiedenen Gruppen: *Lutz*, Modelluntersuchung eines regionalen Arbeitsmarktes, S. 73 - 86; 115 ff.; 160 f.; 265 ff.; *Lutz*, Arbeitswirtschaftliche Modelluntersuchung eines Arbeitsmarktes, Zusammenfassung, S. 38 - 49.

[23] *Lutz*, Arbeitswirtschaftliche Modelluntersuchung, Zusammenfassung, S. 46.

[24] Über ein Drittel aller männlichen Arbeitsplatzwechsler gehören dem Bau- und dem Baunebengewerbe an (*Lutz*, Modelluntersuchung eines regionalen Arbeitsmarktes, S. 93).

[25] *Lutz*, Modelluntersuchung eines regionalen Arbeitsmarktes, S. 91 ff.

reagibilität ist also eher das Resultat einer negativen als einer positiven Arbeitsmarktqualität[26].

Typische Merkmale für die Arbeitnehmer mit vorübergehender Mobilität sind: besonders jung[27], verhältnismäßig qualifiziert. Dem Arbeitsplatzwechsel liegt eine integrative Zielsetzung zugrunde, er ist Teil eines schrittweisen Selektionsprozesses[28]. Dieser dauert so lange, bis entweder ein Arbeitsplatz gefunden wird, der etwa den Erwartungen entspricht oder bis der Arbeitnehmer resignierend seine Ansprüche reduziert und sich mit seinem augenblicklichen Arbeitsplatz abfindet. Freiwillige Mobilität als Durchgangsstadium im Verlaufe des Berufslebens ist charakteristisch vor allem für Berufsanfänger, die sich erst umsehen wollen, ehe sie sich an einen bestimmten Betrieb binden. Sie sind bereit, die mit dem Wechsel verbundenen Risiken in Kauf zu nehmen, um materielle Vorteile zu erhalten oder eine Arbeit zu bekommen, die ihnen mehr zusagt. Die Mentalität ändert sich in der Regel dann, wenn der Arbeitnehmer familiäre Verpflichtungen hat. Das Sekuritätsdenken gewinnt dann bei der Mehrzahl der Arbeitnehmer die Oberhand.

Beide Gruppen von freiwilligen Wechslern lassen sich an Hand der drei Kriterien abgrenzen:

— Orientierung an kurzfristiger Verdienstmaximierung
— instrumentelle Einstellung zum Arbeitsplatzwechsel
— Perzeption konkreter Anreize zum Arbeitsplatzwechsel[29].

Die von einem erzwungenen Arbeitsplatzwechsel betroffenen männlichen Arbeitnehmer lassen sich hinsichtlich der Motivation und dem Arbeitsmarktverhalten eher mit dem immobilen Teil der Arbeitnehmerschaft als mit den freiwilligen Wechslern vergleichen. Sie sind im Durchschnitt älter und weniger häufig alleinstehend, ihr durchschnittliches Qualifikationsniveau ist eher höher, sie gehörten dem letzten Betrieb auch längere Zeit an[30]. Bei diesem Personenkreis dominiert die

[26] *Weltz*, Bestimmungsgrößen des Verhaltens von Arbeitnehmern auf dem Arbeitsmarkt, Zusammenfassung, S. 29 ff.

[27] Das Alter ist kein direkter Mobilitätsfaktor, sondern lediglich ein Indikator für private und berufliche Lebenssituationen, die ihrerseits auf das Mobilitätsverhalten einwirken, wobei diese Indikatorfunktion des Alters nicht für alle Beschäftigtengruppen, sondern in erster Linie für die deutschen männlichen Arbeitnehmer zutrifft (*Lutz*, Modelluntersuchung eines regionalen Arbeitsmarktes, S. 77).

[28] *Weltz*, Bestimmungsgrößen des Verhaltens von Arbeitnehmern auf dem Arbeitsmarkt, Zusammenfassung, S. 33 ff.

[29] *Weltz*, Bestimmungsgrößen des Verhaltens von Arbeitnehmern auf dem Arbeitsmarkt, Zusammenfassung, S. 16 f.

[30] *Lutz*, Arbeitswirtschaftliche Modelluntersuchung eines Arbeitsmarktes, Zusammenfassung, S. 45 f.

integrative Zielsetzung. Sobald der Arbeitnehmer zu dem Schluß kommt, daß ihm der Arbeitsplatz unter langfristigen Aspekten nicht zusagt, sucht er sich möglichst schnell eine neue Arbeitsstelle, um keine Zeit zu verlieren. Darin kommt das bei den meisten Arbeitnehmern anzutreffende defensive Arbeitsmarktverhalten zum Ausdruck[31]. Das Ziel des Dauerarbeitsverhältnisses wird auf dem Wege des schrittweisen Selektionsprozesses angestrebt.

Bei den weiblichen deutschen Arbeitskräften, die den Arbeitsplatz wechseln, ist der Extremgruppencharakter weniger stark ausgeprägt. Sie sind im Schnitt eher etwas älter als die Männer der gleichen Kategorie und unterscheiden sich in ihrem Altersaufbau weniger von der übrigen weiblichen Erwerbsbevölkerung. Ferner ist das Qualifikationsniveau nicht wesentlich niedriger als bei dem „imobilen" Teil der weiblichen Arbeitnehmerschaft. Allerdings muß berücksichtigt werden, daß das Qualifikationsniveau weiblicher Arbeitnehmer generell niedriger ist als das der männlichen Arbeitskräfte[32].

Mitursächlich für die Mobilität dürfte die diskontinuierliche Erwerbstätigkeit eines großen Teils der berufstätigen Frauen sein. Bedingt durch die familiären Verpflichtungen und die immer noch unzureichenden Sozialeinrichtungen zur Entlastung der berufstätigen Frau sind viele Arbeitnehmerinnen gezwungen, mehrmals in das Erwerbsleben einzutreten. Damit korrespondiert teilweise die Einstellung, die Erwerbstätigkeit sei kein Dauerzustand und gegenüber dem als vorrangig angesehenen Lebensinhalt von Haushalt und Familie sekundär. Dementsprechend stehen Integrations- und Sicherheitsdenken bei dieser Frauengruppe weniger im Vordergrund[33]. Es ist zu erwarten, daß sie im größeren Umfang eine instrumentelle Einstellung zur Arbeit haben. Ferner gibt es Anzeichen dafür, daß die Fluktuation bei ihnen ein nicht nur vorübergehender Zustand ist.

Überdurchschnittlich groß ist ferner die Mobilität bei denjenigen Frauen mit Berufsunterbrechung, die die Erwerbstätigkeit nicht nur als vorübergehend ansehen und folglich stark integrations- und sicherheitsorientiert sind.

Auch bei ihnen wird das Ziel des Dauerarbeitsplatzes nur auf dem Wege des schrittweisen Selektionsprozesses erreicht. Die Ursache für die große Zahl der Arbeitsplatzwechselfälle ist in der mehrstufigen

---

[31] *Weltz*, Bestimmungsgrößen des Verhaltens von Arbeitnehmern auf dem Arbeitsmarkt, Zusammenfassung, S. 30 ff.

[32] *Lutz*, Arbeitswirtschaftliche Modelluntersuchung eines Arbeitsmarktes, Zusammenfassung, S. 47 ff.

[33] *Lutz*, Arbeitswirtschaftliche Modelluntersuchung eines Arbeitsmarktes, Zusammenfassung, S. 48.

Eingliederung in das Beschäftigungssystem zu sehen. Der langwierige Integrationsprozeß wiederholt sich also und gelingt nicht allen Frauen.

Für die ausländischen Arbeitskräfte beiderlei Geschlechts ist ebenfalls eine überdurchschnittliche Fluktuation charakteristisch. So hat beispielsweise die Augsburg-Studie das Resultat erbracht, daß drei Viertel der ausländischen Arbeitsplatzwechsler weniger als ein Jahr am letzten Arbeitsplatz beschäftigt waren. Diese Zahl liegt sogar noch höher als bei den deutschen Arbeitsplatzwechslern, von denen knapp zwei Drittel dem letzten Betrieb weniger als ein Jahr angehörten[34].

Der Grund für die hohe Ausländermobilität ist der, daß viele Ausländer jedenfalls im Erhebungszeitraum ihren Arbeitsplatz unter anderen zeitlichen Perspektiven sahen. Sie rechneten von vorneherein damit, eines Tages ihren Arbeitsplatz aufzugeben und in die Herkunftsländer zurückzukehren. Ein weiteres Moment besteht in der weitaus geringeren Qualifikation der ausländischen Arbeitskräfte. Da geringer qualifizierte Arbeitskräfte generell häufiger den Arbeitsplatz wechseln[35], folgt schon aus dieser Tatsache die hohe Ausländermobilität.

2. Teilweise Identität der Merkmale der mobilen Arbeitnehmer mit denen der Leiharbeitnehmer

Aufschluß über die Bedeutung der Leiharbeit für mobile Arbeitskräfte geben einige Statistiken aus Frankreich, die in der CNRS-Untersuchung enthalten sind. Da die marginale berufliche Situation häufig mit der marginalen Lebensführung zusammentrifft, sind die Zahlen über den Familienstand der französischen Leiharbeitnehmer von Interesse[36]:

Familienstand	Männer in %	Frauen in %	Zusammen in %
ledig	57	43,5	48,9
verheiratet	34,4	38,4	36,8
getrennt, geschieden oder im Begriff, sich zu trennen bzw. sich zu scheiden	8,6	11,6	10,4
verwitwet	—	6,5	3,9

[34] *Lutz*, Modelluntersuchung eines regionalen Arbeitsmarktes, S. 110.
[35] *Daheim*, S. 141.

Ferner haben 59,8 % der französischen Leiharbeitnehmer keine Kinder und 72,1 % keine Kinder im Haushalt. Damit ist der Anteil der Leiharbeitnehmer ohne familiäre Bindungen überdurchschnittlich hoch. Allerdings lassen diese Zahlen nur sehr bedingte Rückschlüsse auf die Situation in der Bundesrepublik zu, weil die soziale Stellung der französischen Leiharbeitnehmer weniger gesichert ist als in der Bundesrepublik. Da nach dem französischen Recht das Leiharbeitsverhältnis mit der konkreten Überlassung gekoppelt ist, muß der Leiharbeitnehmer damit rechnen, nach Beendigung des Einsatzes bei dem Entleiher für eine gewisse Zeit arbeitslos zu sein. Eine Statistik des Leiharbeitsunternehmens *Manpower* deutet jedoch darauf hin, daß trotz der unterschiedlichen Rechtslage der Anteil der Leiharbeitnehmer mit familiären Pflichten in der Bundesrepublik nicht wesentlich höher ist:

Bewerber, Beschäftigte und ehemalige Beschäftigte von Manpower/Deutschland 1970:

Familienstand	in %
ledig	56,0
verheiratet	34,0
geschieden	8,0
verwitwet	2,0

71,0 % des genannten Personenkreises lebten ohne Kinder im Haushalt[37].

Die berufliche Marginalsituation vieler Leiharbeitnehmer kommt in der Befragung nach den Beweggründen für die Aufnahme einer Leiharbeitstätigkeit zum Ausdruck.

In Frankreich wurden von den Leiharbeitnehmern folgende Motive genannt[38]:

Besserer Verdienst oder interessantere berufliche Tätigkeit	36,4 %
Arbeitslosigkeit	26,0 %
Bedürfnis nach Abwechslung, größere Freiheit; Wunsch, mehrere Arbeitsplätze kennenzulernen, bevor man sich festlegt	19,5 %
Familiäre oder persönliche Gründe	12,5 %
Wechsel des Wohnortes	6,9 %
Weil Berufsanfänger (ohne Arbeitszeugnis) oder weil Ausländer (ohne Arbeitserlaubnis)	3,9 %
Sonstige Gründe (durch Zufall, aus Neugierde usw.)	14,7 %

[36] CNRS-Untersuchung, S. 1013.

[37] Nicht veröffentlicht.

[38] CNRS-Untersuchung, S. 1038; von den Leiharbeitnehmern konnten mehrere Gründe genannt werden.

Der Aussagewert der Statistik wird dadurch gemindert, daß die einzelnen Motivationen nicht differenziert genug aufgeführt sind. Immerhin kann aus den angegebenen Beweggründen geschlossen werden, daß es sich bei den Leiharbeitnehmern zu einem großen Teil nicht um Personen mit dauerhafter Mobilitätsneigung handelt.

Ein weiterer Anhaltspunkt für die Anziehungskraft der Leiharbeit auf die mobilen Arbeitnehmergruppen sind die französischen Erhebungen zur Berufsbiographie der Leiharbeitnehmer[39]:

	ArbN unter 35 Jahre %	ArbN über 35 Jahre %
sind direkt in das Leiharbeitsunternehmen eingetreten	12,0	1,2
haben 1 - 2 Beschäftigungen vorher ausgeübt	33,8	22,2
haben 3 - 4 Beschäftigungen vorher ausgeübt	28,2	18,5
haben 5 - 10 Beschäftigungen vorher ausgeübt	19,7	38,3
haben mehr als 10 Beschäftigungen ausgeübt	6,3	19,8
Zusammen	100,0	100,0

Leider geht aus den Zahlen nicht hervor, in welchem Zeitraum der Arbeitsplatzwechsel stattgefunden hat. Es ist daher möglich, daß bei einem Teil der aufgeführten Leiharbeitnehmer der häufige Arbeitsplatzwechsel schon einige Zeit zurücklag und zwischenzeitlich eine Stabilisierung des Berufslebens eingetreten war.

Dies dürfte vor allem für die Personen mit erzwungenem Arbeitsplatzwechsel (Arbeitslose) gelten. Ferner ist zu bedenken, daß mit zunehmendem Alter auch die Zahl der Arbeitsplatzwechsel zunehmen wird, ohne daß die Person in jedem Fall zu den „mobilen" Arbeitnehmern zählen muß. Man wird daher nur zu der vagen Feststellung kommen können, daß zu den Arbeitnehmern unter 35 Jahren mit mehr als fünf Arbeitsplatzwechselfällen (26 %) und zu den Arbeitnehmern über 35 Jahren mit mehr als zehn Arbeitsplatzwechselfällen (19,8 %) viele mobile Arbeitnehmer zu finden sind.

---

[39] CNRS-Untersuchung, S. 1033.

Bemerkenswert ist ferner, daß bei den Leiharbeitsunternehmen einige Wirtschaftszweige und Berufe stark vertreten sind, die sich durch eine hohe Fluktuation auszeichnen. In den Stellengesuchen werden Bau- und Baunebenberufe 36 mal genannt[40]: Metallberufe werden 360 mal genannt[41]. Zu erwähnen sind auch die Hilfskräfte, die 39 mal in den Anzeigen auftauchen[42]. Ein ähnliches Bild vermittelt der Erfahrungsbericht der Bundesregierung. Am 30. 6. 1973 beschäftigten die 983 zugelassenen Verleiher 26 566 männliche Leiharbeitnehmer. Von diesen hatten 9501 Metallberufe, 6434 Bauberufe und weitere 3224 waren Hilfsarbeiter ohne nähere Tätigkeitsangabe[43]. Am 31. 12. 1973 beschäftigten die 948 zugelassenen Verleiher 13 837 männliche Leiharbeitnehmer, darunter 5800 Leiharbeitskräfte mit Metallberufen, 1961 mit Bauberufen und 1851 Hilfskräfte. Den drei genannten Sparten gehörten also allein 19 159 (Stand: 30. 6. 1973) bzw. 9612 (Stand: 31. 12. 1973) Leiharbeitnehmer an[44]. Auffallend ist, daß andere Wirtschaftszweige mit hoher Fluktuation kaum vertreten sind. Dazu gehören vor allem das Gaststätten- und Beherbergungsgewerbe sowie der Handel. Dem Gaststätten- und Beherbergungsgewerbe sind sechs und dem Handel sind ebenfalls sechs Stellengesuche zuzuordnen[45]. In den Statistiken des Erfahrungsberichts wird die Zahl der Warenkaufleute mit zwölf (am 30. 6. 1973, davon sechs männliche und sechs weibliche Leiharbeitnehmer) bzw. mit 18 (am 31. 12. 1973, davon zwei männliche und 16 weibliche Leiharbeitnehmer) angegeben[46]. Das Gaststätten- und Beherbergungsgewerbe beschäftigt seit je sehr viele Saisonarbeitskräfte. Vermutlich hat sich das herkömmliche Anwerbungsverfahren dieses Wirtschaftszweiges so gut bewährt, daß nur in Ausnahmefällen auf Leiharbeitskräfte zurückgegriffen werden muß.

---

[40] Es sind die Berufe: Baggerführer/Raupenfahrer, Bauhelfer, Betonbauer, Dachdecker(helfer), Einschaler, Gerüstbauer, Gipser, Glaser, Heizungshelfer, Kranführer, Plattenleger, Putzer, Verputzer, Zimmerleute; vgl. oben 2. Abschn. II.

[41] Dazu gehören die Berufe: Bohrer, Dreher, Einrichter, Galvaniseure, Monteure, Schleifer, Schlosser, Schweißer, Verdrahter, Werkzeugmacher; vgl. oben 2. Abschn. II.

[42] Bauhelfer, Bürohilfskräfte, Dachdeckerhelfer, Heizungshelfer, gewerbliche Hilfskräfte, Lagerarbeiter, Maschinenarbeiter, Packer, Schreibkräfte, Studentinnen mit Schreibmaschinenkenntnissen; vgl. oben 2. Abschn. II.

[43] Zu den Metallberufen gehören: Metallerzeuger, -bearbeiter, Schlosser, Mechaniker und zugeordnete Berufe, Montierer und Metallberufe (vgl. Erfahrungsbericht d. BReg., BT-Drucks. 7/2365, S. 4 und Anhang Tabelle 2 a).

[44] Erfahrungsbericht der BReg, BT-Drucks. 7/2365, S. 4; und Anhang Tabelle 2 b.

[45] Es sind die Berufe: Büfetthilfe, Köche bzw. Kassiererinnen, Sachbearbeiter/Exportsachbearbeiterinnen, Speditionskaufmann.

[46] Erfahrungsbericht d. BReg, BT-Drucks. 7/2365, Anhang Tabellen 2 a, 2 b, 3 a, 3 b.

Die große Zahl der weiblichen Leiharbeitnehmer und der ausländischen Leiharbeitnehmer[47] dürfte darauf zurückzuführen sein, daß sie — im Gegensatz zur Mehrheit der männlichen deutschen Arbeitnehmer — ihren Arbeitsplatz weniger oft unter langfristigen Perspektiven suchen. Viele weibliche Leiharbeitnehmer dürften wegen des mehrmaligen Eintritts in das Berufsleben nicht voll integriert sein. Ein Teil der ausländischen Arbeitnehmer hält sich zudem erst seit kurzer Zeit in der Bundesrepublik auf, so daß die berufliche Stabilisierung noch nicht stattgefunden hat.

Eine weitere Aufschlüsselung der mobilen Leiharbeitnehmergruppen setzt genauere berufsbiographische Erhebungen voraus, bei denen von den unter IV.1. genannten Merkmalen auszugehen wäre.

Durch die Abwanderung mobiler Arbeitskräfte zu Leiharbeitsunternehmen kann das Mobilitätsverhalten in zweifacher Hinsicht beeinflußt werden:

— Die mobilen Arbeitskräfte bleiben bei dem Verleiher durchschnittlich länger als sie es bei einem Dauerarbeitsverhältnis tun würden. Dies wäre dann der Fall, wenn das Leiharbeitsverhältnis ihrem Bedürfnis nach permanentem Wechsel des Arbeitsplatzes und des Betriebes entsprechen würde. Die Leiharbeit würde insoweit zu einem Abbau der Fluktuation beitragen[48].

— Die durchschnittliche Dauer des Leiharbeitsverhältnisses liegt nicht über der eines entsprechenden Stammarbeitsverhältnisses. Dann wäre die Leiharbeit nur ein Durchgangsstadium im Arbeitsleben der Mobilen, und der Verleiher wäre für sie nur ein Arbeitgeber wie jeder andere. Die Fluktuation vermindert sich nicht.

Die bisher vorliegenden Zahlen deuten darauf hin, daß es den Verleihern noch nicht gelungen ist, die Fluktuation dieser Personen zu nutzen und die mobilen Arbeitnehmer für längere Zeit an sich zu binden. Die Dauer der Leiharbeitsverhältnisse ist ungewöhnlich kurz.

Dem Erfahrungsbericht der Bundesregierung vom 30. 6. 1974 zufolge betrug die Dauer der im Jahre 1973 beendeten Leiharbeitsverhältnisse bei 53,5 % der männlichen und bei 49,5 % der weiblichen Leiharbeitnehmer weniger als einen Monat. Ferner schieden 39,6 % der männlichen und 44,6 % der weiblichen Leiharbeitskräfte bereits nach ein bis

[47] Die zugelassenen Verleiher überließen 7813 (am 30. 6. 1973) bzw. 5580 (am 31. 12. 1973) Leiharbeitnehmerinnen sowie 11 929 (am 30. 6. 1973) bzw. 4362 (am 31. 12. 1973) Ausländer(innen); vgl. den Erfahrungsbericht d. BReg; BT-Drucks. 7/2365, Anhang Tabellen 2 a, 2 b, 3 a, 3 b.

[48] *Then*, Zeitarbeit, S. 246, bezeichnet es als Zukunftsaufgabe der Zeit-Arbeit, diesen Teil der Fluktuationsgruppe zu organisieren. Fluktuation hat in diesem Zusammenhang die Bedeutung von Wechsel des Arbeitgebers im Sinne des § 1 Abs. 1 AÜG.

sechs Monaten aus. Nur 6,9 % der männlichen und 5,9 % der weiblichen Leiharbeitnehmer blieben länger als ein halbes Jahr[49]. Trotz der Vorbehalte, die gegen diese Zahlen geltend zu machen sind[50], kann dennoch daraus geschlossen werden, daß nur wenige Leiharbeitnehmer längere Zeit bei einem Verleiher bleiben. Nach den Schätzungen eines marktführenden Leiharbeitsunternehmens in der Bundesrepublik soll nach Inkrafttreten des AÜG sich die durchschnittliche Dauer der Leiharbeitsverhältnisse ungefähr auf ein halbes Jahr verlängert haben. Die Entwicklung scheint noch sehr im Fluß zu sein.

Trotz der geringen Arbeitsplatzsicherheit ist die Dauer der Leiharbeitsverhältnisse in Frankreich wesentlich höher als in der Bundesrepublik. Der CNRS-Untersuchung zufolge gehörten rund 60 % der Männer und 40 % der Frauen weniger als ein Jahr dem Leiharbeitsunternehmen an. Umgekehrt waren 40 % der Männer und 60 % der Frauen länger als ein Jahr als Leiharbeitnehmer tätig[51].

Die Ergebnisse deuten darauf hin, daß die Leiharbeit jedenfalls zur Zeit nicht das Bedürfnis der mobilen Arbeitnehmer mindert, den Arbeitgeber zu wechseln. Einer der Gründe könnte der sein, daß es den Mobilen nicht allein darauf ankommt, in möglichst vielen Betrieben zu arbeiten. Wegen der hohen Reagibilität auf finanzielle Anreize ist für sie vermutlich nicht die Abwechslung maßgebend, sondern die Aussicht, durch den Wechsel des Arbeitgebers einen höheren Lohn zu bekommen.

V. Die Entwicklung der Arbeitnehmerüberlassung als Ursache für die Erhöhung der Mobilitätsbereitschaft der Arbeitnehmer

Die Ergebnisse der Arbeitsmarktforschung legen den Schluß nahe, daß die Leiharbeit nicht nur auf die Dauerwechsler eine hohe Anziehungskraft ausübt. Es ist vielmehr anzunehmen, daß die Expansion der Arbeitnehmerüberlassung sich für weitere Arbeitnehmergruppen als ein mobilitätsfördernder Faktor auswirkt und insoweit zu einer Erhöhung der Fluktuation führt.

Krahns[52] empirische Untersuchungen haben gezeigt, daß die Ansiedlung eines Automobilwerkes in der Nähe des Hüttenwerkes zu einer spürbaren Senkung der Mobilitätsschwelle der Arbeitnehmer in dem untersuchten Betrieb führte. Die Arbeitnehmer hatten eine konkrete Alternative vor Augen, so daß eine latente Fluktuationsbereitschaft

---

[49] Vgl. den Erfahrungsbericht d. BReg. BT-Drucks. 7/2365, Anhang Tabelle 4.

[50] Siehe dazu oben 2. Abschn. V.

[51] CNRS-Untersuchung, S. 1009.

[52] *Krahn,* S. 100 f.

durch das Hinzukommen des externen Motilitätsfaktors in einen manifesten Fluktuationsentschluß umschlagen konnte. Krahns Untersuchung ergab ferner, daß sich die Ansiedlung des Automobilwerkes im wesentlichen für die folgenden drei Arbeitnehmergruppen des Hüttenwerkes mobilitätsfördernd auswirkte:

1. die jüngeren Arbeitnehmer bis etwa 35 Jahre,
2. die Hilfsarbeiter, die unter extrem ungünstigen Bedingungen arbeiten,
3. Facharbeiter, vor allem Elektriker, Schlosser, Dreher und Schweißer[53].

Hier zeigen sich deutlich die Parallelen zu der Augsburg-Studie: Die Fluktuation ist bei den jüngeren Arbeitern wesentlich höher, was u. a. mit der Familiensituation zusammenhängt. Die Hilfsarbeiter als besonders wenig qualifizierte Arbeitnehmer sind gleichfalls reagibel. Bei den Facharbeitern ist die Mobilitätsschwelle dann gering, wenn sie eine überbetrieblich verwertbare qualifizierte Ausbildung absolviert haben. Demgegenüber sind diejenigen Arbeitnehmer immobil, die sich (z. B. durch Kurse) vom Angelernten zum Facharbeiter hochgearbeitet haben. Wieweit sie ihre Fähigkeiten in einem anderen Betrieb verwerten können, ist nicht sicher. Zu diesem Personenkreis gehören z. B. die Walzer, Gießer und Schmelzer[54].

Ähnlich dürfte die Leiharbeit nur für bestimmte Arbeitnehmergruppen eine Art Katalysator für den Umschlag der latenten Fluktuationsbereitschaft in den manifesten Entschluß sein, das bisherige Arbeitsverhältnis aufzugeben. Es sind diejenigen Arbeitskräfte, bei denen die mobilitätshemmenden Faktoren ohnehin sehr gering sind[55]. Sie haben damit ähnliche Eigenschaften wie die Dauerwechsler.

6. Abschnitt: Volkswirtschaftliche Schäden durch die Abwanderung von Dauerarbeitskräften

Nach § 3 Abs. 1 Nr. 3 und § 9 Nr. 2 AÜG muß das Leiharbeitsverhältnis grundsätzlich unbefristet abgeschlossen werden. Das Gesetz geht damit von einem Leiharbeitnehmertypus aus, der in der Regel an einem Dauerarbeitsplatz interessiert ist. Durch diese nicht sehr gelungene Konzeption wird gerade der Arbeitnehmerkreis nicht angesprochen, für den die Leiharbeit ursprünglich gedacht war. Es sollte näm-

---

[53] *Krahn*, S. 98 f.

[54] *Krahn*, S. 99.

[55] Zu den mobilitätshemmenden Faktoren gehören z. B. auch die Werkswohnung und die betriebliche Altersversorgung (vgl. *Krahn*, S. 80 und 82).

lich — wie das BVerfG feststellt — die Arbeitskraft solcher Arbeitnehmer mobilisiert werden, die aus verschiedenen Gründen keine Dauerstellung annehmen können oder wollen[1]. Da dieser Gesichtspunkt in dem Urteil nur als Hilfsargument verwendet wird, ist er bei dem Erlaß des AÜG nicht ausreichend berücksichtigt worden.

Die negativen Auswirkungen der gesetzlichen Regelung zeigen sich deutlich bei der Anzeigenwerbung. Aus vielen Stellenanzeigen geht überhaupt nicht hervor, daß es sich um einen Verleiher handelt. Ein unbefangener Leser muß daher annehmen, es würde ein Stammarbeitnehmer gesucht. Daher dürften sich viele Interessenten bei den betreffenden Leiharbeitsunternehmen melden, die überhaupt nicht in Erwägung gezogen haben, ein Leiharbeitsverhältnis einzugehen.

Die Anzeigengestaltung ist nicht einheitlich. Die meisten UZA-Verleiher und einige in keinem Verleiherverband organisierte Unternehmen fügen ihren Anzeigen den Zusatz „Zeitarbeit", „Zeitpersonal" oder den irreführenden Begriff „Teilzeit" und „Teilzeit-Programm" bei. Aus den Anzeigen anderer Verleiher kann nur der Branchenkundige entnehmen, daß es sich um einen Verleiher handelt, weil in dem Firmennamen die anglo-amerikanischen Ausdrücke „service", „interim", „time" und „office" enthalten sind. Bei einer dritten Gruppe von Anzeigen fehlt jeglicher Hinweis auf die Art des Arbeitsverhältnisses. Sehr häufig ist schließlich der Zusatz in den Stellenanzeigen „in Dauerstellung", „die unbefristete Zeit mit uns arbeiten wollen", „volle soziale Sicherheit". Das Gesetz führt zu dem widersinnigen Ergebnis, daß die Verleiher gezwungen sind, Arbeitskräfte mit vorübergehendem Arbeitsinteresse mit dem Hinweis anzuwerben, es handle sich um eine Dauerstellung. Wie der Verfasser vom Landesarbeitsamt Frankfurt/M. und von den Verleihern erfuhr, wird von seiten der Arbeitsverwaltung großer Wert darauf gelegt, daß die Stellenanzeigen einen derartigen Inhalt haben. Dementsprechend findet sich nur in wenigen Anzeigen ein Anhaltspunkt, daß Personen mit vorübergehendem Arbeitsinteresse gesucht werden (z. B.: „auch vorübergehend", „auch zur Aushilfe").

Welche ernsthaften Störungen des Arbeitsmarktes durch die Abwanderung, die teilweise auf einer systematischen Abwerbung beruht, entstehen können, zeigt ein Bericht über die Schlüsselstellung der Verleiher in der gesamten deutschen Werftindustrie. Der Anteil der Leiharbeitnehmer an der Gesamtbelegschaft wird bei einem mittleren Bremer Werftbetrieb mit einem Drittel angegeben. Die Ursache für die Abwanderung lag in den höheren Löhnen, die die Verleiher zahlten. Wegen des Facharbeitermangels war die Schiffsbauindustrie gezwun-

[1] BVerfGE 21, 261 (269).

gen, in erheblichem Umfang Leiharbeitskräfte einzusetzen[2]. Die gleiche Situation führte in der niederländischen Werftindustrie zu erheblichen sozialen Konflikten[3].

Ähnliche Sorgen äußerte im Jahr 1971 die Schweizerische Metallindustrie (insbesondere die Bereiche Metallmontage, Maschinen-, Rohrleitungsbau). Nicht selten sollen Leiharbeitnehmer unter Vorspiegelung falscher Vorteile Stammarbeitskräfte für die Verleihfirmen abgeworben haben. Der eklatante Mangel an Facharbeitern führte dazu, daß der Entleiher solche Leiharbeitnehmer einsetzte, die vorher zu seinem Stammpersonal gehörten[4].

Ob gegenwärtig in der Bundesrepublik die konkrete Gefahr besteht, daß die Verleiher für einige Facharbeiterberufe eine faktisch marktbeherrschende Stellung haben, läßt sich mangels genauer Kenntnis der entsprechenden Teilarbeitsmärkte nicht feststellen[5]. Immerhin deutet die große Zahl der in den Anzeigen genannten Metallfacharbeiterberufe (Monteure, Schlosser, Dreher, Mechaniker, Schweißer, Fräser) darauf hin, daß die Verleiher von dem großen Arbeitskräftemangel profitieren. So sollen nach Angaben der Verwaltungsstelle der IG Metall in Frankfurt/M. in dieser Stadt qualifizierte Schweißer nur noch über Verleihfirmen zu bekommen sein[6].

Die volkswirtschaftlichen Nachteile der Abwanderung von Dauerarbeitskräften zu den Leiharbeitsunternehmen sollen stichwortartig aufgeführt werden:

— Sie führt zu einer disfunktionalen Mobilität, d. h. der Arbeitsplatzwechsel dient nicht dem Strukturwandel. Es werden hauptsächlich Arbeitnehmer aus ohnehin expandierenden Wirtschaftszweigen gesucht. Facharbeiter aus stagnierenden Branchen (z. B. Textilindustrie) haben bei den Verleihern kaum Aussichten, eine Stellung zu finden.

— Der Einsatz von Leiharbeitnehmern erhöht die Produktionskosten, wenn der Entleiher nur deshalb auf sie zurückgreift, weil Dauerarbeitnehmer der gesuchten Qualifikation auf dem Arbeitsmarkt nicht verfügbar sind. Soweit es die Marktlage zuläßt, wird der Ent-

---

[2] *Leve*, Soziale Arbeit 1972, 383 (389).

[3] *Becker*, Sonderdruck aus BlStSozArbR Nr. 19/21, 1. 10. / 1. 11. 1972, S. 6.

[4] *Ohne Verfasser*, Schweizerische Arbeitgeberzeitung, 1971, 705 ff.; *Scheiwiller*, Die Weltwoche (Zürich) vom 8. 10. 1971.

[5] Dazu wird in dem Erfahrungsbericht der BReg., BT-Drucks. 7/2365, S. 14 ausgeführt: „Auch die Konzentration der Arbeitnehmerüberlassung auf bestimmte Gewerbezweige scheint nicht derart zu sein, daß nur ein Verbot zur Abwendung von Gefahren für die Allgemeinheit ausreichen würde.“

[6] Stellungnahme des DGB für den Erfahrungsbericht der Bundesregierung, S. 4.

leiher die höheren Kosten auf die Verbraucher abwälzen. Dadurch müssen sich zwangsläufig inflationäre Tendenzen verstärken.

— Durch den Zugangs-Abgangs-Kreislauf erhöht sich generell die Mobilität der Dauerarbeitskräfte bei den Entleihern, die jedenfalls teilweise auf gruppenspezifische Verhaltensweisen der Arbeitnehmer zurückzuführen sein dürfte[7]. Zwar entfallen für den Entleiher die Anwerbungskosten. Da der neu in den Betrieb eintretende Leiharbeitnehmer jedoch erst in seinen Arbeitsplatz eingewiesen werden und sich einarbeiten muß, kann er nicht sofort produktiv tätig sein.

7. Abschnitt: Die Verteilung der wirtschaftlichen Macht zwischen Verleiher und Entleiher und die Folgen für die soziale Stellung der Leiharbeitnehmer

Zwischen der Frage, ob und unter welchen Voraussetzungen der Verleiher oder der Entleiher ein wirtschaftliches Übergewicht hat und dem Problem des sozialen Schutzes des Leiharbeitnehmers besteht ein enger Zusammenhang. Die Verleiher haben für den Abschluß der Arbeitsverträge mit den Leiharbeitnehmern Allgemeine Arbeitsbedingungen und für die Überlassungsverträge Allgemeine Geschäftsbedingungen aufgestellt. Die in diesen Allgemeinen Geschäftsbedingungen[1] enthaltenen Klauseln lassen Rückschlüsse auf die Zuverlässigkeit der Verleiher im Sinne des § 3 AÜG zu. Sie werden deshalb auch von der Erlaubnisbehörde überprüft. Der Verleiher kann die Anwendung der Allgemeinen Geschäftsbedingungen aber nur dann durchsetzen, wenn er im Verhältnis zum Entleiher entweder in der wirtschaftlich stärkeren oder gleich starken Position ist. Hat dagegen der Unternehmer, dem der Leiharbeitnehmer zugewiesen werden soll, die wirtschaftliche Übermacht, wird dieser darauf dringen, daß für ihn günstigere Bedingungen gelten. Das AÜG wird entweder durch das Ausweichen auf andere Vertragsformen umgangen oder die wirtschaftlichen Risiken werden weitgehend auf den Verleiher abgewälzt.

Die entsprechende Ausgestaltung des Vertrages zwischen dem einen Arbeitnehmer zuweisenden Unternehmen und dem Zuweisungsempfänger wirkt sich auf das Arbeitsverhältnis zwischen dem Zuweisenden (Verleiher) und dem Zugewiesenen (Leiharbeitnehmer) aus. Wird der Arbeitnehmer als Gehilfe des Werkunternehmers eingesetzt, findet das AÜG keine Anwendung.

---

[7] *Krahn*, S. 66 f.

[1] Die Allgemeinen Arbeitsbedingungen sind ein Sonderfall der Allgemeinen Geschäftsbedingungen.

Das bisher vorliegende — leider unvollständige — empirische Material deutet darauf hin, daß die Machtverhältnisse sehr unterschiedlich sind. Es scheint sowohl Konstellationen zu geben, bei denen die wirtschaftliche Macht der Verleiher dominiert als auch Situationen, in denen ein wirtschaftliches Übergewicht der Entleiher besteht.

Sowohl in der Bundesrepublik wie in anderen westeuropäischen Ländern haben die Verleiher für einige Berufsgruppen und Wirtschaftszweige auf regionalen Arbeitsmärkten eine so starke Stellung, daß verschiedene Autoren zu dem Ergebnis kommen, es bestünden monopolistische Tendenzen[2]. Von den höheren Löhnen und Auslösungen der Leiharbeitsunternehmen angelockt, wanderten qualifizierte Facharbeiter aus der Industrie ab. Wegen des Facharbeitermangels waren die Betriebe gezwungen, dieselben Facharbeiter von den Verleihern unter Aufwendung erheblich höherer Kosten auszuleihen. In diesen Fällen konnten die Verleiher wegen des Arbeitskräftemangels der gewerblichen Wirtschaft die Bedingungen diktieren. Sie nutzten den Arbeitskräftemangel für bestimmte Berufe in einer Zeit der Überbeschäftigung aus, um an dem Zwischenhandel mit der Arbeitskraft große Gewinne zu machen. Nutznießer waren also sowohl die Verleiher als auch die Leiharbeitnehmer auf Kosten der übrigen Stammarbeitnehmer und der Verbraucher.

Andererseits ist anzunehmen, daß auf regionalen Arbeitsmärkten dominierende Großunternehmen in der Lage sind, die von ihnen gewünschten Vertragsbedingungen gegenüber den Verleihern durchzusetzen. In Frankreich gibt es beispielsweise Verleiher, die ihre Leiharbeitnehmer fast ausschließlich bei einem großen Kunden einsetzen. Sie sind damit nicht nur von der wirtschaftlichen Entwicklung des Kunden abhängig. Sie begeben sich damit zugleich in dessen Abhängigkeit. Ob auch in der Bundesrepublik einige Verleiher fast ausschließlich auf ein einziges Großunternehmen ausgerichtet sind, läßt sich auf Grund der bisher vorliegenden empirischen Daten nicht ermitteln. Werkverträge, bei denen sich der Besteller das Weisungsrecht gegenüber den Gehilfen des Werkunternehmers vorbehält und der Werkunternehmer selbst das wirtschaftliche Risiko trägt, können die Folge der schwächeren Position sein, in der sich die gemischten Unternehmen befinden[3]. Diese Fälle müssen sich zwangsläufig nachteilig für die so-

---

[2] Stellungnahme des DGB, S. 4 (vgl. dazu die Gegenstellungnahme des UZA und des BPL, S. 11 f.); *Duda*, Soziale Sicherheit 1973, 69 (72); *Leve*, Soziale Arbeit 1972, 383 (389); genauer wäre es, von der Gefahr eines Oligopols in Teilbereichen der Wirtschaft zu sprechen, da nicht bekannt ist, daß ein einziger Verleiher auf regionalen Märkten eine herrschende Stellung innehat. Außer den Hinweisen auf die Werftindustrie und die Bedeutung der Verleiher in Frankfurt/M. für die Vermittlung von Schweißern fehlen konkrete Angaben für die Annahme eines Oligopols.

ziale Lage der Leiharbeitnehmer auswirken, weil sie nicht mehr dem Schutz des AÜG unterstehen.

8. Abschnitt: Veränderung der sozialen Lage der Arbeitnehmer durch die Arbeitnehmerüberlassung

I. Die Motivationen der Entleiher für den Einsatz von Leiharbeitnehmern

Die Wirtschaft bedient sich der Leiharbeitnehmer zum einen deshalb, weil sie sich davon wirtschaftliche Vorteile verspricht.

Die Anforderung der Leiharbeitskraft bei dem Verleiher erfordert für den Entleiher einen minimalen Zeitaufwand, weil die Leiharbeitsunternehmen sehr unbürokratisch arbeiten. Da dem Verleiher die Personalverwaltung obliegt, werden die höheren Kosten durch den Einsatz von Leiharbeitnehmern durch die Ersparnis eigener Personalverwaltungskosten teilweise wieder ausgeglichen.

Die bei dem Verleiher anfallenden Einstellungs- und Personalverwaltungskosten dürften auf den einzelnen Einsatz umgerechnet niedriger sein als die einer von dem Entleiher direkt eingestellten Aushilfskraft. Die Anwerbungs- und Einstellungskosten, die sehr hoch sein können, verteilen sich auf mehrere Einsätze. Der wirtschaftliche Vorteil einer Leiharbeitskraft gegenüber einer direkt eingestellten Aushilfskraft fällt um so stärker ins Gewicht, je größer die Zahl der Einsätze pro Leiharbeitsverhältnis und je kürzer die Dauer des Einsatzes ist[1].

Ferner wirkt die Arbeitnehmerüberlassung als Elastizitätsfaktor bei kurzfristigen Veränderungen des Arbeitskräftebedarfs. Dies geschieht durch

— den Abbau der Personalreserven in den Betrieben und das Abdecken des Spitzenbedarfs durch den Einsatz von Leiharbeitnehmern;

— die größere Flexibilität des Personaleinsatzes, verbunden mit geringeren wirtschaftlichen Risiken: bei mangelnder Bewährung des Leiharbeitnehmers oder bei Wegfall des Bedarfs kann der Leiharbeitnehmer kurzfristig freigestellt werden. Da der Verleiher den Leiharbeitnehmer auch in diesem Fall weiterbezahlen muß, ent-

[3] Gemischte Unternehmen sind Verleiher, die nicht nur Leiharbeitsverträge und Arbeitnehmerüberlassungsverträge i. S. d. AÜG abschließen, sondern außerdem Werk-, Dienst- u. a. Verträge. Sie können auch eine eigene Produktionsstätte haben; vgl. zu dem Begriff: *Becker*, AÜG, § 1 Rdn. 20.

[1] Vgl. *Caire*, S. 61.

steht keine soziale Härte; fällt der Leiharbeitnehmer wegen mangelnder Bewährung, Krankheit usw. aus, kann sofort eine Ersatzkraft angefordert werden.

Der Entleiher spart außerdem durch den Einsatz von Leiharbeitnehmern Überstundenzuschläge ein, die er an seine Stammarbeitnehmer zahlen müßte, wenn er keine Aushilfskräfte findet[2].

Die Ambivalenz der Arbeitnehmerüberlassung zeigt sich darin, daß sie als Instrument benutzt werden kann, die Position der Arbeitnehmerschaft zu schwächen. Durch den Einsatz von Leiharbeitnehmern könnte der Versuch unternommen werden, die folgenden gesetzlichen Bestimmungen zu umgehen:

Anzeigepflicht und einschränkende Anordnungen des Landesarbeitsamtes bei Massenentlassung (§§ 17, 18 KSchG):

Die Wirtschaft kann — vor allem in Zeiten einer drohenden Rezession — ein Interesse am Einsatz einer größeren Anzahl von Leiharbeitnehmern anstelle von Dauerarbeitskräften haben, um bei einem Auftragsrückgang sofort und ohne öffentliche Kontrolle mit einer Verminderung der Belegschaft reagieren zu können. Werden die Leiharbeitnehmer auf diese Weise von einer großen Anzahl von Entleihern freigesetzt, ist abzusehen, daß die Verleiher keine Einsatzmöglichkeiten haben und die Leiharbeitnehmer entlassen müssen. Die Versuchung der Betriebe, sich dieser Mechanismen zu bedienen, dürfte relativ groß sein, weil auf diese Weise die Reduzierung der Belegschaft vorgenommen werden kann, ohne daß dies die breite Öffentlichkeit erfährt. Bei einer Massenentlassung dagegen würde das Vertrauen der Öffentlichkeit in die wirtschaftliche Leistungsfähigkeit erschüttert werden. Das Unternehmen könnte in Verruf geraten, eine unsoziale Personalpolitik zu betreiben. Schließlich könnten die Betriebe versucht sein, durch Ausschaltung der Entlassungssperre (§ 18 KSchG) Personalkosten einzusparen, was letztlich ebenfalls zu Lasten der Leiharbeitnehmer ginge.

Vorschriften über die Beteiligung der Arbeitnehmer im Aufsichtsrat nach den §§ 76 Abs. 6, 77, 77 a BetrVG 1952[3]*:*

Die Entsendung von Arbeitnehmervertretern in den Aufsichtsrat hängt davon ab, ob die Belegschaft aus weniger oder mehr als 500 Arbeitnehmern besteht. Es ist zu befürchten, daß Gesellschaften der genannten Größenordnung die Zahl der Stammarbeitnehmer gezielt

---

[2] Diese Vorteile werden — verständlicherweise — besonders von den Verleihern hervorgehoben, vgl. dazu: *Schürhoff*, Zeit-Arbeit — ein Instrument moderner Personalplanung, in: Handbuch für Manager, 5,52 — (2); *Then*, Personal, Mensch und Arbeit im Betrieb 1972, 148 ff.; ders. in: DB, Beilage vom 24. 12. 1971.

[3] Gemäß § 129 BetrVG 1972 sind u. a. die §§ 76 - 77 a BetrVG 1952 in der bisherigen Fassung in Kraft geblieben.

auf knapp 500 begrenzen und den darüber hinausgehenden Bedarf an Arbeitskräften über die Leiharbeitsunternehmen decken.

Mitbestimmungsgesetz:

Nach § 1 Abs. 1 des Entwurfs eines Gesetzes über die Mitbestimmung der Arbeitnehmer (MitbestG)[4] findet das Gesetz nur auf die dort genannten Kapitalgesellschaften Anwendung, wenn das Unternehmen in der Regel mehr als 2000 Arbeitnehmer beschäftigt. Damit ist in Zukunft bei der Mitbestimmung nach dem MitbestG dieselbe Umgehungsproblematik zu erwarten wie bei der Beteiligung nach den §§ 76 - 77 a BetrVG 1952.

Vorschriften über die Rechnungslegung:

Nach § 1 Abs. 1 Ziff. 3 PublizitätsG[5] sind Unternehmen, die in den zwölf Monaten vor dem Abschlußstichtag durchschnittlich mehr als 5000 Arbeitnehmer beschäftigen, zur Rechnungslegung verpflichtet. Auch hier mag für einige Unternehmen der genannten Größenordnung der Anreiz bestehen, die Stammbelegschaft knapp unter der Grenze von 5000 zu halten und im übrigen mit Leiharbeitnehmern zu arbeiten.

II. Das Lohnniveau der Leiharbeitnehmer im Vergleich zu den Löhnen der Stammarbeitnehmer mit entsprechender Qualifikation

Die vom Verfasser angestellte Umfrage bei der Arbeitsverwaltung und bei den beiden Verleiherverbänden UZA und BPL ergab kein einheitliches Bild. Während das Landesarbeitsamt Frankfurt/M. die recht pauschale Antwort erteilte, die Löhne der Leiharbeitnehmer seien generell spürbar höher als die der Stammarbeitnehmer, gaben die Verbände die Auskunft, bei ihren Mitgliedsfirmen lägen die Löhne nicht oder nur geringfügig über denen, die sonst von der Wirtschaft gezahlt werden.

Auch der zwischen dem UZA und der DAG abgeschlossene Gehaltstarifvertrag läßt keine sicheren Rückschlüsse auf das tatsächliche Lohnniveau zu, weil die Effektivlöhne weit über den Tariflöhnen liegen können[6]. Außerdem betreiben die nicht tarifgebundenen BPL-Firmen

---

[4] Vgl. den Text des Gesetzentwurfs, Sgb. 1974, 99 ff.

[5] Gesetz über die Rechnungslegung von bestimmten Unternehmen und Konzernen vom 15. 8. 1969 (BGBl. I S. 1189).

[6] Die in dem Gehaltstarifvertrag enthaltenen Sätze (gültig ab 1. 3. 1973) kann man kaum als wesentlich über dem Durchschnitt liegend bezeichnen. Beispiele für Ortsklasse S/Stundensatz für Vergütungsgruppe 1 (z. B. Büroangestellte für Ablage, Lagerarbeiter): 5,50 DM; Vergütungsgruppe 3 (z. B. Schweißer, Sekretärin I): 8,— DM; Vergütungsgruppe 6 (höchste Gruppe, z. B. Ingenieur II): 14,05 DM.

und die nicht in einem Verband zusammengeschlossenen Verleiher teilweise eine andere Geschäftspolitik.

Ein Indiz für die Höhe der gezahlten Löhne ist die Anfrage bei den 21 Verleihern in Frankfurt/M. und Offenbach nach Einsatzmöglichkeiten für Studenten[7]. Wegen der geringen Zahl der erfaßten Unternehmen kann das Ergebnis nicht mehr als nur ein erster Hinweis sein, der nur im Zusammenhang mit den anderen registrierten Sozialdaten verwertbar ist.

Bei fünf der 21 aufgesuchten Verleiher gedieh das Gespräch so weit, daß sie konkrete Angaben über die Höhe des Lohnes machten, den sie zu zahlen bereit waren. Für Bürotätigkeiten mit mäßigen Schreibmaschinen- und Stenokenntnissen sowie guten Fremdsprachenkenntnissen waren vier Verleiher bereit, einen Stundenlohn von 7,— DM bis 9,50 DM zu zahlen. Der fünfte Verleiher wollte für die Anfertigung von Zeichnungen 15 DM zahlen.

Nimmt man die Stellenanzeigen, die Umfrage bei den 21 Verleihern sowie die Gespräche mit den Verbänden und der Arbeitsverwaltung in ihrer Gesamtheit, so scheint folgender Trend zu bestehen:

Handelt es sich um ein größeres Leiharbeitsunternehmen, das zudem als seriös gilt, liegen die Effektivlöhne jedenfalls für Büroberufe nicht wesentlich über dem Durchschnitt. Das gilt nicht nur für die Verleiher, die tarifgebunden sind. Umgekehrt zahlen Verleiher, die weniger bekannt sind, deren Geschäftsräume einen weniger vertrauenerweckenden Eindruck machen oder die es mit den gesetzlichen Vorschriften nicht so genau nehmen, besonders hohe Löhne.

Anders ist die Situation auf dem gewerblichen und technischen Sektor. Für diese Fachkräfte werden in der Regel weit über dem Durchschnitt liegende Löhne und Auslösungen gezahlt. Werden in den Stellenanzeigen Facharbeiter gesucht, taucht der Hinweis auf die hohe Vergütung besonders oft auf. Die Berichte über die Abwanderung von Stammarbeitnehmern zu Verleihern beziehen sich alle auf Facharbeiter der gewerblichen Wirtschaft[8].

Bei dem Vergleich der Löhne der Leiharbeitnehmer mit denen der Stammarbeitnehmer muß berücksichtigt werden, daß den häufig höheren Löhnen der Leiharbeitnehmer geringere Sozialleistungen gegenüberstehen. Die Leiharbeitnehmer erhalten in der Regel keine Gratifikationen bzw. kein 13. Monatsgehalt, keine betriebliche Weiterbildung und damit keine Möglichkeit zur Steigerung des Einkommens und keine betriebliche Altersversorgung. Das Fehlen der zukunftssichernden Weiterbildung und der betrieblichen Altersversorgung ist sozialpolitisch

[7] Vgl. oben 2. Abschn. IV.
[8] Vgl. dazu oben: 6. Abschn.

bedenklich, wenn die Arbeitnehmerüberlassung langfristig betrieben wird. Verwendet der Leiharbeitnehmer den momentan höheren Verdienst für den Konsum, wird er später, wenn er wegen des fortgeschrittenen Alters schwerer vermittelbar ist, weitgehend ungesichert dastehen.

Die höheren Löhne der Leiharbeitnehmer auf dem gewerblichen Sektor und die Gewinne der Verleiher haben in einigen Fällen bereits zu Auseinandersetzungen in den Entleiherbetrieben geführt. Die wesentlich höheren Löhne der Leiharbeitnehmer waren im Jahr 1970 die Ursache für einen Streik der Stammarbeitnehmer in den Werftbetrieben Rotterdams. Die Werftarbeiter forderten eine Anhebung ihrer Löhne auf das Lohnniveau der Leiharbeitnehmer und setzten durch, daß ihnen eine Zulage in Höhe von 400 Gulden gezahlt wurde[9]. In Frankreich erhielten die Stammarbeitnehmer des Automobilwerkes Simca eine Lohnerhöhung, als sie sich über die höheren Löhne der Leiharbeitnehmer bei der Betriebsleitung beschwerten[10].

Ferner soll sich in der Schweiz durch den konzentrierten Einsatz von Leiharbeitnehmern in bestimmten Wirtschaftszweigen das Betriebsklima verschlechtert haben. Ursache für die Unzufriedenheit der Stammarbeitnehmer ist auch hier das höhere Lohnniveau der Leiharbeitnehmer, wobei die Stammarbeitnehmer oft verkennen, daß die bessere Bezahlung der Leiharbeitskräfte zu einem Teil nur der Ausgleich für die geringeren Sozialleistungen ist[11].

In diesen Fällen wird die Position der gesamten Arbeitnehmerschaft geschwächt. Bei Arbeitskämpfen vermindert sich die Solidarität der Arbeitnehmerschaft, weil es zwei Gruppen von Arbeitnehmern mit teilweise gegensätzlichen Interessen gibt[12].

III. Die Auswirkungen auf die soziale Mobilität[13] der Leiharbeitnehmer

1. Finanzielle Attraktivität der Leiharbeit als Anlaß für einen Berufswechsel bzw. Übernahme einer Leiharbeitstätigkeit nach einem unabhängig davon erfolgten Berufswechsel

Eine quantitative Aussage darüber, wieviele Arbeitnehmer ihren Beruf aufgeben und ein Leiharbeitsverhältnis eingehen, ist zur Zeit

---

[9] *Caire*, S. 159.

[10] *Caire*, S. 159.

[11] Vgl. zur Situation in der Schweiz: *ohne Verfasser*, Schweizerische Arbeitgeberzeitung (Zürich), 1971, 705 (707); *Scheiwiller*, Die Weltwoche vom 8. 10. 1971.

[12] Auf den Effekt der Desolidarisierung weisen neuerdings ebenfalls hin: Stellungnahme des DGB für den Erfahrungsbericht, S. 5; *Möller-Lücking*, Manuskript, S. 14 f.

[13] Vgl. zu dem Begriff: 5. Abschn. zu Anm. 13.

nicht möglich. Auch läßt sich der Beweggrund für den Berufswechsel relativ schwer ermitteln, weil oft mehrere Faktoren zusammenwirken müssen, bis die latente Unzufriedenheit mit dem bisherigen Beruf sich umwandelt in den festen Entschluß, den bisherigen Beruf aufzugeben und sich eine neue Tätigkeit zu suchen.

Man wird zwei Gruppen von Berufswechslern unterscheiden müssen, die ein Leiharbeitsverhältnis eingehen:

(1) Zu der ersten Gruppe gehören diejenigen, die ihren Beruf aufgeben, um bei einem Verleiher mehr Geld zu verdienen oder um mehr Freiheit für die Gestaltung der Arbeitszeit zu haben. Solche Fälle sind denkbar, wenn die Arbeitsbedingungen (z. B. Schichtdienst) oder die Bezahlung des bisherigen Berufes nicht attraktiv sind.

(2) Davon sind diejenigen Berufswechsler zu unterscheiden, die von dem Strukturwandel der Wirtschaft betroffen sind. Sie sind durch die Aufgabe des bisherigen Berufes in eine Marginalsituation geraten, die eine Abwanderung zu einem Verleiher begünstigt hat.

Sofern die Berufswechsler keine Umschulungskurse besucht oder eine zweite Ausbildung absolviert haben, werden sie gezwungen sein, Hilfsarbeitertätigkeiten oder allenfalls Angelerntentätigkeiten zu übernehmen. Die bisher vorliegenden Zahlen zeigen, daß auch Personen ohne eine entsprechende Berufsausbildung jedenfalls in Zeiten der Hochkonjunktur Aussichten haben, bei einem Verleiher eine Stellung zu finden. In den Stellenanzeigen der FR werden 39 mal Hilfsarbeitertätigkeiten genannt[14].

Von den am 30. 6. 1973 registrierten 26 566 männlichen Leiharbeitnehmern waren 3224 Hilfsarbeiter ohne nähere Tätigkeitsangabe. Am 31. 12. 1973 war die Zahl der männlichen Leiharbeitnehmer auf 13 837 und die der Hilfsarbeiter ohne nähere Tätigkeitsangabe auf 1851 zurückgegangen. Hilfsarbeiterinnen haben demgegenüber nur sehr geringe Aussichten. Zu dieser Gruppe gehörten am 30. 6. 1973 nur 107 und am 31. 12. 1973 nur 47 Leiharbeitnehmerinnen[15].

2. Die aufstiegshemmende Wirkung der langfristig ausgeübten Leiharbeitstätigkeit

Die Tätigkeit als Leiharbeitnehmer kann sich auf den beruflichen Werdegang sehr unterschiedlich auswirken. Bei einer nur vorübergehenden Übernahme von Leiharbeitstätigkeiten werden Eigenschaften wie Flexibilität und Anpassungsfähigkeit an die jeweils verschiedenen Arbeitsabläufe, Betriebsorganisation, Vorgesetzte und Mitarbei-

[14] Siehe oben: 5. Abschn. IV. 2. zu Anm. 42.

[15] Erfahrungsbericht der BReg., BT-Drucks. 7/2365, Anhang Tabellen 2 a, 2 b, 3 a, 3 b.

ter gefördert. Insofern kann sich die Leiharbeit ebenso günstig auswirken, wie es die früheren Wanderjahre im Handwerk vermocht haben.

Bei einer langfristigen Ausübung einer Leiharbeitstätigkeit überwiegen dagegen aus einer Reihe von Gründen die aufstiegshemmenden Faktoren.

a) Der Verleiher hat kein Interesse daran, die berufliche Fortbildung des Leiharbeitnehmers zu fördern. Da die Fluktuation der Leiharbeitskräfte wesentlich höher als die der Stammarbeitskräfte ist, lohnen sich für den Verleiher betriebliche Investitionen zur Weiterbildung der Leiharbeitnehmer nicht. Außerdem wäre der Leiharbeitnehmer nach einer Spezialisierung oder Übernahme von Vorgesetztenfunktionen (z. B. Vorarbeiter, Meister) nur noch begrenzt oder überhaupt nicht mehr einsetzbar.

b) Für den Entleiher lohnen sich finanziell weder längere Einarbeitungszeiten noch Weiterbildungsmaßnahmen, da der Leiharbeitnehmer maximal drei Monate in seinem Betrieb eingesetzt werden kann.

c) Der Leiharbeitnehmer kann nur für rein sachbezogene Aufgaben auf der untersten Stufe der Betriebshierarchie oder — in Ausnahmefällen — für die Erledigung von Stabfunktionen ohne Anordnungsbefugnisse gegenüber den Stammarbeitnehmern eingesetzt werden[16].

IV. Die von der Konjunkturabhängigkeit der Arbeitnehmerüberlassung ausgehenden Gefahren für die soziale Sicherung der Leiharbeitnehmer

Zu der Frage der Konjunkturabhängigkeit wurden bisher kaum Überlegungen angestellt. Göbel vertritt ohne nähere Begründung die Ansicht, die Abwanderung zu Verleihern, Subunternehmern usw. führe dazu, daß damit ein künftiges Arbeitslosenheer herangezüchtet werde[17].

In den Gesprächen des Verfassers mit einigen großen Leiharbeitsunternehmen zu einer Zeit, als noch Überbeschäftigung auf dem Ar-

---

[16] Vgl. zu den Gründen oben: 4. Abschn. Neuerdings wird behauptet, das der Arbeitnehmerüberlassung immanente Prinzip der Austauschbarkeit der Arbeitnehmer führe generell zur Senkung des Qualifikationsniveaus sowohl der Leiharbeitnehmer wie auch der Arbeitnehmer insgesamt (so die Stellungnahme des DGB für den Erfahrungsbericht, S. 4 und *Möller-Lücking*, Manuskript, S. 10 f., 13 [für die Leiharbeitnehmer]). Diese Feststellung scheint zu pauschal zu sein. Ferner ist nicht ersichtlich, inwiefern das Qualifikationsniveau der Stammarbeitnehmer beeinträchtigt werden soll. Insofern ist die Kritik der Verleiherverbände berechtigt (vgl. die Gegenstellungnahme des UZA und des BPL, S. 9).

[17] *Göbel*. BlStSozArbR 1973, 309 (310).

beitsmarkt bestand, vertraten diese die Auffassung, der Leiharbeitsmarkt sei nicht konjunkturanfällig. Bei einer Rezession sei allenfalls mit einer Stagnation des Umsatzes, nicht aber mit einem Geschäftsrückgang zu rechnen. Die Verleiher begründeten ihren Optimismus mit der These, die Wirtschaft würde in einer Zeit wirtschaftlicher Unsicherheit relativ rasch ihren Personalbestand reduzieren. Kommt in dieser Situation ein größerer Auftrag herein oder verbessert sich die Konjunktur, könne die Wirtschaft nicht auf Personalreserven zurückgreifen und sei folglich auf den Einsatz von Leiharbeitnehmern angewiesen.

Nicht ganz so optimistisch klingt die Verlautbarung des UZA vom Januar 1974[18]. Danach lag der Umsatz im zweiten Halbjahr 1973 in etwa auf derselben Höhe wie im vergleichbaren Zeitraum des Vorjahres. Berücksichtigt man die Tatsache, daß im gesamten Jahr 1973 der Umsatz um rund 30 % gestiegen sein soll und der eigentliche Konjunkturabschwung[19] erst im vierten Quartal eingesetzt hat, muß man zu dem Ergebnis kommen, daß die UZA-Verleiher in den letzten drei Monaten einen nicht unerheblichen Umsatzrückgang gegenüber dem Vorjahr zu verzeichnen hatten. Auf eine Verringerung der Einsatzmöglichkeiten von Leiharbeitnehmern wegen der wirtschaftlichen Unsicherheit deutet ferner der erhebliche Rückgang der Stellenangebote der Verleiher im vierten Quartal 1973 hin, wobei diese Entwicklung im gewerblichen Bereich noch signifikanter als auf dem Bürosektor ist. Von Juli bis Oktober wurden in den Wochenendausgaben der FR jeweils durchschnittlich 11,0 bis 13,2 mal Leiharbeitnehmer für den Bürosektor gesucht. Im November und Dezember waren es pro Wochenendausgabe durchschnittlich nur noch 9,25 bzw. 6,8 Gesuche. Im gewerblichen Bereich betrugen die entsprechenden Durchschnittszahlen: 12,5 (Juli), 6,75 (August), 9,6 (September), 8,75 (Oktober), 6,0 (November) und 2,4 (Dezember)[20].

Die genannten Zahlen werden zwar dadurch relativiert, daß die konjunkturelle Abschwächung mit den saisonalen Schwankungen im

---

[18] *Ohne Verfasser*, „Zeitarbeit-Firmen vom Personalabbau begünstigt", FR vom 16. 1. 1974, S. 6.

[19] Der Konjunkturrückgang kommt in den folgenden Zahlen zum Ausdruck: Zahl der Arbeitslosen: 275 000 im Jahresdurchschnitt, 331 800 im November, 485 000 im Dezember. Offene Stellen: 410 900 im November, 291 000 im Dez.; Zahl der Kurzarbeiter: 105 200 im November, 161 300 im Dezember. Die Zahlen beziehen sich auf die Bundesrepublik einschließlich West-Berlin; (vgl. Bericht in: FR v. 11. 1. 1974, S. 5).

[20] Siehe oben: 2. Abschn. II.; die gleiche Tendenz weisen die Statistiken in dem Erfahrungsbericht der BReg., BT-Drucks. 7/2365, Anhang Tabellen 2 a, 2 b, 3 a, 3 b auf. Die Zahl der Leiharbeitnehmerinnen mit Organisations-, Verwaltungs-, Büroberufen ermäßigte sich nur von 7084 (30. 6.) auf 5058 (31. 12.). Die Zahl der männlichen Leiharbeitnehmer, die überwiegend auf dem gewerblichen Sektor eingesetzt werden, reduzierte sich um fast die Hälfte (von 26 566 am 30. 6. auf 13 837 am 31. 12.).

genannten Zeitraum synchron verlaufen ist: im Sommer haben die Verleiher generell den höchsten Umsatz zu verzeichnen, weil die Wirtschaft besonders viele Leiharbeitnehmer als Urlaubsvertreter braucht. Umgekehrt werden im Dezember wegen der vielen Feiertage extrem wenige Leiharbeitnehmer eingestellt. Außerdem mag sich in gewissem Umfang die Tatsache auswirken, daß ein Teil der Verleiher im Winter keine Leiharbeitnehmer für den Bausektor einstellt, weil die Vorschriften über die Förderung der ganzjährigen Beschäftigung (§§ 74 ff. AFG) auf Verleiher keine Anwendung finden. Dennoch ist der Rückgang so ausgeprägt, daß auch konjunkturelle Gründe dafür verantwortlich sein müssen.

Eine zumindest langfristig erhebliche Konjunkturabhängigkeit des Leiharbeitsmarktes ist im übrigen aus den folgenden Gründen zu erwarten. Der Konjunkturabschwung äußert sich in einem Rückgang des Auftragsbestandes der Unternehmen. Es kann davon ausgegangen werden, daß die Anpassung des Personalbestandes an den verminderten Auftragsbestand nicht synchron verläuft, sondern mit einer zeitlichen Phasenverschiebung eintritt. Ursache für diesen „Verzögerungseffekt" sind einmal die Kündigungsfristen, die sich bei Arbeitern und Angestellten nach der Länge der Betriebszugehörigkeit richten (§ 622 BGB, Gesetz über die Fristen für die Kündigung von Angestellten). Ein weiterer gesetzlicher Mechanismus zur Verzögerung ist die sog. Entlassungssperre bei Massenentlassungen (§ 18 KSchG), wonach das Landesarbeitsamt u. a. bestimmen kann, daß die Entlassungen nicht vor Ablauf von längstens zwei Monaten nach Eingang der Anzeige beim Arbeitsamt wirksam werden.

Ferner geschieht die Anpassung des Personalbestands an eine veränderte Wirtschaftslage in vielen Fällen durch die Einführung von Kurzarbeit. Dieser Weg hat für die Wirtschaft den Vorteil, daß die Stammbelegschaft dem Betrieb erhalten bleibt.

Schließlich verringert sich der Personalbestand dadurch, daß keine Arbeitskräfte mehr eingestellt werden[21].

Wegen des beschriebenen „Verzögerungseffektes" und der Kurzarbeit wächst bei den Unternehmen die vorhandene Personalreserve, die zur Deckung eines vorübergehenden Mehrbedarfs in bestimmten Abteilungen verfügbar ist. Personalengpässe in diesen Bereichen können daher durch innerbetriebliche Umsetzungen überwunden werden, so daß der Einsatz von Leiharbeitnehmern nicht erforderlich ist. Da bei einer Rezession die Ertragslage der Unternehmen sinkt, weil die Kapazitäten nicht voll ausgelastet sind, werden die Unternehmen ferner in

[21] Auf die große Bedeutung dieses Gesichtspunktes weist auch *Lutz*, Modelluntersuchung eines regionalen Arbeitsmarktes, S. 206 hin.

geringerem Maße bereit sein, die höheren Kosten für einen Leiharbeitnehmer aufzubringen. Außerdem müßte der Entleiher mit sozialen Unruhen in seinem Betrieb rechnen, würden Leiharbeitnehmer den Arbeitsplatz von Stammarbeitnehmern einnehmen, die von Arbeitslosigkeit oder Kurzarbeit betroffen sind.

Ein Konjunkturrückgang muß sich zwangsläufig besonders bei denjenigen Leiharbeitnehmern auswirken, die von dem starken Arbeitskräftemangel in einigen Berufen und Wirtschaftszweigen profitiert und ihren Stammarbeitsplatz verlassen haben, um bei einem Verleiher mehr zu verdienen. Entspannt sich die Arbeitsmarktlage, sind die Betriebe nicht mehr gezwungen, Leiharbeitnehmer zu beschäftigen, weil sie für dieselbe Tätigkeit wieder Stammarbeitnehmer einstellen können.

Die beschriebenen Gesetzmäßigkeiten werden nur teilweise dadurch gemildert, daß die einzelnen Wirtschaftszweige weder gleich stark, noch zur gleichen Zeit von einem Wirtschaftsabschwung betroffen sind. Die Leiharbeitnehmer können nur teilweise in anderen Wirtschaftszweigen eingesetzt werden, die noch Arbeitskräfte benötigen, weil die Berufe häufig an bestimmte Wirtschaftszweige gebunden sind. Ein Maurer kann z. B. nicht als Buchhalter eingesetzt werden. Insofern darf der Beitrag der Arbeitnehmerüberlassung für den Strukturwandel der Wirtschaft nicht überschätzt werden.

Die von den Verleihern vertretene These, die Wirtschaft sei nach dem Abbau der Personalreserven bei der Hereinnahme eines größeren Auftrages gezwungen, in größerem Umfang Leiharbeitnehmer einzusetzen, trifft nur für die Situation zu, daß sich das Konjunkturtief in eine langsame Konjunkturbelebung umwandelt.

Für die gegenwärtige Lage ist noch die Besonderheit zu berücksichtigen, daß die Arbeitnehmerüberlassung stark expandiert. Wirtschaftszweige mit einer hohen Wachstumsrate sind im allgemeinen weniger konjunkturanfällig. Die Rezession führt nur dazu, daß der Umsatz vorübergehend stagniert, ein stärkerer Umsatzrückgang bleibt aus. Spätestens in einigen Jahren, wenn sich der Arbeitnehmerüberlassungsmarkt konsolidiert hat und nur noch relativ geringe jährliche Zuwachsraten zu erwarten sind, wird sich ein Konjunkturrückgang sehr viel gravierender auswirken als in der Zeit des wirtschaftlichen Abschwungs im Winter 1973/74.

Aus diesen Gründen kann jedenfalls langfristig nicht davon ausgegangen werden, das Verleihergewerbe biete besonders sichere Arbeitsplätze.

V. Die von der Unterkapitalisierung der Leiharbeitsunternehmen ausgehenden Gefahren

Die von einer unzureichenden Kapitalausstattung ausgehenden Gefahren sind bei den Verleihern aus zwei Gründen wesentlich größer als bei sonstigen Wirtschaftsunternehmen.

Selbst kleine Verleiher haben in der Regel so viele Leiharbeitnehmer unter Vertrag genommen wie sonst ein mittleres Unternehmen der gewerblichen Wirtschaft. Bei dem wirtschaftlichen Zusammenbruch eines Leiharbeitsunternehmens sind deshalb besonders viele Arbeitnehmer betroffen, die zudem — wegen der spezifischen Berufsstruktur der Leiharbeitnehmer — den Schichten mit kleinem und mittlerem Einkommen zugehören. Sie trifft deshalb ein Vermögensverlust besonders hart.

Da zum Betreiben eines Leiharbeitsunternehmens keine größeren Betriebsmittel erforderlich sind, fehlt es an Sachwerten, die bei Liquiditätsschwierigkeiten als Haftungsgrundlage dienen könnten. Zwar bieten die Sachmittel eines Unternehmens den Arbeitnehmern keine volle Sicherheit, weil sie sicherungsübereignet oder gepfändet sein können. Immerhin wird ein Unternehmer, der sein Vermögen in den Betrieb gesteckt hat, vermutlich eher solide wirtschaften und riskante Geschäfte meiden als ein Verleiher, der kein Vermögen zu verlieren hat und nur große Gewinne machen will.

Es ist zwar nicht bekannt, wie groß die Zahl der Verleiher ist, die bisher in Konkurs gegangen sind. Immerhin sind nach Presseberichten allein in Frankfurt/M. im Jahr 1973 drei Verleiher in wirtschaftliche Schwierigkeiten geraten. Von dem Konkurs der Firma Assos im Frühjahr 1973 waren ca. 80 Leiharbeitnehmer betroffen[22]. Im Frühsommer 1973 geriet ein Frankfurter Bauunternehmen in Zahlungsschwierigkeiten und überließ daraufhin seine Arbeiter, 60 Jugoslawen, als „Leihpersonal" anderen Firmen. Nach der Konkurseröffnung konnten die Ausländer nur dadurch vor Schaden bewahrt werden, daß ein anderer Verleiher sie übernahm und die offenen Lohnforderungen abdeckte[23]. Ein dritter, namentlich nicht genannter Verleiher stand im Herbst 1973 kurz vor dem Konkurs. Er hatte seine 40 Leiharbeitnehmer durch Abschlagszahlungen abgespeist, Lohnabrechnungen unterblieben. Gleichzeitig waren die Forderungen der Krankenkasse und des Finanzamtes nicht beglichen worden[24]. Es kann davon ausgegangen werden, daß in diesen Zeitungsberichten nur die Spitze des Eisbergs sichtbar wird.

---

[22] FR vom 11. 4. 1973 und vom 12. 5. 1973, S. 12.

[23] FR vom 6. 10. 1973, S. 15.

[24] FR vom 14. 11. 1973, S. 12.

VI. Die größere physische und psychische Belastung der Leiharbeitnehmer und deren Folgen

1. Der geringe Aussagewert der direkten Befragung von Leiharbeitnehmern (Verwertbarkeit der Manpower-Umfrage)

Die einzige empirische Untersuchung in der Bundesrepublik, die Aufschluß über das Problem der Mehrbeanspruchung von Leiharbeitnehmern geben könnte, ist eine Manpower-Umfrage aus dem Jahr 1970. Danach sollen von den ehemaligen Leiharbeitnehmern 87,0 % angegeben haben, sie seien mit Manpower zufrieden gewesen. Nur 5 % waren wegen des geringen Verdienstes unzufrieden. 8 % haben keine Angaben gemacht. Nach dieser Studie scheinen auf den ersten Blick die Leiharbeitnehmer keinen größeren Belastungen ausgesetzt zu sein. Andernfalls hätte nicht ein so auffallend hoher Prozentsatz der Leiharbeitnehmer zum Ausdruck gebracht, mit ihrem Verleiher zufrieden gewesen zu sein.

Dennoch muß der Aussagewert der direkten Befragung nach der Zufriedenheit aus drei Gründen als sehr gering eingeschätzt werden[25].

a) Notwendigkeit einer Differenzierung nach verschiedenen Leiharbeitnehmergruppen

Die Leiharbeitnehmer bilden in ihrer Gesamtheit eine so heterogene Gruppe, daß die Untersuchung der Mehrbelastung nur dann von größerem Wert ist, wenn nach verschiedenen Untergruppen differenziert wird. Es müßte nach den verschiedenen beruflichen Qualifikationen und Wirtschaftssektoren aufgegliedert werden. Die Situation sieht beispielsweise für einen Hochbauingenieur ganz anders aus als für eine Locherin oder für eine Sekretärin. Ferner muß nach der Dauer des Leiharbeitsverhältnisses und der Anzahl der Einsätze in dieser Zeit unterschieden werden. Je länger der Leiharbeitnehmer bei einem Verleiher beschäftigt ist und je größer die Anzahl der Einsätze ist, desto mehr fällt die physische und psychische Belastung aus den unten noch zu erörternden Gründen ins Gewicht.

b) Relativität der Arbeitszufriedenheit

Empirische Untersuchungen aus dem Gebiet der Industrie- und Betriebssoziologie haben gezeigt, daß die Arbeitszufriedenheit von den Arbeitnehmern relativ gesehen wird. Die Arbeitseinstellung läßt sich nicht allein auf dem Hintergrund der aktuellen Arbeitssituation befriedigend erklären. Neben den Bedingungen der Arbeit ist für den

---

[25] Auf die Gefahr, eine hohe Quote artikulierter Arbeitszufriedenheit unkritisch als Ausdruck einer positiven Arbeitssituation zu interpretieren, weisen auch *Kern / Schumann*, S. 187 hin.

Grad der Arbeitszufriedenheit das bisherige Arbeits- und Berufsschicksal maßgebend. Die Arbeiter stellen demnach Vergleiche zwischen den Bedingungen des früheren und der jetzigen Arbeitsstelle an. Fällt der Erfahrungshorizont positiv aus, weil die aktuelle Tätigkeit sich als eine Verbesserung im Vergleich zu ihrem Vorstadium darstellt, ist die Arbeitszufriedenheit besonders groß[26].

Dementsprechend müßte auch bei den Leiharbeitnehmern danach gefragt werden, in welcher Situation sie sich vor dem Beginn des Leiharbeitsverhältnisses befunden haben.

Arbeitnehmer, die auf die Leiharbeit angewiesen sind, weil sie keinen Dauerarbeitsplatz finden und vielleicht sogar längere Zeit arbeitslos waren, werden sich vermutlich — weil sie ihre Situation realistisch einschätzen — trotz der eventuellen Überbeanspruchung zufrieden über die Leiharbeitstätigkeit äußern. Ähnlich kann die Situation bei wenig qualifizierten Arbeitskräften sein, die bisher eine monotone Tätigkeit als Stammarbeitnehmer ausgeübt haben und die deshalb ein Leiharbeitsverhältnis eingegangen sind, damit durch den permanenten Betriebswechsel wenigstens etwas mehr Abwechslung in ihr Arbeitsleben kommt. Auch sie nehmen wahrscheinlich die mit der Leiharbeit verbundenen Überbeanspruchungen als das kleinere Übel in Kauf. Auf die pauschale Frage, ob sie mit der Leiharbeit zufrieden sind, werden sie vermutlich eine positive Antwort geben.

c) Phänomen der Problemverdrängung

Die direkte Frage nach der Arbeitszufriedenheit ist schließlich deshalb wenig aufschlußreich, weil in unserer Gesellschaft der ausgeübte Beruf das wesentlichste Kriterium für die soziale Einstufung einer Person ist. Dies gilt nicht nur für die bürgerlichen Schichten, sondern auch für die Arbeiterschicht, wobei die Leistungsnorm einen ihrer Arbeitssituation entsprechenden spezifischen Inhalt bekommen hat[27]. Wird der Mensch aber mit seiner Leistung im Arbeitsleben identifiziert, muß der Arbeitnehmer befürchten, das Eingeständnis von Arbeitsunzufriedenheit könnte leicht als allgemeine Erfolgslosigkeit interpretiert werden. Verharrt der Arbeitnehmer in einer als unbefriedigend erkannten Situation, wird er schnell als allgemeiner Versager abgestempelt. Sich mit seiner Arbeit zu arrangieren, obwohl sie viele Nachteile hat, ist wegen der in der Gesellschaft bestehenden Erwartungen und Normen ein „Gebot positiver Selbstinterpretation"[28]. Besonders dann, wenn der Arbeitnehmer keine Alternativen zu seiner augenblicklichen Tätigkeit sieht, wird er versuchen, die mit der Arbeit verbun-

---

[26] So *Kern / Schumann*, S. 196 und 216 f.

[27] *Kern / Schumann*, S. 26.

[28] *Kern / Schumann*, S. 184; *Burisch*, S. 122.

denen Probleme weitgehend zu verdrängen. Diese Art der Anpassung des Bewußtseins an die tatsächliche Lage ist deshalb verständlich, weil ein Arbeitnehmer kaum auf Dauer in Opposition zu jenen Gegebenheiten stehen kann, denen er sich täglich neu stellen muß[29]. Zur Kennzeichnung dieser Situation spricht Friedmann zutreffend von einer doppelten Entfremdung des Arbeiters: die der objektiven Arbeitssituation und die des Bewußtseins des Arbeiters, der das Unwürdige der Situation nicht einmal mehr sieht.

Bei vielen Leiharbeitnehmern besteht die Problemverdrängung vermutlich darin, daß sie die mit der Leiharbeit verbundenen Mehrbelastungen sowie andere Nachteile durchaus bewußt wahrnehmen, sie aber dennoch mit der Arbeitnehmerüberlassung zufrieden sind, weil sie beispielsweise den höheren Lohn oder die Möglichkeit, einen längeren Urlaub zu machen, als Kompensation betrachten.

Aufschlußreicher als die direkte Befragung nach der Zufriedenheit ist die Frage, welche konkreten Nachteile die Leiharbeitnehmer in der Arbeitnehmerüberlassung sehen. Die CNRS-Studie brachte folgendes Ergebnis:

Die von den französischen Leiharbeitnehmern angegebenen Nachteile[30]*:*

Nachteile	Dauer der ausgeübten Tätigkeit als Leiharbeitnehmer		Zusammen (%)
	weniger als 1 Jahr (%)	länger als 1 Jahr (%)	
keine Nachteile	17,6	12,1	14,7
Die psychologischen Bedingungen sind ungünstig: Unstetigkeit, Illusion der Freiheit; Umstellungsschwierigkeiten bei jedem Einsatz	20,9	38,4	30
Die Leiharbeit ist für das berufliche Fortkommen uninteressant. Man gibt den Leiharbeitnehmern die Aufgaben, die am wenigsten interessant sind	11	14,1	12,6
Einschränkung der menschlichen Beziehungen, Schwierigkeiten in den Beziehungen zu den Stammarbeitnehmern	7,7	11,1	9,5

[29] *Friedmann,* Der Mensch in der mechanisierten Produktion, S. 293.
[30] CNRS-Untersuchung, S. 1057 f.

Die weiteren Nachteile, die in der Aufstellung genannt werden (keine Arbeitsplatzsicherheit, zu niedriger Lohn, sonstige schlechte Arbeitsbedingungen) sind in unserem Zusammenhang nicht von Interesse.

Im folgenden soll untersucht werden, warum die Leiharbeitnehmer Mehrbelastungen ausgesetzt sind.

2. Vorzeitiger Kräfteverschleiß als Folge des Zwangs zur permanenten Umstellung auf andere Betriebe

Jeder Einsatz erfordert eine erneute Umstellung auf eine andere Tätigkeit und Arbeitsorganisation sowie auf neue Arbeitskollegen und Vorgesetzte. Der Leiharbeitnehmer benötigt stets von neuem eine gewisse Anlaufzeit, bis er sich eingearbeitet hat. Wohl bei den meisten Arbeitsplätzen besteht die Tätigkeit zu einem großen Teil aus Routinearbeiten. Während ein Stammarbeitnehmer die Routinetätigkeiten ohne große Überlegungen erledigen kann, muß der Leiharbeitnehmer sich diese Routine erst erwerben. Auch wenn Routinetätigkeiten weniger interessant sind, haben sie doch eine Entlastungsfunktion. Die Routine trägt dazu bei, daß die Arbeit leichter bewältigt werden kann und erfordert weniger Energie.

Die Gefahr, daß sich der Leiharbeitnehmer in einer ständigen Streßsituation befindet, ist bei einer kurzen Dauer der Einsätze besonders groß. Wird die Leiharbeit längere Zeit ausgeübt, muß damit gerechnet werden, daß infolge der ständigen Überforderungen Krankheiten oder psychosomatische Störungen bei den betroffenen Leiharbeitnehmern auftreten können. Maßgebend für den Grad der Überforderungsgefahr ist außerdem, ob und in welchem Umfang der Leiharbeitnehmer am formellen und informellen Kommunikationsnetz des Betriebes angeschlossen sein muß, um seine Arbeit erledigen zu können. Beispielsweise üben Chefsekretärinnen, Sekretärinnen eines Abteilungsleiters sowie in geringerem Umfang auch Telefonistinnen gewissermaßen Schlüsselpositionen aus, wo die Informationen aus allen Abteilungen des Betriebes und darüber hinaus zusammenlaufen und teilweise auch Dispositionen über die eingehenden Informationen getroffen werden müssen. Angehörige solcher Berufe werden einen großen Teil ihrer Einsatzdauer dazu benötigen, um das komplizierte Sozialgefüge des Betriebes kennenzulernen. Die Gefahr eines Dauerstresses dürfte daher besonders groß sein.

Ferner muß unterschieden werden zwischen Tätigkeiten, die weitgehend arbeitsplatzbezogen sind und solchen, die stärker normiert und damit überwiegend arbeitsplatzunabhängig sind. Während bei den Leiharbeitnehmern mit Berufen der ersten Gruppe größere Belastungen zu erwarten sind, erfordert der Einsatzwechsel bei den Berufen der zweiten Gruppe eine geringere Anpassung und Umstellung. Diese bezieht sich vor allem auf die andere Organisation und den Wechsel der Arbeitskollegen und Vorgesetzten.

3. Soziale Isolation der Leiharbeitnehmer in den Entleiherbetrieben

Die Gespräche des Verfassers mit den Geschäftsführern mehrerer Leiharbeitsunternehmen ergaben eine Reihe von Anhaltspunkten dafür, daß viele Leiharbeitnehmer in den Entleiherbetrieben eine Außenseiterstellung einnehmen. Sie sind nicht in das Sozialgefüge des Einsatzbetriebes eingegliedert.

Übereinstimmend berichteten die Verleiher, viele Leiharbeitnehmer würden mehr leisten als ein Stammarbeitnehmer des Entleiherbetriebes. Als Begründung führten sie an, der Leiharbeitnehmer kenne seine Arbeitskollegen nur oberflächlich. Deshalb gehe nicht so viel Arbeitszeit für private Unterhaltungen verloren, wie bei den Stammarbeitnehmern. In einem Fall soll der Betriebsfrieden durch die Mehrarbeit eines Leiharbeitnehmerns in einem solchen Ausmaß gestört worden sein, daß man sich in dem Entleiherbetrieb bei dem Verleiher darüber beschwert habe. Ein Verleiher gab an, auf Grund seiner jahrelangen Erfahrungen mit der Leiharbeit schätze er, daß ca. 25 % der Leiharbeitnehmer in den Entleiherbetrieben sozial isoliert seien. Ferner wird berichtet, daß sich bei den Leiharbeitnehmern nur schwer ein Zugehörigkeitsgefühl entwickelt. Der Leiharbeitnehmer scheint demnach den Verleiher nur als Personalbüro und als Lohnbüro anzusehen. Um hier Abhilfe zu schaffen, werden von einem Verleiher Zusammenkünfte veranstaltet und bei besonderen Anlässen kleine Präsente verteilt. Denselben Zweck soll offensichtlich ein „wirksames amüsantes Kurzprogramm" erfüllen, das ein anderer Verleiher für „treue Mitarbeiter" in einer Werbebroschüre anpreist. Es dient angeblich dazu, zusätzliche Kenntnisse in dem jeweiligen Beruf oder verwandten Tätigkeiten zu erwerben. Daß die Kontaktpflege der Hauptzweck dabei ist, zeigen die folgenden Ausführungen in derselben Broschüre: „Und Sie sind in Gesellschaft netter, intelligenter Gleichgesinnter, Absolventen solcher Kurse tragen eines Tages voller Stolz die silberne [Name des Verleihers] Ehrennadel[31]."

Das Problem ist deshalb so komplex, weil offenbar nicht alle Leiharbeitnehmer von der Außenseiterstellung in gleichem Maße betroffen sind und andererseits einige die soziale Isolation relativ gut ertragen, während andere mehr darunter zu leiden haben. Wer extrem kontaktfreudig und anpassungsfähig ist, wird relativ schnell von der Beleg-

---

[31] Siehe oben: 2. Abschn. III.

schaft des Entleiherbetriebes akzeptiert werden und bald integriert sein. Vielen Leiharbeitnehmern scheint dies jedoch nicht zu gelingen. Wie die Reaktion auf die unfreiwillige Isolation ist, hängt von der generellen psychischen Disposition des Leiharbeitnehmers ab. Bei einer langfristigen Tätigkeit als Leiharbeitnehmer besteht die Gefahr, daß neurotische oder psychosomatische Störungen auftreten. Ferner können sich die negativen Folgen in einer größeren Anfälligkeit für Krankheiten und Arbeitsunfällen äußern.

Unter den Leiharbeitnehmern werden einige wenige sein, die weitgehend immun gegen die soziale Isolation sind. Dazu gehört vor allem diejenige Minderheit von Arbeitnehmern, die nicht arbeitszentriert ausgerichtet ist. Neuloh[32] bezeichnet diesen Verhaltenstyp als den reinen Privatmenschen, der seinen Lebensinhalt nur in der Freizeit sieht. Die Arbeit dient ausschließlich der Existenzsicherung. Der Bewußtseins- und Lebensschwerpunkt dieses Sozialtyps liegt in der Familie und in der sozialen Umwelt (z. B. Zugehörigkeit zu Vereinen, Stammtischrunde).

Für die meisten Leiharbeitnehmer muß sich demgegenüber die soziale Isolation negativ auswirken, weil die Arbeit schon rein zeitlich den größten Teil des Lebens eines Arbeitnehmers ausfüllt. Deshalb ist die Erwerbstätigkeit auch heute noch einer der wesentlichsten Lebensinhalte für den Arbeitnehmer.

Für die Außenseiterstellung der meisten Leiharbeitnehmer gibt es mehrere Gründe.

Bei jedem neuen Einsatz tritt der Leiharbeitnehmer in das Spannungsfeld Betrieb ein, das beherrscht wird von der Dichotomie zwischen der Geschäftsleitung und der Belegschaft. Es werden gruppendynamische Prozesse ausgelöst, durch die die bisherigen Machtverhältnisse sowohl zwischen den Belegschaftsmitgliedern als auch zwischen der Belegschaft und der Geschäftsleitung teilweise in Frage gestellt werden. Dies dauert so lange, bis ein neues labiles Gleichgewicht erreicht wird.

Grundlage für die Machtposition der Belegschaft ist die Solidarität der Arbeitnehmerschaft des Betriebes oder zumindest einer Arbeitsgruppe. Ihre Existenz hängt damit zusammen, daß zur betrieblichen Rahmenstruktur nicht nur die institutionellen Rahmenfaktoren (die sog. formelle Organisation), sondern auch das Gefüge der sozialen Wechselbeziehungen gehören (die sog. informelle Organisation)[33]. Die informellen Beziehungen, die durch Interaktionen der Belegschaftsmit-

---

[32] *Neuloh*, S. 97.

[33] Vgl. dazu: *Dahrendorf*, S. 38 f.; 48 ff.; *Fürstenberg*, S. 29 f.; *Mayntz*, Die soziale Organisation des Industriebetriebes, S. 12 ff.

glieder entstehen, sind ihrerseits als ein mehrdimensionales, strukturiertes Gebilde aufzufassen, durch welche die sozialen Rollen der Arbeitnehmer näher konkretisiert werden. Das betriebliche Interaktionsgefüge folgt genau feststellbaren Gesetzmäßigkeiten.

Die Einhaltung der Gruppenormen, zu denen u. a. das Gebot gehört, Solidarität im Verhältnis zu den anderen Arbeitnehmern zu zeigen, wird durch mannigfaltige Pressionen und Sanktionen seitens der Gruppe erzwungen.

Nimmt der Leiharbeitnehmer seine Arbeit im Entleiherbetrieb auf, wird er mit den informellen Gruppennormen konfrontiert. Die Stammarbeitnehmer, mit denen er zusammenarbeitet, werden sich ihm gegenüber reserviert verhalten, weil sie nicht wissen, ob der Leiharbeitnehmer die informellen Normen akzeptiert. Man versucht herauszubekommen, ob man Vertrauen zu dem neuen Mitarbeiter haben kann. Das Vertrauen wiederum ist Voraussetzung für die Solidarität. Selbst wenn der Leiharbeitnehmer die Gruppennormen als für sich verbindlich akzeptiert, ist dennoch nicht sicher, ob er in die Arbeitsgruppe aufgenommen wird. Da die Stammarbeitnehmer wissen, daß sie nur vorübergehend mit dem Leiharbeitnehmer zusammenarbeiten müssen und dieser vielleicht sogar noch mehr verdient als sie selbst, können sie zu dem Ergebnis gelangen, daß sich ein solidarisches Verhalten nicht lohnt. Ebenso wie sich Solidarität nur allmählich entwickeln kann, wirkt sie sich überwiegend langfristig aus. Der Stammarbeitnehmer wird sich vermutlich nicht für den vorübergehend im Betrieb Arbeitenden einsetzen, weil er von diesem langfristig auch keine Hilfe erwarten kann.

Umgekehrt ist ein Leiharbeitnehmer in weitaus geringerem Maße als ein Stammarbeitnehmer darauf angewiesen, in die informellen Gruppen integriert zu werden. Die ihm übertragenen Aufgaben sind tendenziell so beschaffen, daß zu ihrer Erfüllung nur ein Minimum an Interaktionen erforderlich ist. Entweder handelt es sich um relativ unqualifizierte Tätigkeiten oder es sind weitgehend normierte Aufgaben, die er ohne Hilfe und Rat der Stammarbeitnehmer ausüben kann. Dazu reicht die Einführung durch den Vorgesetzten aus. Ferner wird der Leiharbeitnehmer nur wenig motiviert sein, zu seiner Integration in das Kommunkationsgefüge beizutragen, weil er weiß, daß er binnen kurzer Zeit den Betrieb wieder verlassen wird. Auch für ihn lohnt sich der Einsatz nicht.

Damit zeigt sich zugleich, daß die Stammarbeitnehmer so gut wie keine Sanktionsmöglichkeiten gegenüber dem Leiharbeitnehmer haben, um die Einhaltung der Gruppennormen zu erzwingen. Die Pression der Gruppe gegenüber einem anderen Stammarbeitnehmer, der sich nicht an die Normen hält, kann einmal darin bestehen, daß ihm schlechte Arbeiten übertragen werden[34].

Da der Leiharbeitnehmer schon von der Betriebsleistung die Arbeiten zugewiesen bekommt, die sonst keiner erledigen will, erweist sich dieses Mittel als untauglich. Auch die mangelnde Bereitschaft, dem Leiharbeitnehmer besondere Erfahrungen und „Kniffe" mitzuteilen[35], erweist sich als eine stumpfe Waffe. Wie bereits oben dargelegt wurde, sind die meisten Arbeitsplätze für Leiharbeitnehmer so beschaffen, daß diese nur auf ein Mindestmaß an Kooperation angewiesen sind. Ein weiteres probates Mittel zur Einhaltung der Gruppennorm ist der Ausschluß aus der Arbeitsgruppe. Die Anerkennung seiner nächsten Umgebung zu verlieren und vielleicht sogar von den Kollegen gemieden zu werden, wird von den meisten Stammarbeitnehmern als so schwerwiegend angesehen, daß sie durch Konformität mit den Gruppenerwartungen diese Sanktion zu vermeiden suchen[36]. Da der Leiharbeitnehmer in der Mehrzahl der Überlassungsfälle ohnehin außerhalb der informellen Gruppe steht, versagt auch diese Sanktionsmöglichkeit. Von daher ist auch der Vorfall der Beschwerde bei dem Verleiher aus dem Entleiherbetrieb zu verstehen, der Leiharbeitnehmer arbeite zu viel.

Auch hier haben die Einwirkungsmechanismen der Stammarbeitnehmer versagt, um die Arbeitsgeschwindigkeit des Leiharbeitnehmers auf das Gruppenmaß zu reduzieren. In ihrer Furcht, die Betriebsleitung könnte die Arbeitsnormen erhöhen, wußten sie sich nicht anders zu helfen, als das Leiharbeitsunternehmen einzuschalten.

Damit haben wir die Überleitung zum Problem der sog. *Leistungszurückhaltung*. Zahlreiche empirische Untersuchungen haben bewiesen, daß das Produktionsergebnis durch soziale Normen und nicht durch physiologische Leistungsgrenzen bestimmt wird[37]. Nicht-finanzielle Anreize und Sanktionen beeinflussen das Verhalten der Arbeiter in der Weise, daß Möglichkeiten, durch Mehrleistungen einen größeren Verdienst zu erlangen, nicht wahrgenommen werden[38]. Leistungsbeschränkungen bestehen sogar bei Akkordarbeiten[39]. Das bedeutet, daß den Arbeitnehmern die Einhaltung der Gruppennorm wichtiger als ein höherer Akkordlohn ist.

---

[34] Vgl. dazu *Kellner*, S. 172 ff.

[35] *Kellner*, S. 175.

[36] *Mayntz*, Soziologie der Organisation, S. 130.

[37] Der Amerikaner Elton Mayo, der bei den sog. Hawthorne-Experimenten maßgebend beteiligt war, hat diesen Aspekt als erster in den dreißiger Jahren erkannt; vgl. *Etzioni*, S. 59; *Burisch*, S. 46.

[38] Siehe *Etzioni*, S. 60.

[39] *Etzioni*, S. 58; *Fürstenberg*, S. 64.

Auf Grund der betriebssoziologischen Untersuchungen kann die These aufgestellt werden, daß generell Personen mit nur vorübergehender Betriebszugehörigkeit nur selten in den informellen Gruppen integriert sind und bei ihnen die Bereitschaft fehlt, die Solidarität mit den anderen Arbeitern höher als einen maximalen Verdienst einzuschätzen. Der Grund für das unterschiedliche Verhalten ist in der Motivation der Leistungszurückhaltung zu sehen. Der Dauerarbeitnehmer glaubt, der Arbeitgeber werde die Mehrleistung zum Anlaß nehmen, die Arbeitsnormen höherzuschrauben. Er fürchtet sich vor der „Akkordschere des Kalkulators"[40]. Die einzige Möglichkeit, dies zu verhindern, sieht er darin, daß er darauf verzichtet, seine Individualinteressen wahrzunehmen und in seiner Rolle als Mitglied der Arbeitsgruppe handelt[41]. Bei einem Arbeitnehmer mit vorübergehender Betriebszugehörigkeit stehen dagegen die Individualinteressen absolut im Vordergrund.

Die unterschiedliche Motivation ist vor allem bei der Befragung weiblicher Arbeitskräfte deutlich geworden. Jüngere Frauen, die nicht damit rechneten, lange im Betrieb zu bleiben, hatten die Absicht, in der Zeit ihrer Berufstätigkeit möglichst viel Geld zu verdienen[42]. Ob der Akkord durch schnelles Arbeiten später gekürzt wird, interessierte sie nicht. Sie erkannten deshalb überdurchschnittlich häufig die Gruppennormen über das Arbeitstempo nicht als für sie verbindlich an. Anders dagegen verhielten sich diejenigen Frauen (insbesondere Witwen), die damit rechneten, lange im Betrieb zu bleiben. Ihre Verhaltensweisen unterschieden sich nicht von denen der männlichen Arbeitnehmer. Sie beteiligten sich an den Verabredungen über die Leistungsbeschränkungen und hielten die vereinbarten Normen ein.

Haben die Stammarbeitnehmer mehrmals die Erfahrung gemacht, daß sich die Leiharbeitnehmer nicht an die Gruppennorm halten, werden sie sich noch weniger dafür einsetzen, daß ein neuer Leiharbeitnehmer in die Stammbelegschaft integriert wird. Zusätzliche Spannungen müssen dann entstehen, wenn der Entleiher die Leiharbeitnehmer als Instrument einsetzt, die Leistungsnormen zu erhöhen. Das französische Automobilunternehmen Peugeot beispielsweise setzte Leiharbeitnehmer häufig am Anfang des Fließbandes ein. Da die Leiharbeitnehmer das Arbeitstempo nicht kannten, beschleunigten sie, ohne es zu wissen, das Arbeitstempo der gesamten Arbeitsgruppe[43].

---

[40] *Fürstenberg*, S. 64.

[41] *Etzioni*, S. 61.

[42] *Kellner*, S. 170 ff.; die Untersuchungen dürften heute insofern weitgehend überholt sein, als sich das Verhalten der jüngeren Frauen geändert hat. Entscheidend ist aber in unserem Zusammenhang nur, daß Personen mit vorübergehendem Arbeitsinteresse sich nicht an die Gruppennormen halten.

[43] *Caire*, S. 67.

Die Außenseiterstellung dürfte sich vor allem bei einer längeren Leiharbeitstätigkeit negativ auswirken, weil die informellen Kontakte dem Arbeitnehmer einen teilweisen Ersatz für den allgemeinen Verlust an gesellschaftlicher Einbettung bieten können und dadurch sozial stabilisierend wirken[44]. Da Anzeichen dafür bestehen, daß viele Leiharbeitnehmer auch sonst eine marginale Lebensführung haben[45], muß befürchtet werden, daß eine spätere Stabilisierung der Lebensverhältnisse erschwert wird. Der Betrieb wirkt insofern für die Stammarbeitnehmer stabilisierend, als der einzelne ein Normensystem vorfindet, das sein soziales Verhalten und seine Einstellung regelt. Indem der Arbeitnehmer von seinen Kollegen akzeptiert und seine Rolle im Betrieb fixiert wird, entsteht eine soziale Persönlichkeit. Er erhält — wenn auch nicht in sehr großem Umfang — die Möglichkeit zur Ausübung von Initiative, zu spontanen Handlungen, die ihm wenigstens auf dem informellen Gebiet das subjektive Gefühl persönlicher Freiheit und Selbstbestimmung verleihen[46].

Am meisten dürften vermutlich diejenigen Leiharbeitnehmer unter der sozialen Isolation zu leiden haben, die repetitive Arbeiten mit einem geringen Dispositionsspielraum verrichten. Sie haben faktisch kaum Möglichkeiten zu Interaktionen bei der Arbeit, besonders wenn das Arbeitstempo von der Maschine bestimmt wird. Gleichzeitig sind sie von den Plaudergruppen, den Kantinengemeinschaften, den Freizeitgruppen oder auch von der Tippgemeinschaft unter den Kollegen ausgeschlossen. Hier wirkt sich die soziale Isolation als negativer Verstärker aus.

4. Ständige Benachteiligung der Leiharbeitnehmer in den Entleiherbetrieben

Im Mittelpunkt der folgenden Überlegungen steht die These, daß sich die längerfristige Ausübung einer Leiharbeitstätigkeit nicht nur aufstiegshemmend auswirkt[47], sondern darüber hinaus die Gefahr einer Qualifikationsverschlechterung in sich birgt. Die Ursache ist vor allem darin zu sehen, daß dem Leiharbeitnehmer tendenziell die Arbeiten übertragen werden, die die geringsten Entwicklungsmöglichkeiten bieten[48].

---

[44] Vgl. *Homans*, S. 346; *Mayntz*, Die soziale Organisation des Industriebetriebes, S. 83 ff.

[45] Vgl. oben 5. Abschn. IV 2.

[46] *Mayntz*, Die soziale Organisation des Industriebetriebes, S. 84.

[47] Vgl. zum folgenden oben: 8. Abschn. III 2.

[48] So neuerdings auch: Stellungnahme des DGB zum Erfahrungsbericht, S. 4; *Möller-Lücking*, Manuskript, S. 10 f., 13.

Für eine ständige Benachteiligung der Leiharbeitnehmer sprechen folgende Indizien. Then[49], Präsident des UZA, sieht den Vorteil der Arbeitnehmerüberlassung für die Wirtschaft gerade darin, daß bei einem Ausfall von Stammarbeitnehmern innerbetriebliche Umbesetzungen vorgenommen werden können. Die ständigen Mitarbeiter sollen vorübergehend in höhere Positionen aufrücken, und an den verbleibenden einfachen Arbeitsplätzen könnten dann Leiharbeitnehmer eingesetzt werden.

In Frankreich werden nach den Angaben der Personalleiter der Entleiherbetriebe den Leiharbeitnehmern nur die undankbarsten Aufgaben übertragen, die sonst kein anderer Arbeitnehmer verrichten will und die keine Gelegenheit bieten, die eigenen Berufserfahrungen zu erweitern[50].

Die geringen Entfaltungsmöglichkeiten der Leiharbeitnehmer in den Entleiherbetrieben kommen schließlich deutlich in den I. F. O. P.-Manpower-Befragungen zum Ausdruck. Äußerten immerhin 23 % der französischen Leiharbeitsbewerber die Ansicht, die Arbeitnehmerüberlassung sei geeignet, die beruflichen Erfahrungen zu erweitern, waren von den augenblicklichen und den früheren Leiharbeitnehmern nur noch jeweils 11 % derselben Auffassung[51]. Eine ähnlich fallende Tendenz zeigen die Antworten auf die Frage nach dem Interesse, die beruflichen Erfahrungen zu erweitern. An einer beruflichen Weiterbildung waren interessiert[52]: 92 % der Leiharbeitsbewerber, 74 % der augenblicklichen Leiharbeitnehmer sowie 66 % der ehemaligen Leiharbeitnehmer. Kein Interesse an einer beruflichen Weiterentwicklung zeigten ungekehrt 7 % der Bewerber, 25 % der gegenwärtigen Leiharbeitnehmer sowie 33 % der früheren Leiharbeitnehmer[53].

Viele Leiharbeitnehmer meinen, die Leiharbeit fördere die Berufserfahrungen nicht und sind trotzdem an der beruflichen Weiterbildung interessiert. Die Diskrepanz ist wohl darauf zurückzuführen, daß die Entscheidung, ein Leiharbeitsverhältnis einzugehen, in vielen Fällen durch äußere Umstände erzwungen wurde. Ein großer Teil der französischen Leiharbeitnehmer nimmt die mit der Arbeitnehmerüberlassung verbundenen Nachteile in Kauf, weil eine Alternative nicht besteht[54].

---

[49] *Then* in: Personal, Mensch und Arbeit im Betrieb 1972, 148 (150).

[50] *Caire,* S. 26.

[51] *Caire,* S. 86.

[52] Darunter fallen die Antworten „ja, sehr interessiert" und „ja, ein wenig".

[53] *Caire,* S. 194.

[54] So z. B. die 26 % der französischen Leiharbeitnehmer, die wegen vorheriger Arbeitslosigkeit ein Leiharbeitsverhältnis eingegangen sind (CNRS-Untersuchung, S. 1038).

Die Abschwächung des Interesses an der beruflichen Weiterbildung kann nur mit den objektiven Arbeitsbedingungen der Leiharbeit zusammenhängen. Ein Leiharbeitnehmer, der längere Zeit nur die Arbeiten verrichtet, die kein anderer erledigen will, empfindet sich letztlich selbst als „Arbeitnehmer zweiter Klasse". Das Nachlassen des Wunsches, die beruflichen Fähigkeiten weiterzuentwickeln, ist dann ein Zeichen von Resignation. Das Prinzip, die höheren Positionen vorübergehend mit Stammpersonal zu besetzen, während die Leiharbeitnehmer an den einfacheren Arbeitsplätzen eingesetzt werden, zielt in dieselbe Richtung.

Warum die Leiharbeitnehmer als „Lückenbüßer" für Tätigkeiten mit vergleichsweise geringen Qualifikationen eingesetzt werden, läßt sich leicht erklären. Die erforderliche Einarbeitungszeit ist für den Leiharbeitnehmer minimal. Umgekehrt braucht auch der Stammarbeitnehmer nur eine relativ kurze Einarbeitungszeit, weil er das formelle und informelle Organisationsgefüge des Betriebes ohnehin kennt.

Ferner hat das „Umsetzungsprinzip" den Vorteil, daß die längere Betriebszugehörigkeit bestimmter Stammarbeitnehmer belohnt werden kann. Die Betriebe haben generell ein großes Interesse daran, gut eingearbeitete Arbeitskräfte und besonders diejenigen Facharbeiter an den Betrieb zu binden, für die auf dem außerbetrieblichen Arbeitsmarkt nur schwer Ersatz zu bekommen ist. Durch die Privilegierung der längeren Betriebszugehörigkeit wird eine integrative Zielorientierung der Stammarbeitnehmer erreicht. Diese sind umgekehrt weitgehend auf Grund der beschriebenen Personalpolitik der Auffassung, die größten beruflichen Aufstiegsmöglichkeiten dann zu haben, wenn sie dem Betrieb treu bleiben[55]. Der vorübergehende Einsatz einer Stammarbeitskraft auf einem höherqualifizierten Arbeitsplatz als Auszeichnung oder als Vorbereitung der Beförderung und die Beschäftigung des Leiharbeitnehmers auf dem Arbeitsplatz mit den geringeren Anforderungen kommt dieser Personalpolitik sehr entgegen. Damit wird dem „Senioritätsprinzip" entsprochen, wonach durch die längere Betriebszugehörigkeit gewisse Rechte erworben werden.

Wegen des laufenden Betriebswechsels ist der Leiharbeitnehmer nicht in der Lage, ähnliche „Senioritätsrechte" wie ein Stammarbeitnehmer zu erwerben. Bei jedem neuen Einsatz muß er wieder die Rolle des Neuankömmlings übernehmen, der mindere Rechte hat. Da jeder Betrieb sich als Einheit versteht, verfällt für den Leiharbeitnehmer die Zeit der vorherigen Einsätze. Bei der Zuordnung des sozialen Status ist sie ohne Bedeutung.

---

[55] *Bosetzky*, S. 207; *Weltz*, Bestimmungsgrößen des Verhaltens von Arbeitnehmern auf dem Arbeitsmarkt, S. 36 f.

Die Rolle des Leiharbeitnehmers als „Faktotum" der Wirtschaft und als „Lückenbüßer", dem man die undankbarsten Aufgaben zuschieben kann, muß sich — wiederum bei längerfristiger Ausübung — negativ auf die psychische Konstitution auswirken. Der Leiharbeitnehmer verliert nicht nur das Interesse an seiner beruflichen Zukunft. Darüber hinaus fühlt er sich im Verhältnis zu den Dauerarbeitnehmern in den Entleiherbetrieben ständig zurückgesetzt und benachteiligt. Die Behandlung als Arbeitskraft zweiter Klasse in dem oben beschriebenen Sinne kann eine empfindliche Beeinträchtigung des Selbstwertgefühls zur Folge haben.

5. Zusammenhang zwischen der Mehrbelastung und der kurzen Dauer der Leiharbeitsverhältnisse

Als noch ungeklärt muß die Frage angesehen werden, ob und inwieweit die mit der Leiharbeit verbundenen Mehrbelastungen und Nachteile ursächlich für die kurze Dauer der Leiharbeitsverhältnisse sind[56]. Die Probleme, die mit der ständigen Umstellung, sozialen Isolation und der Lückenbüßerfunktion verbunden sind, könnten als Regulativ in dem Sinne wirken, daß sich die Leiharbeitnehmer sehr schnell wieder nach einem Stammarbeitsplatz umsehen. Sehr bedenklich wäre dann aber noch die Lage der Leiharbeitnehmer, die — z. B. aus in ihrer Person liegenden Gründen — keinen Dauerarbeitsplatz finden. Für sie bestünde keine Alternative, um den mit der Arbeitnehmerüberlassung verbundenen Nachteilen und deren Folgen auszuweichen.

6. Die Leiharbeit als Mittel einer Minderheit unter den Leiharbeitnehmern zur Umgehung zwingender Vorschriften der AZO und des BUrlG

Die Gefahr einer physischen Überbeanspruchung besteht in den Fällen, in denen die Leiharbeit dazu mißbraucht wird, die Arbeitszeit über das zulässige Maß hinaus auszudehnen. Nach § 3 AZO darf die regelmäßige Arbeitszeit die Dauer von acht Stunden nicht überschreiten. Arbeitet beispielsweise ein Arbeitnehmer, weil er sich in einer finanziellen Notlage befindet, bei dem Verleiher A halbtags und bei

---

[56] *Then*, Zeit-Arbeit, S. 199 f. nennt neuerdings folgende Zahlen über die Dauer der Leiharbeitsverhältnisse:

Fa. randstad (1972):	3 - 4 Wochen für gewerbliche Arbeitnehmer 8 Wochen für Büropersonal
Fa. adia interim 1970:	9 Wochen
Fa. adia interim 1971:	10 Wochen
Fa. adia interim 1972:	8 Wochen (Büro und gewerblicher Sektor)
Fa. Büro-Eildienst Time-Help:	4 Monate (Büropersonal).

dem Verleiher B zwei Drittel der normalen Arbeitszeit, liegt ein Verstoß gegen die AZO vor. Ebenso unzulässig ist es, wenn ein Stammarbeitnehmer seinen Urlaub dazu benutzt, bei einem Leiharbeitsunternehmen zusätzlich Geld zu verdienen (§ 8 BUrlG)[57].

Wie oft sich solche Fälle in der Bundesrepublik ereignen, ist nicht bekannt.

VII. Spezifische Probleme bei bestimmten Gruppen von Leiharbeitnehmern

1. Einleitung

Die Arbeitnehmerüberlassung ist als sog. zweiter Arbeitsmarkt[58] in gewisser Weise ein Spiegelbild des allgemeinen Arbeitsmarktes. Die Leiharbeitnehmer bilden eine ebensowenig homogene Gruppe wie die übrigen Arbeitnehmer. Aus diesem Grund ist es nicht verwunderlich, daß unter den Leiharbeitnehmern einige der auf dem allgemeinen Arbeitsmarkt auftauchenden Problemgruppen wiederzufinden sind. Zu diesen Gruppen, die sich durch spezifische Merkmale von der Mehrheit der Arbeitnehmer unterscheiden, gehören insbesondere

(1) die jugendlichen Arbeitnehmer ohne Berufsausbildung,

(2) die Frauen mit familiären Verpflichtungen sowie Frauen nach längerer Unterbrechung der Berufstätigkeit,

(3) die älteren Arbeitnehmer,

(4) die ausländischen Arbeitnehmer.

2. Jugendliche Arbeitnehmer ohne Berufsausbildung

a) Empirisches Material

Wie groß die Zahl der jugendlichen Leiharbeitnehmer ist, läßt sich zur Zeit nicht ermitteln. Nach Auskunft eines französischen Verleiherverbandes kommt es durchaus vor, daß Jugendliche nach Abschluß der Schule unmittelbar ein Leiharbeitsverhältnis eingehen. Die Verleiher würden diese Jugendlichen zwar einstellen, sie andererseits aber nicht gezielt anwerben. Sowohl aus den Stellenanzeigen als auch aus der im Erfahrungsbericht enthaltenen Berufsstatistik ergibt sich[59], daß die fehlende Berufsausbildung kein Hindernis sein muß, um von einem Verleiher angenommen zu werden. Nicht bekannt ist ferner, ob das Interesse der Verleiher an Jugendlichen ohne Berufsausbildung des-

---

[57] In Frankreich sind derartige Fälle bereits bekanntgeworden, vgl. *Caire*, S. 128.

[58] So z. B.: *Apitz*, ArbuSozPol. 1969, 258.

[59] Siehe oben: 8. Abschn. III 2.

halb relativ gering ist, weil sie den Beschränkungen des JArbSchG unterliegen.

Die Zahlen über das Alter der Leiharbeitnehmer sind deshalb nicht verwertbar, weil sie die Leiharbeitnehmer bis 20 Jahre als eine Altersgruppe aufführen[60]. Da viele Berufsausbildungen schon vorher beendet sind, lassen sie keine Rückschlüsse darauf zu, wie hoch der Anteil der Jugendlichen ohne Berufsausbildung ist. Auch die Zahl der Leiharbeitnehmer ohne Berufsausbildung oder mit einer Anlernzeit bis zu sechs Monaten[61] sagt nichts unmittelbar darüber aus, wieviele Jugendliche nach der Schulausbildung unmittelbar zu einem Verleiher gehen.

b) Die berufliche Sozialisation der jugendlichen Leiharbeitnehmer

(1) Inhalt und Ziel der beruflichen Sozialisation

Unter beruflicher Sozialisation versteht man die Einführung in soziale Positionen, ihr Ziel ist die Beherrschung einer sozialen Rolle durch den Sozialisanden[62]. Um die Arbeits- und Berufsposition ausfüllen zu können, muß der Sozialisand einen Lernprozeß durchlaufen. Dabei geht es um die Entwicklung von Fähigkeiten und Fertigkeiten, um den Aufbau kognitiver Systeme zur Wahrnehmung und Beantwortung gesellschaftlicher Erwartungen gegenüber dem individuellen Verhalten und um die Internalisierung kultur- bzw. gruppenspezifischer Normen und Werte[63]. Die Formung des Menschen geschieht durch Führung und Betreuung, durch Verhaltenserwartungen und Verhaltenskontrollen[64]. Ein normenkonformes Verhalten wird nicht zuletzt dadurch erreicht, daß Abweichungen von den Verhaltenserwartungen sich negativ für den Arbeitnehmer auswirken: er besteht Prüfungen nicht oder wird von der Betriebsleitung entlassen. Umgekehrt wird rollenkonformes Verhalten auf verschiedene Weise (z. B. durch Beförderung, bessere Bezahlung) belohnt[65].

Im Anschluß insbesondere an Weinert[66] und Neuloh[67] läßt sich die Sozialisation des Menschen in drei Stufen aufgliedern:

---

60 Die Zahl der bis zu 20 Jahre alten Leiharbeitnehmer ist relativ groß. Es werden in der Literatur dazu folgende Zahlen genannt: 24 % (*Apitz*, Arb. u. SozPol. 1969, 258 [261]); 9 % (Manpower, Deutschland); 16 % (Alter bis 21 Jahre; CNRS-Untersuchung S. 1009).

61 Dazu gehören in Frankreich nach einer Verleiher-Statistik 17 % der männlichen und 33 % der weiblichen Leiharbeitnehmer (*Caire*, S. 66).

62 *Lüscher* in: Luckmann-Sprondel, S. 14; *Neuloh*, S. 145.

63 *Weinert* in: Hdb. d. Psychologie, Bd. 7, Halbbd. 2, S. 863.

64 *Neuloh*, S. 142.

65 *Weinert*, S. 869.

66 *Weinert*, S. 869.

(1) *Passive Phase der Sozialisation:* Fremdformung der Grundstruktur des Menschen im Kindheits- und Jugendalter.

(2) *Bilaterale Phase:* Wechselseitige Formung durch Auseinandersetzung des Sozialisanden mit den Wertvorstellungen, Normen und Verhaltensweisen der sozialen Umwelt.

(3) *Autonome Phase:* Selbstformung durch Entfaltung eigener Formkräfte und individueller Gestaltung bis zum Personbewußtsein.

Da die berufliche Sozialisation nur ein Spezialfall der allgemeinen Sozialisation ist, tauchen die drei oben beschriebenen Phasen auch im Arbeits- und Berufsleben auf. In der passiven Phase befinden sich Auszubildende, Neueintretende und Arbeitnehmer mit einer unzureichenden Grundstruktur. Die wechselseitige Formung geschieht in der Auseinandersetzung mit Vorgesetzten, Kollegen und schwierigen Arbeitsvorgängen, die Selbstformung in der fachlichen Weiterbildung und Erfahrung, im Aufstiegsstreben und im Streben nach Selbständigkeit im Betrieb[68]. Selbstverständlich durchläuft nur ein kleiner Teil der Arbeitnehmer sämtliche Stadien der beruflichen Sozialisation. Im Extremfall kommen Menschen, die stark restriktive Tätigkeiten ausüben, nicht aus der passiven Phase heraus. Dennoch ist es wichtig, sämtliche Stufen zu berücksichtigen, weil es das erklärte Ziel der Berufspädagogik ist, die berufliche Sozialisation des Individuums zu verbessern. Die berufliche Sozialisation sollte darauf ausgerichtet sein, zur beruflichen Mündigkeit, zur beruflichen Mobilität und Verwirklichung der Chancengleichheit zu erziehen[69].

Die anzustrebende Mündigkeit und Chancengleichheit besagt nichts anderes, als daß allen Jugendlichen die Möglichkeit gegeben werden sollte, die autonome Phase der Sozialisation zu erreichen. Die Forderung nach beruflicher Mobilität dagegen dient der sozialen Sicherheit der Arbeitnehmerschaft. Die ständigen technischen Veränderungen verlangen von den Arbeitnehmern ein hohes Maß an naturwissenschaftlichem und technischem Grundverständnis, um sich in neue Technologien einarbeiten zu können. Die Umstellung auf einen völlig andersartigen Beruf, verbunden mit einer Veränderung der sozialen Position, gelingt nur dann, wenn der betroffene Arbeitnehmer wenigstens die Grundprinzipien der gesellschaftlichen Prozesse kennt. Er ist dann in der Lage, sich rechtzeitig auf die Veränderungen einzustellen und nicht nur Objekt der Veränderungen zu sein.

---

[67] *Neuloh,* S. 143.

[68] *Neuloh,* S. 147.

[69] Vgl. *Niemann,* S. 25 m. w. N., *Ebel,* S. 78 ff.; *Kern / Schumann,* S. 281.

(2) Insuffizienz der beruflichen Sozialisation bei jugendlichen Leiharbeitnehmern ohne Berufsausbildung

Für die Beeinträchtigung der beruflichen Sozialisation jugendlicher Leiharbeitnehmer sind drei Ursachenkomplexe verantwortlich. Es handelt sich einmal um allgemeine Ursachen, die alle Arbeitnehmer ohne Berufsausbildung betreffen. Diese überlagern sich mit den Schwierigkeiten, die mit der Pubertät und der fehlenden Berufsreife zusammenhängen. Das Defizit an beruflicher Sozialisation beruht drittens auf der besonderen Situation, in der sich Leiharbeitnehmer befinden. Es ist deshalb zu erwarten, daß jugendliche Leiharbeitnehmer ohne Ausbildung weitaus stärker in der beruflichen Sozialisation behindert werden als jugendliche Stammarbeitnehmer ohne Ausbildung.

Bisher sind weder in der Bundesrepublik noch in Frankreich Überlegungen zu dieser Frage angestellt worden. Im Gegensatz dazu hat man in den Niederlanden das Problem relativ früh erkannt und das Ausleihen von Leiharbeitnehmern unter 18 Jahren verboten[70].

Das Zusammenwirken der drei Faktoren hat naturgemäß besonders schwerwiegende Folgen. Muß der Arbeitnehmer schon erhebliche Energien aufbringen, eine Insuffizienzursache zu kompensieren, ist ein Ausweg aus der unbefriedigenden Lage fast unmöglich, wenn mehrere Faktoren zusammenwirken.

Ungelernte Arbeitskräfte verharren besonders häufig in der passiven Phase der Sozialisation. Die restriktiven Arbeiten, die sie zu verrichten haben, geben ihnen keine Entfaltungsmöglichkeiten, kreatives Handeln ist nicht möglich. Der Arbeitnehmer kann nicht am Erfolg und Mißerfolg seiner Arbeit wachsen. Infolgedessen fehlt ihm — jedenfalls nach langjähriger Tätigkeit als ungelernte Hilfskraft — der Mut und die geistige Beweglichkeit, den „Absprung" zu wagen und doch noch eine Berufsausbildung zu absolvieren. Darüber hinaus sind ungelernte Arbeitskräfte nicht fähig, ihre eigenen Bedürfnisse zu artikulieren. Bei der Bewertung ihrer sozialen Lage greifen sie stattdessen auf vorgefertigte Ordnungs- und Bewertungsmuster zurück. Sie orientieren sich an den bestehenden Topoi und reproduzieren sie[71]. Darunter muß nicht zuletzt das Funktionieren der Mitbestimmung beeinträchtigt werden, weil sie mündige und eigenverantwortlich handelnde Arbeitnehmer voraussetzt.

Die Tätigkeit als ungelernte Hilfskraft wirkt sich ferner auf die Einstellung zur Arbeit aus. Viele Arbeitnehmer ohne Berufsausbildung

[70] Vgl. zur Rechtslage in den Niederlanden: *Becker*, AÜG, Einleitung, Rdn. 89. *Göbel*, BlStSozArbR 1973, 309 (312) fordert ebenfalls unter Anlehnung an die niederländische Regelung ein Verbot der Leiharbeit für Jugendliche unter 18 Jahren. Eine eingehende Begründung fehlt jedoch.

[71] *Kern / Schumann*, S. 37.

sind nicht arbeitsorientiert, d. h. sie sind nicht bestrebt, Berufskenntnisse zu erwerben, um eine qualifiziertere Position zu übernehmen. Abgesehen davon glauben sie sowieso nicht daran, Aufstiegschancen zu haben[72]. Vorherrschend ist vielmehr eine rein instrumentelle Arbeitseinstellung mit Distanzierung vom Inhalt der Tätigkeit und Hervorhebung ihrer Funktion als Gelderwerb[73].

Die berufliche Sozialisation wird ferner dadurch erschwert, daß der Eintritt in das Berufsleben mit der Pubertät zusammenfällt. In der berufspädagogischen Literatur besteht Einigkeit darüber, daß der momentane Berufseintritt zu früh erfolgt, 14 - 15jährige Jugendliche also noch nicht die nötige Berufsreife haben[74]. In dieser Altersstufe versucht der junge Mensch, allen Bindungen zu entfliehen. Charakteristisch sind neben der Kontaktlosigkeit häufig Desinteresse, Unstetigkeit und stimmungsabhängiges Handeln. Da der Jugendliche noch auf der Suche nach ihm gemäßen Verhaltensnormen und Bezugsgruppen ist, ist seine Lebenssituation durch Instabilität gekennzeichnet.

Der Restabilisierungsprozeß dauert im allgemeinen mehrere Jahre. Infolge der extrem kurzen Berufswahlphase, des unvorbereiteten und zu plötzlichen Wechsels von der Schule ins Berufsleben kommt es zu einem Abkappen der Pubertät. Charakteristische Auswirkungen auf die Persönlichkeitsstruktur sind insbesondere starke Augenblicklichkeitsbefangenheit, Stimmungsabhängigkeit, geringes Bildungsbedürfnis, starke Gleichgültigkeit und Passivität gegenüber dem Betrieb und Mitbestimmungsfragen[75]. Die Belastungen vergrößern sich für den Jugendlichen noch, wenn bei der Arbeitszuteilung keine Rücksicht auf den Entwicklungsstand genommen wird. Es treten Frustrationen auf, und es kann keine Leistungsmotivation entstehen.

Bei Jugendlichen, die unmittelbar nach Beendigung der Hauptschule eine Leiharbeitstätigkeit beginnen, sind weitere Faktoren für die unzureichende Sozialisation verantwortlich.

Die längere Zugehörigkeit eines jugendlichen Stammarbeitnehmers zu einem bestimmten Betrieb erleichtert es ihm in gewissem Umfang, die mit der Pubertät und dem Wechsel des sozialen Status bei Eintritt in das Berufsleben verbundene Labilisierung des Verhältnisses zur Umwelt zu überwinden. Die Einordnung in einen Betrieb und die Zugehörigkeit zu einer Arbeitsgruppe fördern bei längerer Betriebszugehörigkeit den Aufbau eines neuen Bezugssystems. Der Jugendliche lernt auf diese Weise diejenigen Verhaltensweisen, die für die Kooperation der Betriebsangehörigen notwendig sind. Er muß sich mit den

---

[72] *Kern / Schumann*, S. 184.

[73] *Kern / Schumann*, S. 184.

[74] *Ebel*, S. 66; *Niemann*, S. 24; *Neuloh*, S. 156 ff.; *Rutenfranz / Ulich* in: Hdb. d. Psychologie, Bd. 9, S. 338 ff.

[75] *Wurzbacher/ Schlottmann* in: Scharmann, S. 79 - 81.

Wertvorstellungen auseinandersetzen, die die Einstellung zur Arbeit überhaupt und die Stellung der Arbeitnehmerschaft in der Gesellschaft betreffen. Die Auseinandersetzung mit diesen Fragen ermöglicht es dem Arbeitnehmer überhaupt erst, gesellschaftspolitisch verantwortlich zu handeln.

Bei einem jugendlichen Leiharbeitnehmer wird der oben beschriebene Lernprozeß durch den permanenten Betriebswechsel erheblich gemindert. Er kann es eher als ein Stammarbeitnehmer riskieren, sich über die im Betrieb bestehenden Sozialnormen hinwegzusetzen. Da der Entleiher nicht der Arbeitgeber im juristischen Sinne ist und der Leiharbeitnehmer sowieso nicht lange im jeweiligen Entleiherbetrieb arbeitet, bestehen nur in sehr begrenztem Umfang Sanktionsmöglichkeiten, um die Einhaltung der Sozialnormen zu erzwingen. Der Leiharbeitnehmer wird daher den formellen und informellen Verhaltenserwartungen nicht die gleiche Bedeutung beimessen, wie ein Stammarbeitnehmer und sie zum Teil noch nicht einmal als für sich verbindlich anerkennen. Infolgedessen kann der Betrieb auch nicht die Funktion wahrnehmen, dem Jugendlichen ein neues Bezugssystem zu vermitteln.

Ferner bringt es die Eigenart der Arbeitnehmerüberlassung mit sich, daß der Jugendliche generell dazu neigen wird, den im Arbeitsleben ständig auftauchenden Konflikten und Problemen auszuweichen, anstatt Techniken zu entwickeln, sie zu lösen. Der Leiharbeitnehmer hat in gewissem Umfang die Möglichkeit, auf die Auswahl der Entleiherbetriebe und die Dauer der Einsätze Einfluß zu nehmen. Entstehen daher im Verlaufe eines Einsatzes Schwierigkeiten mit dem Vorgesetzten oder Arbeitskollegen, wird der Leiharbeitnehmer nicht bestrebt sein, sich zu arrangieren, sondern den Weg des geringsten Widerstandes gehen, indem er sich vom Verleiher in einen anderen Betrieb abordnen läßt. Selbst wenn der Verleiher nicht sofort eine andere Einsatzmöglichkeit hat, dürfte der jugendliche Leiharbeitnehmer kaum motiviert sein, die Unannehmlichkeiten aufsichzunehmen, die mit dem Durchstehen eines Konfliktes verbunden sind. Vielmehr wird er sich sagen, daß der Einsatz und Ärger nicht lohnt, weil er den Betrieb ja sowieso bald wieder verläßt, das Problem sich also von selbst löst. Das Ausweichen vor den betrieblichen Problemen muß schwerwiegende Folgen für den Jugendlichen haben. Die im Arbeitsleben gelernten Mechanismen zur Bewältigung sozialer Konflikte sind unentbehrlich auch für die Lösung außerbetrieblicher Probleme. Ein jugendlicher Leiharbeitnehmer ohne Ausbildung, der ohnehin eine unzureichende Grundstruktur hat, wird durch die Arbeit nicht in dem Maße gefördert, wie es erforderlich wäre, um mit den Konflikten der außerbetrieblichen Sphäre fertig zu werden.

Eine Leiharbeitstätigkeit im Anschluß an den Abschluß der Hauptschule ist außerdem deshalb sozialpolitisch sehr bedenklich, weil der jugendliche Leiharbeitnehmer extrem geringe Entwicklungsmöglichkeiten hat: ihm werden grundsätzlich diejenigen Arbeiten zugewiesen, die am wenigsten geeignet sind, Berufserfahrungen zu erwerben[76]. Weder Verleiher noch Entleiher haben ein Interesse daran, den Jugendlichen in seinem beruflichen Fortkommen zu fördern[77]. Die Arbeitnehmerüberlassung kann dem Jugendlichen demnach gerade das nicht bieten, was er braucht: eine pädagogische Anleitung zu eigener und selbstverantwortlicher Leistung, die ein Ansporn zur Weiterentwicklung der eigenen Fähigkeiten ist. Es besteht die Gefahr, daß die mit der Pubertät zusammenhängende Labilität perpetuiert wird. Damit werden durch den unmittelbaren Übergang von der Hauptschule zu einem Verleiher die Weichen für ein Arbeitsleben ohne Zukunft gestellt.

3. Frauen mit Kleinkindern sowie Frauen, die nach mehrjähriger Unterbrechung die Berufstätigkeit wieder aufnehmen

a) Bisher vorliegendes empirisches Material

Die Arbeitnehmerüberlassung hat nicht zuletzt deshalb einen so ungewöhnlichen Aufschwung erlebt, weil es bis heute nicht gelungen ist, die mit der Frauenerwerbstätigkeit verbundenen Probleme zufriedenstellend zu lösen[78]. In den westeuropäischen Ländern beschränkten sich die Verleihfirmen ursprünglich weitgehend darauf, weibliche Arbeitskräfte als Büropersonal in die Entleiherbetriebe zu entsenden. Erst seit ungefähr Mitte der 60er Jahre arbeiten die Leiharbeitsunternehmen in größerem Umfang auf dem gewerblichen Sektor, in dem hauptsächlich männliche Facharbeiter und Techniker eingesetzt werden. Heute entspricht der Anteil der weiblichen Leiharbeitnehmerinnen in etwa dem Anteil der weiblichen Arbeitskräfte an der gesamten erwerbstätigen Bevölkerung. Im Jahr 1973 sollen 40 % der französischen Leiharbeitnehmer weibliche Arbeitskräfte gewesen sein[79]. Dem

---

[76] *Caire*, S. 26.

[77] Siehe oben: 8. Abschn. III 2.

[78] Die Frauenerwerbstätigkeit ist eines der zentralen Themen der Soziologie. Aus der umfangreichen Literatur sind insbesondere zu nennen: Bundesminister für Arbeit und Sozialordnung (Hrsg.), Abschnitt: Frauenerwerbstätigkeit. Die Entwicklung der Erwerbstätigkeit der Frauen von 1961 bis 1971, S. 56; *Friedrich / Lappe* u. a., Frauenarbeit und technischer Wandel; *R. König*, Familiensoziologie in: Hdb. d. Empirischen Sozialforschung, II. Bd., S. 65 ff.; *ders.* in Bernsdorf, Stichwort: Familie und Familiensoziologie; *Lehr*, Die Frau im Beruf; *ohne Verfasser*, Die Bundesrepublik ist ein Großmutterland, Der Spiegel Nr. 43 v. 22. 10. 1973, S. 49 ff.

[79] Sofres-Untersuchung im Auftrag des Verleiherverbandes SNETT aus dem Jahr 1973 (zitiert aus: ohne Verfasser, avenirs no. 240, Mai 1973, S. 19 (22).

Erfahrungsbericht der Bundesregierung zufolge betrug der Anteil der weiblichen Leiharbeitnehmer am 30. 6. 1973 rd. 30 % und am 31. 12. 1973 rd. 40 %[80].

Die bisher vorliegenden Zahlen deuten darauf hin, daß die Arbeitnehmerüberlassung nur sehr bedingt den spezifischen Bedürfnissen der Frauen mit familiären Pflichten entspricht. Der Anteil der Frauen mit Kindern im Haushalt ist geringer, als bisher angenommen wurde[81]. Ferner gaben nach einer Manpower-Statistik aus dem Jahr 1970 nur 32 % der bei Manpower-Deutschland arbeitenden Leiharbeitnehmerinnen an, sie könnten aus familiären Gründen keine Dauerstellung annehmen. Der CNRS-Untersuchung zufolge waren nur bei 18,5 % der französischen Leiharbeitnehmer familiäre Verpflichtungen dafür ausschlaggebend, ein Leiharbeitsverhältnis einzugehen[82].

b) Diskrepanzen zwischen den Anforderungen der Arbeitnehmerüberlassung und den Bedürfnissen der Arbeitnehmerinnen mit familiären Verpflichtungen

Zwei Gründe kommen dafür in Betracht, daß relativ wenige Leiharbeitnehmerinnen wegen familiärer Verpflichtungen ein Leiharbeitsverhältnis eingehen, anstatt eine Dauerstellung in der Wirtschaft anzunehmen.

(1) Der Anteil der Leiharbeitnehmerinnen mit Kindern ist möglicherweise deshalb nicht sehr hoch, weil auch die Arbeitnehmerüberlassung noch nicht flexibel genug ist. Beispielsweise ist auch bei den Leiharbeitsunternehmen die Möglichkeit, eine Teilzeitbeschäftigung zu bekommen, sehr beschränkt. Da die Wirtschaft nur zum Teil bereit ist, Teilzeitkräfte einzusetzen, wird auch der Verleiher nicht geneigt sein, Frauen für eine Halbtagsbeschäftigung einzusetzen. Die Leiharbeitnehmerin muß ferner damit rechnen, bei einem Unternehmen eingesetzt zu werden, dessen Sitz weit von der eigenen Wohnung entfernt ist. Außerdem ist mit einem Wechsel des Verleihers oft eine Änderung der Arbeitszeit verbunden. 21 % der französischen Leiharbeitnehmerinnen gaben an, dieser Umstand sei ein Nachteil der Arbeitnehmerüberlassung[83]. Besonders bei Frauen mit Kleinkindern können dadurch unlösbare Probleme entstehen. Familiäre und berufliche Verpflichtungen lassen sich wegen dieser Unsicherheit nur schwer koordinieren.

---

[80] Erfahrungsbericht der BReg., BT-Drucks. 7/2365, Anhang, Tabellen 1, 3 a, 3 b.

[81] Vgl. die Zahlen im 5. Abschn. unter IV 2; 12,5 % der französischen Leiharbeitnehmerinnen hatten Kinder im Vorschulalter; bei weiteren 13 % der Leiharbeitnehmerinnen betrug das Alter des jüngsten Kindes 6 - 15 Jahre (CNRS-Untersuchung, S. 1014).

[82] CNRS-Untersuchung, S. 1042.

[83] CNRS-Untersuchung, S. 1056.

Ferner können die Leiharbeitnehmerinnen in vielen Fällen die Arbeitszeit nicht danach ausrichten, wann sie ihre Kinder in den Kindergarten schicken müssen. Für sie hat die Arbeitnehmerüberlassung im wesentlichen nur den Vorteil, daß sie das Arbeitsverhältnis relativ schnell unterbrechen können. Letztlich hängen diese Probleme damit zusammen, daß in der Bundesrepublik wie in den anderen westeuropäischen Industrieländern die Sozialeinrichtungen noch unzureichend ausgestattet sind[84].

(2) Die mit der Arbeitnehmerüberlassung verbundenen Überbeanspruchungen[85] wirken sich bei den Frauen mit Kindern besonders stark aus.

Im folgenden sollen daher die mit der Arbeitnehmerüberlassung verbundenen Belastungen näher untersucht werden. Dabei wird man zwei Gruppen von Leiharbeitnehmerinnen unterscheiden müssen:

— Frauen mit Kindern im Haushalt
— Frauen, die nach mehrjähriger Unterbrechung die Berufstätigkeit wieder aufnehmen.

c) Probleme der Leiharbeitnehmerinnen mit Kindern

Charakteristisch für die Situation der Leiharbeitnehmerinnen mit Kindern im Haushalt ist die Kumulation von Belastungen der verschiedensten Art:

(1) Die Gefahr des vorzeitigen Kräfteverschleißes als Folge der ständigen Umstellung auf andere Betriebe.

Die Umstellungsschwierigkeiten dürften für Leiharbeitnehmerinnen besonders groß sein, weil sie überwiegend Büroberufe ausüben und die Einsatzzeiten nach den Angaben der Verleiher auf dem Bürosektor wesentlich kürzer als auf dem gewerblichen Sektor sind. Die mit dem Einsatzwechsel verbundenen Belastungen sind um so größer, je kürzer die Einsätze dauern. Kennzeichnend dafür sind die Äußerungen der Leiharbeitnehmer über die Umstellungsschwierigkeiten[86]: „Wenn man jede Woche wechseln muß, nein, dann spielt man mit uns, daß ist nicht interessant.“ „Ich mag nicht ständig wechseln. Wenn ich Bekanntschaften geschlossen habe, fällt es mir schwer, mich zu trennen. Das wirkt schockierend.“ „Ich laufe wie ein Blinder in einem fremden Betrieb herum.“ „Es fällt schwer, sich alle zehn Tage umzustellen.“

(2) Die mit der Außenseiterstellung verbundenen Probleme[87].

Auch hierfür gilt die obige Feststellung, daß die Belastung mit der Kürze der Einsatzdauer zunimmt.

---

[84] Vgl. dazu: Der Spiegel Nr. 43 vom 22. 10. 1973, S. 49 ff.
[85] Siehe oben: 8. Abschn. VI.
[86] CNRS-Untersuchung, S. 1059.
[87] Vgl. oben: 8. Abschn. VI 3.

(3) Psychische Probleme, denen Frauen ausgesetzt sind, die der auch heute noch anzutreffenden *gesellschaftlichen Erwartung* zuwiederhandeln, daß Frauen mit Kleinkindern nicht berufstätig sein sollen. Die Auswirkungen dieses Konfliktes können unterschiedlich sein. Die Verinnerlichung der gesellschaftlichen Normen hat bei vielen Frauen eine gespaltene Loyalität zur Folge, weil die Familie nach wie vor als Hauptberuf angesehen wird[88]. Sie sind berufstätig, obwohl sie ein schlechtes Gewissen haben. Um mit diesen Problemen fertig zu werden, kommt es zu einer Motivationsverschiebung. Sie gestehen sich nicht selbst ein, aus Freude am Beruf zu arbeiten, sondern geben als Beweggrund an, aus rein finanziellen Gründen erwerbstätig zu sein[89]. Probleme entstehen ferner daraus, daß viele Männer der Berufstätigkeit ihrer Frau reserviert gegenüberstehen oder sie sogar ablehnen. Dies trifft vor allem für Angehörige der Unterschicht zu[90]. In den letzten Jahren scheint sich allerdings ein Wandel zu vollziehen. Untersuchungen haben gezeigt, daß bei Frauen, die der jüngeren Generation angehören, die Berufstätigkeit nicht mehr von vornherein negativ bewertet wird[91].

(4) Die *Doppelbelastung Haushalt - Beruf* ist für Frauen mit Kleinkindern besonders groß. Eine völlige Arbeitsteilung zwischen Mann und Frau scheitert u. a. daran, daß es für Männer so gut wie keine Teilzeitbeschäftigung gibt. Andererseits erfordern gerade kleine Kinder eine sehr intensive Betreuung.

d) Probleme der Leiharbeitnehmerinnen, die nach mehrjähriger Unterbrechung die Berufstätigkeit wieder aufnehmen

Teilweise sind bei den Frauen, die nach mehrjähriger Berufsunterbrechung ihr erstes Arbeitsverhältnis mit einem Leiharbeitsunternehmen eingehen, dieselben Probleme wiederzufinden: die Gefahr des vorzeitigen Kräfteverschleißes als Folge der permanenten Umstellung, die psychische Belastung durch die soziale Isolation in den Entleiherbetrieben und die ständige Benachteiligung der Leiharbeitnehmer in den Entleiherbetrieben. Die beiden anderen oben genannten Schwierigkeiten spielen zwar auch bei diesen Leiharbeitnehmerinnen noch eine gewisse Rolle, haben aber einen geringeren Stellenwert. Die gesellschaftlichen Widerstände gegen die Erwerbstätigkeit von Frauen, deren Kinder schon etwas größer sind, dürften wesentlich geringer sein. Auch die Doppelbelastung Haushalt - Beruf ist nicht mehr so groß. Sind die Kinder älter oder sogar schon außer Haus, nimmt der Haushalt die verheiratete Frau nicht mehr voll in Anspruch.

---

[88] Vgl.: Der Spiegel, Nr. 43 v. 22. 10. 1973, S. 49.
[89] *Lehr*, S. 305 ff.
[90] *Lehr*, S. 308.
[91] *Lehr*, S. 307.

Andererseits haben Frauen bei Wiederaufnahme der Berufstätigkeit mit spezifischen Schwierigkeiten zu kämpfen, die sich von den obigen deutlich unterscheiden. Die damit zusammenhängenden Probleme nehmen mit der Länge der Berufsunterbrechung zu. Besonders die ersten Wochen nach Wiederaufnahme der Erwerbstätigkeit haben sich als eine kritische Zeit erwiesen. Sie sind für das Gelingen der Wiedereingliederung von entscheidender Bedeutung. Kennzeichnend ist einmal, daß viele Frauen auf Grund der längeren Berufsunterbrechung nicht in der Lage sind, ihre Fähigkeiten richtig einzuschätzen. Sie neigen teilweise dazu, die Übergangsschwierigkeiten zu unterschätzen und glauben, sofort nach Wiederaufnahme der Berufstätigkeit ohne Einarbeitungszeit dieselben Leistungen wie früher vollbringen zu können. Nach dem Wiedereintritt in das Berufsleben entdecken sie plötzlich, daß sie den Anforderungen doch nicht völlig gewachsen sind und neigen nunmehr dazu, ihr Können völlig zu unterschätzen. Die entstehenden Ängste haben in manchen Fällen zur Folge, daß sich die Leistungen weiter vermindern und die Wiedereingliederung mißlingt[92].

Bei anderen Frauen führt die mangelnde Kenntnis der Arbeitswelt dazu, daß sie von vornherein wenig Selbstvertrauen haben. Sie bewerben sich für — im Verhältnis zu ihrer Berufsausbildung — wenig anspruchsvolle Tätigkeiten und scheuen sich, Verantwortung zu übernehmen.

Die Wiedereingliederung der Frauen wird ferner durch die Berufsentwöhnung einerseits und die Veränderung der Berufsanforderungen andererseits erschwert. Während der Haushalt den Frauen die Möglichkeit bietet, die Arbeit über den Tag zu verteilen, müssen sie nach der Wiederaufnahme der Berufstätigkeit acht Stunden hintereinander arbeiten. Dies erfordert eine große Ausdauer und ein hohes Konzentrationsvermögen. Charakteristisch ist außerdem die Schwierigkeit, sich auf das rasche Arbeitstempo einzustellen, der Verlust der Routine sowie technischer Fähigkeiten.

Die Änderungen der Berufsanforderungen können die Arbeitsorganisation betreffen oder mit der Technisierung und Rationalisierung zusammenhängen. Dadurch werden u. a. die Funktionen bisheriger Berufe z. T. aufgeteilt auf mehrere Berufe oder es werden in verstärktem Maße technisches Verständnis und technische Kenntisse vorausgesetzt.

Schließlich wirken sich familiäre Spannungen negativ auf die Wiedereingliederung aus. Dieser Gesichtspunkt ist deshalb von Bedeutung, weil für Frauen nicht selten familiäre Schwierigkeiten der unmittelbare Anlaß für die Wiederaufnahme der Berufstätigkeit sind.

[92] *Ohne Verfasser,* Valeur ajoutée, in: Entreprise, supplément au no. 757 v. 14. 3. 1970, S. 5 ff.

e) Erste Ansätze zur Überwindung der Probleme

Die Kumulation der einzelnen Belastungsfaktoren kann zu Schäden verschiedener Art führen. Die andauernde Streßsituation beschwört die ernsthafte Gefahr physischer und psychischer Krankheiten herauf, die Erziehung der Kinder leidet darunter mit der Folge, daß sich Verhaltensstörungen häufen. Bei den Frauen mit mehrjähriger Berufsunterbrechung besteht die Gefahr eines dauerhaften Qualifikationsverlustes, wenn die Wiedereingliederung in die Arbeitswelt nicht völlig gelingt. Vermutlich kapituliert ein Teil der Frauen, die die Berufstätigkeit wieder aufgenommen haben und ziehen sich erneut aus dem Berufsleben zurück. Ein derartiger mißlungener Versuch der Wiederaufnahme der Berufstätigkeit kann u. U. eine schwere Lebenskrise für die Betroffenen herbeiführen.

Die oben genannten Probleme treten nicht bei allen Frauen mit derselben Intensität auf. Öffentliche Institutionen und Maßnahmen der Leiharbeitsunternehmen sorgen dafür, daß zumindest bei einigen Leiharbeitnehmerinnen die Probleme etwas gemildert werden. So gibt es beispielsweise erste Ansätze dafür, daß von den Verleihern Kindergärten eingerichtet werden, um das Problem der Kinderbetreuung zu lösen. In der Bundesrepublik haben nach Angaben eines Leiharbeitsverbandes eine gewisse Anzahl von Hausfrauen zunächst Berufsfortbildungskurse der Bundesanstalt besucht, bevor sie ein Leiharbeitsverhältnis eingegangen sind. Außerdem bemühen sich einige Verleiher darum, die Eingewöhnung durch eine individuelle Betreuung zu erleichtern.

Beispielsweise wird einigen Frauen, die jahrelang nicht mehr berufstätig waren, die Gelegenheit gegeben, zunächst einfachere Arbeiten im Büro des Verleihers zu erledigen. Bei den danach erfolgenden Aufträgen in den Entleiherbetrieben wird nach Möglichkeit auf die individuellen Fähigkeiten der Leiharbeitnehmerinnen abgestellt. Sie erhält die Gelegenheit, entsprechend ihren Fortschritten qualifiziertere Tätigkeiten zu übernehmen. In Frankreich ist das Engagement der Leiharbeitsunternehmen auf diesem Gebiet noch größer, wohl eine Folge der dortigen Gesetzgebung[93]. Der französische Leiharbeitsverband S.N.E.T.T. veranstaltet seit 1965 in eigenen Schulen Kurse für Frauen, die wieder ins Berufsleben eingegliedert werden und auf dem Bürosektor arbeiten wollen. Dasselbe Ziel verfolgt das 1965 von Manpower-Frankreich gegründete Informationszentrum, das die interessierten Frauen stufenweise wieder in den früheren Beruf eingliedert (vier Wochen

---

[93] In Frankreich wird die Aktivität der Wirtschaft zur Berufsausbildung und Berufsweiterbildung dadurch gefördert, daß die Unternehmen, die selbst auf diesen Gebieten tätig sind, von der Berufsausbildungs- und Berufsweiterbildungssteuer befreit sind.

Schreibmaschinenschreiben zu Hause mit wöchentlichen Kontrollen im Zentrum, zwei Wochen Teilzeitbeschäftigung im Zentrum, erst dann Tätigkeit als Leiharbeitnehmerin)[94].

Trotz der Bemühungen der Leiharbeitsunternehmen muß man sich fragen, inwieweit das anzustrebende Ziel erreicht wird, einen dauerhaften Qualifikationsverlust zu vermeiden und einen Rückzug der Frauen, deren Wiedereingliederung mißlingt, zu verhindern. Es ist leider nicht bekannt, wieviele Leiharbeitsunternehmen sich überhaupt mit diesen Problemen befassen. Vermutlich sind es nur einige wenige. Vor allem die kleineren Unternehmen werden kaum genügend Kapital und Einsatzmöglichkeiten haben, um die Aufträge nach den individuellen Fähigkeiten der Leiharbeitnehmerinnen auszusuchen. Selbst die größeren Leiharbeitsunternehmen dürften kaum in der Lage sein, eine größere Anzahl von Leiharbeitnehmerinnen stufenweise einzugliedern. Die Zahl der Arbeitsplätze am Sitz des Verleihers ist beschränkt, so daß notwendigerweise der oben beschriebene Weg der Eingliederungshilfe eine Ausnahme bleibt. Auch die in Frankreich von den Verleihern eingeschlagene Methode zur Wiedereingliederung von Frauen ist nicht für alle Arbeitnehmerinnen akzeptabel. Die von Manpower veranstalteten Kurse sind zwar kostenlos, andererseits erhalten die Teilnehmerinnen während der sechs Wochen keinen Lohn. Diejenigen Frauen beispielsweise, die darauf angewiesen sind, sofort Geld zu verdienen, können nicht an den Wiedereingliederungskursen teilnehmen.

4. Ältere Arbeitnehmer

a) Empirische Daten

Zu den älteren Arbeitnehmern gehören vor allem diejenigen Arbeitskräfte, die in der zweiten Hälfte ihres Berufslebens stehen, noch nicht das Rentenalter erreicht haben und gesund, d. h. arbeitsfähig sind[95]. Es handelt sich demnach um die Altersgruppe der 45 - 65jährigen. Daneben gibt es einige ältere Arbeitnehmer, die im Rentenalter arbeiten.

Die genaue Zahl der älteren Leiharbeitnehmer in der Bundesrepublik ist nicht bekannt. Die Statistiken gemäß § 8 AÜG sehen ebenfalls keine Aufgliederung nach Altersruppen vor. Dennoch gibt es einige Anhaltspunkte dafür, daß die Zahl der älteren Leiharbeitnehmer nicht ganz unbedeutend ist.

---

[94] Vgl. *Caire*, S. 156; ohne Verfasser, Valeur ajoutée in: Entreprise, Supplément au no. 757 vom 14. 3. 1970, S. 5 (8 f.).

[95] DGPV/RKW-Projekt A 46/69 Teil I/2, S. 1.

Nach den Zahlenangaben von Apitz[96] sollen 1970 ungefähr 14 % der Leiharbeitnehmer älter als 50 Jahre gewesen sein. Für Norwegen wird für das Jahr 1970 die Zahl 10 von Hundert angegeben[97]. In Belgien betrug der Anteil der über 45jährigen Leiharbeitnehmer 1968 12 %[98]. Der CNRS-Untersuchung zufolge gehörten in Frankreich 1967 13,4 % der Leiharbeitnehmer der Altersgruppe 45 - 54 Jahre und 7,4 % der Leiharbeitnehmer der Altersgruppe 55 Jahre und älter an[99]. Die SOFRES-Untersuchung in Frankreich aus dem Jahr 1973 ergab folgendes Bild[100]:

Altersgruppe	Leiharbeitnehmer		
	Männer	Frauen	Zusammen
40—55 Jahre	10,8 %	15,1 %	12,5 %
55 Jahre und älter	3,3 %	3,3 %	3,3 %

Die Zahlen lassen keinen Rückschluß darauf zu, ob der Anteil der älteren Leiharbeitnehmer in Frankreich wegen der unterschiedlichen Rechtslage höher als in der Bundesrepublik ist. In Frankreich sind die Leiharbeitsunternehmen eher bereit, ältere Arbeitnehmer einzustellen als andere Betriebe, weil sie sich besonders schnell wieder von ihnen trennen können. Da das Arbeitsverhältnis nach dem französischen ZAG mit dem jeweiligen Einsatz gekoppelt ist, genügt es, dem älteren Leiharbeitnehmer keinen neuen Auftrag zu geben, um ihn wieder loszuwerden. Für die Entleiher ist somit die Arbeitnehmerüberlassung ein willkommenes Mittel, ältere Arbeitnehmer beschäftigen zu können und dennoch nicht den Kündigungsvorschriften unterworfen zu sein. Es soll in Frankreich sogar vorkommen, daß sich Betriebe der älteren Arbeitnehmer entledigen und ausdrücklich zu einem Verleiher schikken[101]. Da in der Bundesrepublik das Leiharbeitsverhältnis nach § 3 Abs. 1 Nr. 3 und § 9 Nr. 2 AÜG grundsätzlich unbefristet abgeschlossen werden muß, könnten die Verleiher einer Einstellung von älteren Leiharbeitnehmern heute reservierter gegenüberstehen als ihre französischen Kollegen. Immerhin wendet sich ein internationales Leihar-

[96] *Apitz*, ArbuSozPol. 1969, 258 (261).

[97, 98] OECD-Bericht, S. 17.

[99] CNRS-Untersuchung, S. 1009.

[100] SOFRES-Untersuchung, Heft „Tableaux de ventilation", S. 4.

[101] CNRS-Untersuchung, S. 32.

beitsunternehmen mit mehreren Filialen in der Bundesrepublik in einer 1973 verteilten Werbebroschüre ausdrücklich an Personen im Rentenalter[102]: „... Was heißt in meinem Alter? Niemand ist zu alt, seine Kenntnisse und Erfahrungen sinnvoll zu nutzen! Wenn Sie nicht hinterm Ofen hocken, wenn Sie am Leben und am wirtschaftlichen und technischen Geschehen teilhaben wollen, dann kommen Sie doch zu uns! ..."

Es ist denkbar, daß der Anteil der älteren Leiharbeitnehmer in der Bundesrepbulik ähnlich steigen wird wie der Anteil der älteren Arbeitnehmer an der aktiven Bevölkerung überhaupt[103]. Besonders die älteren Arbeitnehmer sind der Gefahr ausgesetzt, wegen der mit dem technischen Wandel zusammenhängenden gestiegenen Anforderungen sowie wegen der bei ihnen festzustellenden physiologischen Leistungsveränderungen nicht mehr mit den jüngeren Arbeitnehmern konkurrenzfähig zu sein. Verlieren sie ihren Arbeitsplatz, bleibt ihnen nur die Möglichkeit, ein Leiharbeitsverhältnis einzugehen, wenn sie nicht längere Zeit arbeitslos sein wollen. Die Entwicklung der Arbeitslosigkeit älterer Arbeitnehmer hängt jedoch von einer Reihe von Faktoren ab: Konjunkturentwicklung; Sicherung der Arbeitsplätze durch rechtzeitige Fortbildungsmaßnahmen, Bereitstellung von zusätzlichen Arbeitsplätzen für ältere Arbeitnehmer und andere sozialpolitische Maßnahmen[104].

Untersuchungen haben gezeigt, daß nur relativ wenig ältere Menschen im Rentenalter an einer weiteren Berufstätigkeit interessiert sind[105]. Auch bestehen große Unterschiede bezüglich der Berufsangehörigkeit. Nach Vollendung des 65. Lebensjahres am häufigsten berufstätig sind Selbständige, am seltensten Arbeiter[106]. Daraus wird man den Schluß ziehen können, daß die Freude am Beruf in sehr vielen Fällen das bestimmende Motiv für die Fortsetzung der Berufstätigkeit im Rentenalter ist. Da die Leiharbeitstätigkeit relativ wenig Entfaltungsmöglichkeiten bietet, ist anzunehmen, daß eine kleine Zahl von Rentnern allenfalls aus finanziellen Gründen eine Leiharbeitstätigkeit ausübt. Berufsbezogene Motive werden kaum maßgebend sein. Die Ar-

---

[102] Vgl. zum übrigen Inhalt des Werbefaltblattes oben: 2. Abschn. III unter 2.

[103] Die Zahl der älteren Arbeitnehmer (45 - 65 Jahre) steigt voraussichtlich von 5,35 Mill. (1968) auf 6,21 Mill. (1980). Damit erhöht sich der Anteil an der Gesamtzahl aller Arbeitnehmer von 28,3 % auf 30,5 % (vgl. *Kühlewind*, BArbBl. 1971, 711).

[104] Vgl. dazu *Kühlewind*, BArbBl. 1971, 711 ff.

[105] Eine Untersuchung aus dem Jahr 1964 in vier Großstädten der Bundesrepublik ergab, daß von den über 65jährigen Männern nur 10 % voll berufstätig waren und weitere 10 % einer Nebenbeschäftigung nachgingen (vgl. *Rosenmayr*, Hdb. d. emp. Sozialforschung, S. 324).

[106] *Rosenmayr*, S. 324.

beitnehmerüberlassung hat nur insofern gewisse Vorteile, als sie dem Rentner die Auswahl ermöglicht, wann und wie lange er jeweils arbeiten möchte.

b) Diskrepanz zwischen der typischen Leistungsveränderung bei älteren Arbeitnehmern und der Anforderungsstruktur der Leiharbeit

Nach den heutigen Erkenntnissen sind ältere Arbeitnehmer im Vergleich zu anderen Beschäftigten nicht grundsätzlich weniger, sondern qualitativ anders leistungsfähig[107]. Die Kurve der beruflichen Leistungsveränderung verläuft berufs- und tätigkeitsspezifisch. Im einzelnen wurden folgende Variablen festgestellt, die Einfluß auf die Leistungsfähigkeit haben: Intelligenzhöhe, Schulbildung, spezifische soziokulturelle Einflüsse, Gesundheitszustand, spezifische Persönlichkeitsfaktoren, Art der Berufstätigkeit[108].

Ein Leistungsnachlaß zeigt sich insbesondere bei Tätigkeiten mit folgenden Merkmalen: Streßsituationen, Hektik, Arbeits- und Termindruck, besondere Anforderungen an die Konzentration, Kreativität und Entscheidungsfähigkeit sowie Arbeiten, die ein hohes Maß an Flexibilität und Reaktionsvermögen verlangen. Umgekehrt gelten diejenigen Arbeitsplätze als besonders geeignet für ältere Arbeitnehmer, die in erster Linie Erfahrung, Gewissenhaftigkeit, Zuverlässigkeit und Kenntnis der innerbetrieblichen Zusammenhänge voraussetzen[109].

Die Leiharbeit ist typischerweise mit Belastungen verbunden, deren Bewältigung einem älteren Arbeitnehmer besonders schwerfallen muß. Sie verlangt ein überdurchschnittlich hohes Maß an Anpassungsfähigkeit und Flexibilität.

Der Leiharbeitnehmer muß sich bei jedem neuen Einsatz auf eine andere Arbeit und Arbeitsorganisation umstellen und sich daran gewöhnen, ständig mit anderen Arbeitskollegen und Vorgesetzten zu arbeiten. Die soziale Isolation dürfte bei älteren Arbeitnehmern besonders ausgeprägt sein, da sie in der Regel weniger kontaktfreudig als ihre jüngeren Kollegen sind.

Die hohen Anforderungen an die Umstellungsfähigkeit führen dazu, daß der ältere Leiharbeitnehmer sich in einer ständigen Streßsituation befindet. Dies muß sich negativ auf die Leistungsfähigkeit auswirken. Andererseits gelten gerade ältere Arbeitnehmer als besonders stark motiviert, um ihre noch bestehende Leistungsfähigkeit zu beweisen.

---

107 *Rohde*, Personalplanung und ältere Arbeitnehmer, Referat (RKW-Informationsveranstaltung „Ältere Arbeitnehmer").

108 DGPV/RKW-Projekt A 46/69, Teil I/2, S. 23 ff.

109 DGPV/RKW-Projekt A 46/69, Teil I/2, S. 22 ff., *Rosenmayr*, S. 322 ff.

Sie wollen von den anderen Arbeitnehmern als gleichwertige Arbeitskräfte akzeptiert werden. Die Ausübung der für sie wenig geeigneten Leiharbeit muß deshalb bedenkliche psychische Probleme zur Folge haben. Im übrigen ist zu befürchten, daß langfristig die oben beschriebenen negativen Auswirkungen eintreten: vorzeitiger Kräfteverschleiß, der die Krankheitsanfälligkeit erhöht, Gefahr von Arbeitsunfällen und vorzeitige Arbeitsunfähigkeit[110].

Außerdem hat die Überforderung zur Folge, daß die älteren Arbeitnehmer nicht die Leistungen erbringen können, die bei einem Stammarbeitsplatz zu erzielen wären. Dieser Umstand wiegt um so schwerer, weil die älteren Leiharbeitnehmer ohnehin für relativ wenig qualifizierte Tätigkeiten eingesetzt werden dürften. Es ist daher zu erwarten, daß dieser Personenkreis erhebliche Verdiensteinbußen erleidet. Auch aus volkswirtschaftlicher Sicht ist der soziale Abstieg nicht sinnvoll. Die durch die Ausbildung und die lange Berufspraxis erworbenen Kenntnisse bleiben wenigstens teilweise ungenutzt.

5. *Ausländische Arbeitnehmer*

a) Anteil der Ausländer an der Gesamtzahl der Leiharbeitnehmer

Aus den vorliegenden Zahlen ergibt sich, daß der Ausländeranteil unter den Leiharbeitnehmern im Jahre 1973 sehr hoch gewesen ist. Bei den Mitgliedsunternehmen des BPL betrug er im ersten Halbjahr 1973 30,5 %[111]. Im Erfahrungsbericht der Bundesregierung werden folgende Zahlen genannt[112]:

Stand	Leiharbeitnehmer insgesamt	Ausländische Leiharbeitnehmer		
		männlich	weiblich	zusammen
30. 6. 1973	34 379	11 539	390	11 929
31. 12. 1973	19 417	4 199	163	4 362

Die Zahlen sind jedoch insofern unvollständig, als diejenigen Ausländer nicht erfaßt werden, die der Verleiher zur Erfüllung werkvertraglicher Verpflichtungen einsetzt. Von der Statistik gemäß § 8 AÜG

[110] Siehe oben: 8. Abschn. VI.

[111] Informationsdienst BPL, Analysen III/6, Blatt 2.

[112] Erfahrungsbericht der BReg., BT-Drucks. 7/2365, Anhang, Tabellen 2 a, 2 b, 3 a, 3 b.

erfaßt werden nur die „zur Arbeitsleistung“ überlassenen Arbeitnehmer[113]. Besonders auf dem gewerblichen Sektor sind Werkverträge häufig anzutreffen: Da ausländische Arbeitnehmer im allgemeinen — schon allein wegen der Sprachschwierigkeiten — nicht auf dem Bürosektor eingesetzt werden können, sondern fast ausschließlich auf dem gewerblichen Sektor arbeiten, dürften sie in vielen Fällen von den Verleihern im Rahmen von Werkverträgen eingesetzt werden. Der Anteil der ausländischen Arbeitnehmer an der Gesamtzahl der bei einem Verleiher tätigen Arbeitnehmer wird dementsprechend noch höher sein.

b) Zahlreiche Gesetzesverstöße der Verleiher im Zusammenhang mit der Beschäftigung von ausländischen Arbeitnehmern

Die zahlreichen und besonders krassen Fälle der Ausnutzung ausländischer Leiharbeitnehmer durch skrupellose Verleiher ist ein wesentlicher Grund für das schlechte Image des gesamten Arbeitnehmerüberlassungsgewerbes. Man hat die Leiharbeit in der Presse und in Gewerkschaftskreisen deshalb oft als Menschenhandel oder als modernen Sklavenhandel bezeichnet. Auch noch nach Inkrafttreten des AÜG sind zahlreiche Fälle bekanntgeworden, in denen Verleiher ausländische Arbeitnehmer ohne Arbeitserlaubnis und ohne Aufenthaltsgenehmigung beschäftigt haben. Die illegalen ausländischen Leiharbeitnehmer sind der Willkür und der Ausbeutung durch die Verleiher ausgeliefert. Sie wagen es nicht, die Hilfe der Behörden und der Gerichte in Anspruch zu nehmen, weil sie befürchten, sonst ausgewiesen zu werden. Typisch für diese zweifelhaften Unternehmen ist z. B. das Nichtabführen der Steuern und der Sozialversicherungsbeiträge. Ferner erhalten die illegal arbeitenden Ausländer oft nur einen geringen Lohn, während der Verleiher überhöhte Gewinne macht. Nicht selten soll der Arbeiter nur 4 DM pro Stunde ausgezahlt bekommen, während der Verleiher 10 DM und mehr pro Stunde für sich behält[114]. Welche zahlenmäßige Bedeutung die Beschäftigung von nichtdeutschen Arbeitnehmern ohne Arbeitserlaubnis hat, zeigt ein in Berlin bekannt gewordener Fall. Dort verhängte das Arbeitsamt im Frühjahr 1972 gegen einen Verleiher zwei Bußgeldbescheide, weil dieser in knapp 1100 Fällen illegale Arbeitnehmer beschäftigt hatte[115]. In Essen setzte ein anderer Verleiher fünf bewaffnete Ausländer ein, um die Unstimmigkeiten unter den 200 illegalen ausländischen Leiharbeitnehmern auf den

[113] Vgl. *Mörschbach,* WdA vom 3. 12. 1971, S. 4; *ohne Verfasser,* Große Geschäfte mit kleinen Leuten, FR vom 27. 4. 1973; Abgeordneter Folger, Stenografische Berichte des Deutschen Bundestages, VI. Wahlperiode, S. 11379.

[114] *Schubert,* Illegale verdienen oft nur vier Mark, FR vom 9. 10. 1973, S. 15.

[115] *Leve,* Soziale Arbeit 1972, 383 (385).

Baustellen schlichten zu können[116]. Die zur Bekämpfung der Mißstände an einigen Orten durchgeführten polizeilichen Kontrollen führten nicht immer den gewünschten Erfolg herbei: Durch aufgestellte Posten wurden z. B. in Wuppertal die Illegalen gewarnt, so daß sie sich rechtzeitig verstecken konnten, bevor die Polizei eintraf[117].

c) Maßnahmen der Exekutive mit dem Ziel, die Beschäftigung ausländischer Leiharbeitnehmer weitgehend zu unterbinden

Auf Grund einer Weisung des Bundesministers für Arbeit und Sozialordnung gemäß § 19 Abs. 4 AFG erging der Runderlaß des Präsidenten der Bundesanstalt für Arbeit vom 20. 8. 1973 — 292/73.1 an alle nachgeordneten Stellen, durch den die Beschäftigung nichtdeutscher Leiharbeitnehmer, soweit sie nicht aus EG-Ländern stammen, stark eingeschränkt worden ist. Soweit Ausländern eine Arbeitserlaubnis erteilt wurde, geschah dies unter der Bedingung, daß die betreffenden Personen nicht bei einem Verleiher arbeiten. Bei Ausländern, die bereits im Besitz der Arbeitserlaubnis waren, trat grundsätzlich keine Änderung der Rechtslage ein. Sie durften weiter bei einem Leiharbeitsunternehmen arbeiten, es sei denn, sie besaßen eine Arbeitserlaubnis, die für länger als ein Jahr und unter Widerrufsvorbehalt erteilt worden war. In diesem Fall sollte die Arbeitserlaubnis grundsätzlich wiederrufen werden. Nach der offiziellen Begründung des Runderlasses waren drei Gründe für die Einschränkung maßgebend[118]:

(1) Die Beschäftigung nichtdeutscher Leiharbeitnehmer erschwert die Mobilisierung inländischer Arbeitskraftreserven, soweit letztere nur eine vorübergehende Arbeitnehmertätigkeit anstreben.

(2) Bei ausländischen Leiharbeitnehmern besteht wegen ihrer geringeren Qualifikation die erhöhte Gefahr, daß sie zur Deckung des normalen Arbeitskräftebedarfs eingesetzt werden.

(3) Die meisten Herkunftsländer lehnen eine Anwerbung ihrer Staatsangehörigen als Leiharbeitnehmer ab.

Die Anwendung des Runderlasses stieß auf Schwierigkeiten. Insbesondere entstand ein Streit darum, inwieweit die Arbeitsverwaltung befugt war, generell für jeden ausländischen Leiharbeitnehmer die Erteilung der Arbeitserlaubnis abzulehnen bzw. zu widerrufen. Beispielsweise entschied das Sozialgericht Bremen in dem Urteil vom

---

[116] *Leve*, Soziale Arbeit 1972, 383 (386).

[117] *Leve*, Soziale Arbeit 1972, 383 (386).

[118] Die Wiedergabe des Inhalts der Richtlinie beruht auf den Auskünften des Landesarbeitsamtes Frankfurt/M. sowie auf dem Bericht von *Wolf*, BB 1973, 1216 f.

6. 12. 1973, die Ablehnung der Arbeitserlaubnis für den klagenden Ausländer sei rechtswidrig. Die Behörde müsse darlegen, warum gerade im Fall des Klägers von der Erteilung der Arbeitserlaubnis eine Beeinträchtigung der Arbeitsmarktsituation zu erwarten sei[119].

Daraufhin wurde mit Wirkung vom 23. 2. 1974 § 6 Abs. 2 Arbeitserlaubnisverordnung dahingehend geändert, daß die Arbeitserlaubnis zu versagen ist, wenn der Arbeitnehmer als Leiharbeitnehmer tätig werden will[120].

Auf Grund dieser Maßnahmen ist der Anteil der ausländischen Arbeitnehmer aus Ländern, die nicht zur EG gehören, bei den zugelassenen Verleihern stark zurückgegangen[121]. Ob damit auch die Gesetzesverstöße bei der Beschäftigung ausländischer Arbeitnehmer verhindert werden können, ist allerdings zweifelhaft. Diejenigen Verleiher, die sich ohnehin nicht an die gesetzlichen Verpflichtungen halten, Steuern und Sozialversicherungsbeiträge nicht abführen sowie Ausländer ohne Arbeitserlaubnis beschäftigen, werden sich durch das neue Verbot kaum von ihrem einträglichen Geschäft abbringen lassen. Abhilfe können jedoch die im Entwurf eines Gesetzes zur Änderung des AFG und des AÜG vorgesehenen wesentlich höheren Strafen sowie verschärfte Kontrollen schaffen[122]. Im übrigen dürfte § 6 Abs. 1 Arbeitserlaubnisverordnung die seit einigen Jahren bestehenden Tendenzen der Verleiher, auf dem gewerblichen Sektor mit Werkverträgen zu arbeiten, noch weiter verstärken. Da § 6 Abs. 1 Arbeitserlaubnisverordnung bei der Begriffsbestimmung des Leiharbeitnehmers ausdrücklich auf § 1 AÜG Bezug nimmt, kommt ein Verleiher mit der Verordnung dann nicht in Konflikt, wenn er die Ausländer im Rahmen von Werkverträgen einsetzt.

VIII. Die Bestimmungen des § 9 Nr. 4 und 5 AÜG als Mittel zur Integration marginaler Arbeitnehmergruppen

§ 9 Nr. 4 AÜG erklärt Klauseln in den zwischen dem Verleiher und dem Entleiher abgeschlossenen Überlassungsverträgen für unwirksam, die dem Entleiher eine Einstellung des Leiharbeitnehmers nach Beendigung des Leiharbeitsverhältnisses untersagen (Unwirksamkeit von sog. Abwerbungsklauseln). Nach § 9 Nr. 5 AÜG sind ferner vertragliche Wettbewerbsverbote unwirksam. Der Verleiher kann dem Leiharbeitnehmer nicht untersagen, nach Beendigung des Leiharbeitsverhältnisses ein Arbeitsverhältnis mit dem Entleiher einzugehen.

---

[119] Informationsdienst BPL, II/9 Ausländische Arbeitnehmer.
[120] Vgl. dazu näher: 2. Teil, 3. Abschnitt II, 4.
[121] Vgl. die Zahlen im 8. Abschn. unter VII 5 a.
[122] BT-Drucks. 7/3100 v. 21. 1. 1975.

Die beiden genannten Vorschriften haben eine Änderung der bisherigen Vertragspraxis bewirkt, denn bisher waren Abwerbungsklauseln und vertragliche Wettbewerbsverbote weit verbreitet. Die Verleiher wollten auf diese Weise verhindern, mit dem Arbeitsvermittlungsmonopol in Konflikt zu geraten. Außerdem hatten die Leiharbeitsunternehmen ein wirtschaftliches Interesse an der Vereinbarung der beiden Klauseln. Wandert der Leiharbeitnehmer zum Entleiher ab, kann der Verleiher nichts mehr an ihm verdienen.

§ 9 Nr. 4 und 5 AÜG enthalten eine bemerkenswerte Abweichung von dem Prinzip, nach dem das AÜG aufgebaut ist. Die Arbeitnehmerüberlassung ist eine Ausnahme vom Arbeitsvermittlungsmonopol der Bundesanstalt für Arbeit. Durch das Urteil des Bundesverfassungsgerichts vom 4. 4. 1967[123], wonach die völlige Untersagung der Arbeitnehmerüberlassung durch § 37 Abs. 3 AVAVG verfassungswidrig war, sah sich der Gesetzgeber gezwungen, die Tätigkeit der Leiharbeitsunternehmen in gewissem Umfang zu dulden. Der Grundsatz des Vermittlungsmonopols der öffentlichen Hand sollte aber durch das neue Gesetz nur soweit durchbrochen werden, als es nach der Bundesverfassungsgerichtsentscheidung zur Wahrung des Grundrechts der Leiharbeitsunternehmen auf freie Wahl des Berufs (Art. 12 Abs. 1 GG) unbedingt erforderlich war.

§ 9 Nr. 4 und 5 AÜG bedeutet eine Ausnahme von dieser Maxime im Interesse der Leiharbeitnehmer. Durch den Ausschluß von Abreden, die eine Einstellung des Leiharbeitnehmers unmittelbar durch den Entleiher nach Beendigung des Leiharbeitsverhältnisses verhindern, sollte dem Grundrecht des Leiharbeitnehmers auf freie Wahl des Arbeitsplatzes (Art. 12 Abs. 1 GG) Rechnung getragen werden[124].

Darüber hinaus können die beiden in einem engen Zusammenhang stehenden Vorschriften einen wertvollen Beitrag zur Integration marginaler Arbeitnehmergruppen leisten. Jugendliche ohne Berufsausbildung beispielsweise sind möglicherweise bereit, ein ihnen attraktiv erscheinendes Angebot des Entleiherbetriebes zur Berufsausbildung anzunehmen oder wollen bei einem Entleiher bleiben, weil sie den Wunsch haben, die „Wanderjahre“ zu beenden. Frauen mit familiären Verpflichtungen finden vielleicht bei einem Entleiher eine ihnen zusagende Teilzeitbeschäftigung sowie einen Platz für ihre Kinder im Betriebskindergarten. Frauen mit längerer Berufsunterbrechung lassen sich möglicherweise solange in verschiedene Betriebe entsenden, bis sie ein Unternehmen gefunden haben, das ihnen zusagt. Schließlich

---

[123] BVerfGE 21, 261 ff.

[124] Vgl. die Begründung des RefE, S. 13 (zu § 9); die amtl. Begründung des RegE, BT-Drucks. VI/2303, S. 13 (zu § 9).

könnte sich ein Entleiher davon überzeugen, daß sich der ältere Leiharbeitnehmer recht gut für einen bestimmten Arbeitsplatz eignet, der gerade zu besetzen ist.

Leider ist bis heute nicht bekannt, wieviele Leiharbeitnehmer von der ihnen eingeräumten Möglichkeit Gebrauch machen und nach Beendigung des Leiharbeitsverhältnisses eine Arbeitsstelle bei dem früheren Entleiher antreten. Auch läßt sich die praktische Bedeutung der Vorschrift nur schwer einschätzen. Einerseits wird der Entleiher in vielen Fällen nur ein Interesse an einer vorübergehenden Besetzung des vakanten Arbeitsplatzes haben. In vielen Fällen ist dieser Umstand gerade das Motiv, einen Leiharbeitnehmer einzusetzen und keinen Stammarbeitnehmer einzustellen. Der Entleiher wird dann kaum bestrebt sein, den Leiharbeitnehmer als Stammarbeitskraft anzuwerben. Andererseits ist es gerade in Zeiten der Hochkonjunktur nicht selten, daß ein Dauerarbeitsplatz mit Leiharbeitnehmern besetzt wird, weil keine anderen Arbeitskräfte verfügbar sind. Insoweit kann § 9 Nr. 4 und 5 AÜG als Regulativ gegen die negativen Auswirkungen der Abwanderung von Stammarbeitnehmern wirken. Schließlich ist zu bedenken, daß in größeren Betrieben oft viele Stellen gleichzeitig frei sind. Fällt ein Leiharbeitnehmer besonders positiv auf, wird der Entleiher ihm das Angebot unterbreiten, als Stammarbeitnehmer in den Betrieb einzutreten und einen anderen Arbeitsplatz zu übernehmen.

Nicht bekannt ist ferner, inwieweit die Entleiher von der Möglichkeit des § 9 Nr. 4 und 5 AÜG deshalb keinen Gebrauch machen, weil sie die Geschäftsbeziehungen zu dem Verleiher nicht trüben wollen. Gerade in Zeiten einer Überbeschäftigung, in denen viele Betriebe auf die Verleiher angewiesen sind, um ihre Aufträge termingerecht erfüllen zu können, mag die Rücksichtnahme auf die Interessen des Verleihers eine gewisse Rolle spielen. Denkbar ist auch umgekehrt, daß ein Verleiher ein Auge zudrücken wird, wenn ein bedeutender Kunde einen Stammarbeitnehmer als Stammarbeitskraft einstellt.

Die Entwicklung wird zeigen, ob sich nicht auf längere Sicht wegen der Bestimmung des § 9 Nr. 4 und 5 AÜG die Motivation der Entleiher ändert. Vielleicht setzt mancher Kunde in Zukunft Leiharbeitnehmer mit dem Hintergedanken ein zu sehen, ob es sich um eine brauchbare Arbeitskraft handelt, die für den eigenen Betrieb eingestellt werden könnte. Der Einsatz einer Leiharbeitskraft mit dem Nebenzweck, sie eventuell später als Stammarbeitskraft anzuwerben, könnte für den Entleiher sehr attraktiv sein, weil es sich aus seiner Sicht um eine zu nichts verpflichtende Probezeit des Leiharbeitnehmers handeln würde.

IX. Die Arbeitnehmerüberlassung als Hemmschuh der Umwandlung der Arbeitsorganisation im Sinne einer Humanisierung und Demokratisierung des Arbeitslebens

1. Notwendigkeit und Ziel der Humanisierung und Demokratisierung des Arbeitslebens

Mit den beiden Begriffen „Humanisierung" und „Demokratisierung" sind gesellschaftspolitische Forderungen und Bestrebungen gemeint, die darauf ausgerichtet sind, ein neues Verhältnis des Menschen zur Arbeit zu entwickeln. Sie stehen in einem engen Zusammenhang und bedingen sich wechselseitig. Mit der Humanisierung ist das Postulat der individuellen und mit der Demokratisierung das Postulat der gesellschaftlichen Selbstbestimmung verbunden[125]. Beide ergänzen sich, indem die Humanisierung primär auf die inhaltliche Gestaltung der Arbeit ausgerichtet ist, während die Demokratisierung vor allem den Prozeß der Willensbildung und der Entscheidungsfindung umfaßt[126]. Im Laufe der letzten Jahre hat sich in der Öffentlichkeit allmählich das Bewußtsein dafür entwickelt, daß die bisherige Arbeitsorganisation den Bedürfnissen der Menschen zuwiderläuft. Insbesondere die extreme Arbeitsteilung führte zu so schweren Fehlentwicklungen, daß sogar das Management in einigen Fällen sich veranlaßt sah, die restriktiven Arbeitssituationen abzubauen. Die Folgen der hochgradigen Entfremdung eines großen Teils der Arbeitnehmerschaft sind[127] geistiger Verfall wegen der fachlich-intellektuellen Unterforderung, kein erkennbarer Sinn in der Arbeit, Unzufriedenheit[128], Lethargie, schlechtes Betriebsklima, hoher Krankenstand[129], Alkoholismus, Drogensucht[130], schlechte Arbeitsmoral (führt zu hohem Produktionsausschuß und geringem Leistungsniveau), Fluktuation[131], Abwanderungen in andere Berufe, Absentismus, aufgestaute Aggressionen (äußern sich in wilden Streiks, Sabotageakten).

Die Ursache scheint nicht allein in der auf die Spitze getriebenen Arbeitsteilung und der Zunahme des Arbeitstempos zu liegen. Der ge-

---

125 Vgl. *Vilmar*, S. 261 Anm. 1.

126 *Vetter*, Gewerkschaftliche Monatshefte 1973, S. 1 (8).

127 Vgl. zum folgenden: *Kern / Schumann*, S. 188; *Löhlein*, Die Gruppe entscheidet, Die Zeit vom 12. 4. 1974, S. 28; *ohne Verfasser*, Manchmal schlage ich irgendwas kaputt, Der Spiegel vom 2. 7. 1973, S. 98 ff.; *Vilmar*, S. 105.

128 Bei einer Befragung in den USA erklärten nur 24 % der Arbeiter, sie würden ihren Beruf noch einmal wählen (Der Spiegel v. 2. 7. 1973, S. 99).

129 Rund 75 % aller Risikofaktoren, die Herzkrankheiten auslösen können, werden am Arbeitsplatz produziert (HEW-Bericht, zitiert nach: Der Spiegel v. 2. 7. 1973, S. 99).

130 15 % der amerikanischen Arbeiter sollen heroinsüchtig sein (Der Spiegel v. 2. 7. 1973, S. 99).

131 Rund 30 % der Belegschaft der Schwedischen Autofabrik Volvo wechseln den Betrieb (Der Spiegel v. 2. 7. 1973, S. 100).

stiegene Lebensstandard wirkte sich mit auf die Ansprüche aus, die an die Arbeit gestellt werden. Ferner sind mit der verbesserten Schulbildung auch höhere Berufserwartungen verbunden. Wegen des für viele Berufe geltenden Arbeitskräftemangels ist auch der äußere Druck auf den Arbeitnehmer nicht mehr so stark, so daß die negativen Folgen der restriktiven Teilarbeiten nicht mehr als unabänderlich hingenommen werden[132].

Umgekehrt sind nach den neueren Erkenntnissen der Arbeitswissenschaften bei der Änderung der Arbeitsorganisation folgende Bedingungen zu erfüllen, um die Entfremdung und Fremdbestimmung zu überwinden und um dem Ziel der Selbstverwirklichung des Menschen bei der Arbeit näherzukommen[133]:

(1) Veränderung der Arbeitsmotivation durch die Umgestaltung der objektiven Verhältnisse der Arbeit: Beseitigung der rein instrumentellen Arbeitseinstellung, wonach die Arbeit dem alleinigen Zweck des Gelderwerbs dient. Der Arbeiter soll sich mit seiner Tätigkeit identifizieren können.

(2) Abbau restriktiver Arbeitssituationen durch den Einsatz der Technik und Verzicht auf technische Neuerungen, wenn sie neue Restriktionen mit sich bringen.

(3) Der Arbeiter muß die Zusammenhänge und den Sinn seiner Arbeit sehen können. Die Trennung von Entscheidung, Kontrolle und Ausführung der Arbeit ist abzubauen.

(4) Requalifizierung der Arbeit durch Anreicherung der Arbeitsfunktionen mit Spielraum für Eigeninitiative und Eigenverantwortung sowohl für den einzelnen Arbeitnehmer als auch für die Arbeitsgruppe.

(5) Die Arbeit sollte ein Mindestmaß an Lernfähigkeit eröffnen und dadurch einen Anreiz zur beruflichen Weiterbildung bieten.

(6) Förderung der solidarischen Zusammenarbeit unter den Arbeitnehmern an Stelle der isolierten Konkurrenz.

2. Strategien zur Verwirklichung dieser Ziele

Wenn im folgenden die einzelnen Modelle dargestellt werden, die bisher entwickelt und vereinzelt in die Praxis umgesetzt wurden, geschieht dies unter dem Vorbehalt, daß die Entwicklung noch keineswegs abgeschlossen ist. Es ist deshalb möglich und auch wahrschein-

---

[132] *Hassencamp*, Gewerkschaftliche Monatshefte 1973, S. 60 (63); Der Spiegel v. 2. 7. 1973, S. 98 (99).

[133] Siehe zum folgenden: *Vetter*, Gewerkschaftliche Monatshefte, 1973, 1 (6); *Kern / Schumann*, S. 279; *Leminsky*, Gewerkschaftliche Monatshefte, S. 28 (31 f.); *Thorsrud* in: Vilmar, S. 117 (119).

lich, daß die vier Grundkonzeptionen noch verbessert werden und noch andere Modelle hinzukommen. Da ein enger Zusammenhang zwischen der Technik und der Arbeitsorganisation besteht, könnten neue Technologien Perspektiven bezüglich der Verbesserung der Arbeitsorganisation eröffnen, die heute noch nicht absehbar sind. Obwohl die bisher entwickelten Konzeptionen große qualitative Unterschiede aufweisen, schließen sie sich dennoch nicht gegenseitig aus, da nicht jedes Modell für die einzelnen Wirtschaftszweige gleichermaßen geeignet ist. Im wesentlichen soll die Humanisierung durch die Erweiterung des menschlichen Handlungsspielraums erreicht werden. Dieser Handlungsspielraum wiederum weist zwei Dimensionen auf:

— die horizontale Dimension des Tätigkeitsspielraums und

— die vertikale Dimension des Entscheidungs- und Kontrollspielraums[134].

Bei der vertikalen Erweiterung der Arbeitsaufgaben ist eine enge Verzahnung des Prinzips der Humanisierung mit dem der Demokratisierung des Arbeitslebens festzustellen. Im einzelnen haben sich die folgenden vier Konzeptionen herausgebildet, die der Verwirklichung der obigen Ziele dienen[135]:

(1) *Arbeits(platz)wechsel (job rotation):*

Hierbei tauschen die Mitglieder einer Produktionsgruppe nach einem bestimmten Plan und nach einem vorgegebenen Rhythmus die Arbeitsplätze untereinander aus. Durch eine entsprechende Ausweitung der Anlernprozesse werden die Arbeitnehmer in die Lage versetzt, mehrere Arbeitsvollzüge zu erledigen.

(2) *Aufgabenvergrößerung (job enlargement):*

Grundlage dieses Konzepts ist das Aneinanderreihen mehrerer strukturell gleichartiger oder ähnlicher Arbeitselemente. Dadurch wird der Arbeitsumfang erweitert.

Arbeitswechsel und Aufgabenvergrößerung ähneln sich darin, daß sie nur die horizontale Dimension des Tätigkeitsspielraums erweitern. Immerhin erfordert die Aufgabenvergrößerung bereits eine weitergehende Umgestaltung der Arbeitsorganisation als der Arbeitsplatzwechsel. Der Wert der beiden Modelle ist mit dem Argument angezweifelt worden, die bloße Addition restriktiver Arbeitsvollzüge ergebe noch keine Qualifikation. Null plus Null ergebe

---

[134] Vgl. *Ulich*, REFA-Nachrichten 1972, 265 (266).

[135] Siehe dazu: *Fricke*, Gewerkschaftliche Monatshefte 1973, 11 (15 f.); *Löhlein*, Die Zeit vom 12. 4. 1974, S. 28; Der Spiegel vom 2. 7. 1973, S. 98 (100); RKW-Symposium, (Projekt Z 23), Zusammenfassung der Diskussion, S. 53 f.; *Ulich*, RKW-Symposium, S. 31 (32 ff.); *ders.*, REFA-Nachrichten 1972, 265 (266 ff.); *Vilmar:* in Vilmar (Hrsg.), S. 109 ff.

ebenso Null wie Null mal Null[136]. Dennoch bringen Arbeitsplatzwechsel und Aufgabenvergrößerung gewisse Vorteile für den einzelnen Arbeitnehmer mit sich. Die Monotonie und die einseitige physiologische Belastung werden gemildert. Außerdem ist der Arbeitnehmer im Betrieb vielseitiger verwendbar, was der Arbeitsplatzsicherheit dient[137].

(3) *Aufgabenbereicherung (job enrichment):*

Bei der sog. Aufgabenbereicherung werden strukturell verschiedenartige Arbeitselemente zu einer neuen Handlungseinheit verbunden, beispielsweise Planungs-, Fertigungs- Einrichtungs-, Instandsetzungs- und Kontrollaufgaben.

(4) *Teilautonome Arbeitsgruppen:*

Die Arbeitsgruppe kann alle Entscheidungen, die nicht übergeordnete Produktions- oder Investitionsprobleme darstellen, selbst treffen. Es bleibt der Gruppe überlassen, wie sie die Arbeit zeitlich und organisatorisch aufteilt. Sie ist für die Materialbeschaffung verantwortlich, kann u. U. sogar Neueinstellungen vornehmen und entscheidet selbst über die Verteilung der Gesamtlohnsumme. Ferner erhält die Gruppe für die ihr ebenfalls übertragene Ausbildung neuer Mitarbeiter einen Bonus[138].

3. Die Ausweitung der Arbeitnehmerüberlassung einerseits und die Humanisierung und Demokratisierung der Arbeit andererseits — zwei gegenläufige und einander widersprechende Tendenzen

Bereits aus den bisherigen Ausführungen ergibt sich, daß kaum größere Gegensätze denkbar sind, wie sie zwischen den Auswirkungen der Arbeitnehmerüberlassung auf der einen Seite und den Zielen der Humanisierung und Demokratisierung des Arbeitslebens auf der anderen Seite bestehen. Dabei ist in diesem Zusammenhang die Leiharbeit im weiteren Sinne gemeint. Die folgenden Überlegungen gelten nicht nur für die Arbeitnehmerüberlassung i. S. d. § 1 AÜG, sondern beispielsweise auch für die zentralen Personalführungsgesellschaften und für die Entsendung von Arbeitnehmern zur Erfüllung werkvertraglicher Pflichten.

Die Gegensätzlichkeit soll an Hand einer Übersicht näher verdeutlicht werden:

---

[136] So der amerikanische Motivationsforscher *Herzberg* (zitiert nach *Ulich*, RKW-Symposium, S. 34).

[137] Darauf weist auch *Vilmar* in Vilmar (Hrsg.), S. 108 - 112 hin.

[138] Die oben wiedergegebenen Gruppenfunktionen entsprechen den Modellen, die in Schweden und Norwegen durchgeführt wurden (vgl. *Ulich*, RKW-Symposium, S. 36 f.).

Folgen der Arbeitnehmerüberlassung	Ziele der Humanisierung und Demokratisierung des Arbeitslebens
Zuteilung derjenigen Aufgaben, die die geringsten Anforderungen stellen (im Vergleich zu den Stammarbeitnehmern mit entsprechender Berufsausbildung und Berufserfahrung)	Erhöhung der Anforderungsstruktur durch die Schaffung neuer Arbeitsinhalte
Häufiger zwischenbetrieblicher Arbeitsplatzwechsel und Zunahme der Fluktuation unter den Stammarbeitnehmern (wegen des Zugang-Abgangs-Kreislaufes)	Abbau der Fluktuation
Verringerung der Motivation zur beruflichen Weiterbildung	Stärkung des Willens zur beruflichen Weiterbildung
Verstärkung der instrumentellen Arbeitseinstellung	Ansätze zur Selbstbestätigung und Selbstverwirklichung in der Arbeit für weite Kreise der Arbeitnehmerschaft
Förderung einer rein individualistischen Einstellung	Verstärkung des solidarischen Verhaltens und Zunahme der Bereitschaft, Verantwortung zu übernehmen
Nur unvollkommene Integration in den Entleiherbetrieben; der Leiharbeitnehmer ist jederzeit austauschbar.	Dem Arbeitnehmer wird eine genau fixierte Rolle im Betrieb zugewiesen. Verstärkte Teilhabe aller Arbeitnehmer am formellen und informellen Kommunikationsgefüge des Betriebes

Die Ursache für diesen Widerspruch ist u. a. darin zu sehen, daß sich die Arbeitnehmerüberlassung primär an den wirtschaftlichen Vorteilen orientiert (Abbau der Personalreserven in der Wirtschaft, Mobilisierung von Arbeitsmarktreserven). Die Humanisierungsbestrebungen sind demgegenüber in erster Linie auf die Bedürfnisse der arbeitenden Menschen ausgerichtet. Die Arbeitnehmerüberlassung ist eine Art Weiterentwicklung des Taylor'schen Prinzips: Zerlegung der Arbeit in einzelne Elemente, verbunden mit einer weitgehenden Dequalifizierung der Arbeitskräfte. Durch die Arbeitnehmerüberlassung wird außerdem die Bindung an einen bestimmten Betrieb aufgehoben. Damit erhöht sich die jederzeitige Ersetzbarkeit des Arbeitnehmers. Durch die Humanisierungsbestrebungen werden demgegenüber zusammengehörige Arbeitselemente reintegriert und die Zugehörigkeit der Arbeitnehmer zu dem Sozialgefüge Betrieb verstärkt.

4. Der weitgehende Ausschluß der Leiharbeitnehmer von den Maßnahmen zur Humanisierung und Demokratisierung des Arbeitslebens

Die Gegensätzlichkeit von Arbeitnehmerüberlassung und Humanisierung der Arbeit könnte die Konsequenz haben, daß die Leiharbeitnehmer weitgehend von der Humanisierung ausgeschlossen sind. Dies würde um so schwerer wiegen, als die Leiharbeit gerade in jenen Wirtschaftszweigen besonders verbreitet ist, in denen die meisten Versuche zur Umgestaltung der Arbeitsorganisation angestellt wurden (z. B.: Automobilindustrie und sonstige metallverarbeitende Betriebe).

Bei einer Differenzierung nach den einzelnen Humanisierungsmodellen zeigt sich, daß der Einsatz von Leiharbeitnehmern um so schwieriger wird, je mehr sich das neue Konzept von der bisherigen Arbeitsorganisation unterscheidet.

Betriebe, die das Prinzip des Arbeitsplatzwechsels oder der Aufgabenvergrößerung einführen, werden Leiharbeitnehmer nur dann ohne Schwierigkeiten einsetzen können, wenn die verschiedenen Handlungsabläufe nicht überwiegend betriebsspezifisch sind. Andernfalls würden die Leiharbeitnehmer eine längere Einarbeitungszeit benötigen, bis sie die Tätigkeiten beherrschen und die notwendige Routine erlangen, die für die Einhaltung des Arbeitstempos erforderlich ist. Ferner müßte die Praxis zeigen, ob nicht eine Aufgabenvariation, die für einen Stammarbeitnehmer ein Optimum darstellt und auf seine Bedürfnisse hin ausgerichtet ist, für den Leiharbeitnehmer eine Überforderung mit sich bringt. Er muß sich nicht nur auf die verschiedenen Handlungsabläufe innerhalb eines Betriebes einstellen, sondern hat noch die mit dem permanenten Betriebswechsel verbundenen Umstellungen zu verkraften. Wahrscheinlich lassen sich dazu keine pauschalen Angaben machen. Ob eine Überforderung vorliegt, dürfte u. a. von folgenden Faktoren abhängen: Anzahl und Kompliziertheit der einzelnen Arbeitselemente, die der Leiharbeitnehmer gleichzeitig beherrschen muß; Industrieerfahrung, Erfahrung mit den neuen Arbeitsorganisationen und Anpassungsfähigkeit.

In Betrieben, die die Grundsätze der Aufgabenbereicherung einführen oder in denen halbautonome Arbeitsgruppen gebildet werden, tauchen die oben genannten Schwierigkeiten ebenfalls auf. Hinzu kommen aber noch weitere Hindernisse, so daß ein Einsatz von Leiharbeitnehmern faktisch kaum möglich sein wird. Die Übertragung von Planungs-, Kontroll-, Entscheidungs- und Wartungsaufgaben sowie die Mitarbeit in einer Arbeitsgruppe setzt eine intensive Schulung und Kenntnis der betrieblichen Zusammenhänge voraus. Der Arbeiter muß über erhebliche Fachkenntnisse verfügen, um die vielfältigen Aufgaben sachgerecht erledigen und die Verantwortung für seine Entscheidungen übernehmen zu können. Ferner ist eine genaue Kenntnis seines engeren Produktionsbereichs und des Betriebsganzen unerläßlich. Da die Organisation auf die Bedürfnisse eines jeden Betriebes ausgerichtet sein muß, kämen einem Leiharbeitnehmer nur bedingt die Erfahrungen zugute, die er in anderen Betrieben u. U. schon gesammelt hat. Auch wird er nicht in der Lage sein, das höchst komplizierte formelle und informelle Interaktionsgefüge eines solchen Entleiherbetriebes innerhalb weniger Tage zu durchschauen. Es ist deshalb auch kein Zufall, daß die Einstellungs- und Einarbeitungsphase besonders in Betrieben mit halbautonomen Arbeitsgruppen entsprechend lang ist. Im Göteborger Volvo LKW-Werk werden Montagearbeiter nach ihrer Einstellung ca. 130 Stunden geschult. Nach sechs Monaten ist der Mitarbeiter berechtigt, an weiteren Schulungen teilzunehmen[139]. In einer norwegischen Kunstdüngerfabrik wurde die Belegschaft in einem 200 Stunden dauernden bezahlten Lehrgang auf die Arbeit in halbautonomen Produktionsgruppen vorbereitet[140]. Die Einarbeitungsphase würde demnach zwischen drei und fünf Wochen dauern. Selbst wenn man berücksichtigt, daß die Unterweisung eines Leiharbeitnehmers, der bereits Erfahrungen mit der Aufgabenbereicherung bzw. mit der Arbeit in Gruppen hat, eine kürzere Zeit in Anspruch nimmt, ist sie immer noch zu lang, um rentabel zu sein. Da ein Leiharbeitnehmer maximal drei Monate in demselben Betrieb eingesetzt werden darf, wird kein Unternehmer bereit sein, ein Drittel der gesetzlichen Höchstdauer für eine Arbeitsplatzeinweisung zu investieren, bevor der Leiharbeitnehmer überhaupt produktiv tätig sein kann. Am wenigsten eignet sich der Einsatz von Leiharbeitnehmern für Tätigkeiten in teilautonomen Arbeitsgruppen. Die Gruppe setzt Beständigkeit voraus. Durch den ständigen Wechsel der Gruppenmitglieder werden gruppendynamische Prozesse ausgelöst. Die dadurch entstehenden Spannungen müssen abgebaut werden, bis ein neues Gleichgewicht vorhanden ist. Da es Aufgabe der Gruppe ist, das neue Gruppenmitglied anzulernen, würde deren Leistungsfähigkeit durch den kurzfristigen Einsatz von Leiharbeitnehmern stark herabgesetzt. Die Gruppenmitglieder müssen sich gut kennen, denn die Kooperation setzt Vertrauen unter den Mitgliedern voraus. Die Gruppenarbeit beruht auf der gleichwertigen Tätigkeit aller Mitglieder. Damit nicht vereinbar ist die Tatsache, daß die Leiharbeitnehmer generell die am wenigsten qualifizierte Arbeit zugewiesen bekommen. Da zwischen Leiharbeitnehmern und Stammarbeitnehmern keine Interessengleichheit besteht, kann sich keine Solidarität herausbilden. Diese wiederum ist eine der Voraussetzungen für das Funktio-

[139] *Vilmar,* S. 143.
[140] *Vilmar,* S. 115.

nieren der Kooperation in der Arbeitsgruppe. Auch ist fraglich, ob der Leiharbeitnehmer überhaupt als vollwertiges Gruppenmitglied von den anderen Mitgliedern akzeptiert würde.

5. In Zukunft zu erwartende Schwierigkeiten bei der Umwandlung der Arbeitsorganisation in Wirtschaftszweigen mit hohem Leiharbeitnehmeranteil

Bei einer weiteren starken Expansion der Arbeitnehmerüberlassung wird es schwieriger oder sogar unmöglich sein, Humanisierungsmaßnahmen in bestimmten Wirtschaftszweigen zu verwirklichen. Bereits heute ist die Tendenz erkennbar, daß sich die Leiharbeit auf bestimmte Wirtschaftszweige und Berufsgruppen konzentriert. Aus diesem Grund dürfte die Zunahme der Leiharbeitnehmer dazu führen, daß sich in bestimmten Betriebsabteilungen der Anteil der Leiharbeitnehmer an der Gesamtzahl der Arbeitnehmer potenziert. Die aufgezeigte Entwicklung kann sich beispielsweise in Abteilungen vollziehen, in denen qualifizierte Facharbeiter, Büropersonal, Konstrukteure und Techniker beschäftigt sind. Von einem bestimmten Prozentsatz an, dessen Höhe wohl nur durch empirische Untersuchungen ermittelt werden kann, dürfte es unmöglich sein, die Arbeitsorganisation im Sinne einer Humanisierung der Arbeit umzugestalten. Unerläßliche Voraussetzung ist aus den obigen Gründen, daß der zwischenbetriebliche Arbeitsplatzwechsel eine gewisse Quote, deren Höhe allerdings unbekannt ist, nicht übersteigt[141].

6. Einfluß der Humanisierung und Demokratisierung auf die Entwicklung der Arbeitnehmerüberlassung

Ähnlich wie sich die Arbeitnehmerüberlassung auf die Realisierungschance der Humanisierung der Arbeit auswirkt, beeinflußt mit hoher Wahrscheinlichkeit auch die Verwirklichung der Modelle zur Humanisierung die Entwicklung der Leiharbeit. Zwischen beiden besteht eine Wechselwirkung. Diejenigen Arbeitnehmer, die wegen der Monotonie der Arbeit zu Leiharbeitsunternehmen abwandern, weil sie Abwechslung suchen, könnten die Tätigkeit in einem Unternehmen, das die Grundsätze der Arbeitsbereicherung und der teilautonomen Arbeitsgruppen verwirklicht hat, für attraktiver halten. Falls es gelingt, das Lohngefälle zwischen Stammarbeitnehmern und Leiharbeitnehmern, das heute noch in bestimmten Mangelberufen vorherrschend ist, abzubauen, wäre auch für andere Arbeitnehmer die Tätigkeit in einem bestimmten Betrieb anziehender, die mehr Aussichten zur Selbstverwirklichung bei der Arbeit bietet.

---

[141] Vgl. dazu *Fürstenberg*, S. 31: „Den stärksten Widerstand gegen die Entstehung von Arbeitsgruppen im soziologischen Sinne des Wortes bildet ... die heterogene und bei hoher Fluktuation ständig wechselnde Zusammensetzung der Arbeitnehmerschaft.“

Zweiter Teil

Das Gesetzesinstrumentarium zur Ordnung und Steuerung der Arbeitnehmerüberlassung

1. Abschnitt: Methodische Vorfragen

I. Analyse der vorliegenden juristischen Literatur zur Leiharbeit unter methodischen Aspekten

Die Durchsicht der umfangreichen Literatur zur Leiharbeit zeigt, daß sich in der methodischen Behandlung der damit verbundenen Fragen ein allmählicher Wandel vollzogen hat. In den älteren juristischen Abhandlungen werden ausschließlich dogmatische Probleme abgehandelt. In den zwischen 1934 und 1971 erschienenen acht Dissertationen[1] beispielsweise stehen folgende Probleme im Mittelpunkt der Erörterung: Abgrenzung der Leiharbeit zu ähnlichen Erscheinungen; Unterteilung der Leiharbeit in: echte und unechte sowie Berufsleiharbeitnehmer; Abgrenzung zu den Unternehmerarbeitern; dogmatische Erfassung des typischen Dreiecksverhältnisses Leiharbeitnehmer - Verleiher - Entleiher; die Streitfrage, ob nur der Verleiher, nur der Entleiher oder beide Arbeitgeber des Leiharbeitnehmers sind; damit im Zusammenhang steht die Frage, ob statt eines Doppelarbeitsverhältnisses eine Aufspaltung des Arbeitsverhältnisses anzunehmen ist; juristische Konstruktionen zur Begründung arbeitsrechtlicher Beziehungen zwischen dem Leiharbeitnehmer und dem Entleiher: konkludent abgeschlossener Vertrag zugunsten Dritter, Eingliederung des Leiharbeitnehmers in den Entleiherbetrieb; Diskussion, ob zwischen dem Verleiher und dem Entleiher ein Dienstverschaffungsvertrag, ein Arbeitsverschaffungsvertrag oder ein Arbeiterverschaffungsvertrag abgeschlossen wird; Streitfrage, ob die Leiharbeit ein Unterfall des mittelbaren Arbeitsverhältnisses ist; Haftungsfragen. Die Ergebnisse werden methodisch überwiegend durch Deduktionen gewonnen. Aus dem Wesen des Arbeitsverhältnisses oder des Leiharbeitsverhältnisses leiten

---

[1] In alphabetischer Reihenfolge: *Beine*, Diss. jur. Halle 1943; *Hofrichter*, Diss. jur. Kiel 1939; *Ibing*, Diss. jur. Göttingen 1935; *Neumann*, Diss. jur. Leipzig 1934; *Schrauth*, Diss. jur. Gießen 1939; *Theuersbacher*, Diss. jur. München 1960; *Trieschmann*, Diss. jur. Köln 1952.

die Verfasser ihre juristischen Konstruktionen ab. Die Dissertation Fiedlers[2] unterscheidet sich von den bisher genannten insofern, als sie im Anschluß an die dogmatischen Erörterungen einen Gesetzgebungsvorschlag zur Regelung aller mittelbaren Arbeitsverhältnisse enthält, der sich eng an die Gesetzentwürfe aus den Jahren 1923 und 1938 anlehnt. Den Übergang zu einem mehr induktiven Vorgehen bilden drei neuere Dissertationen zur Leiharbeit aus dem deutschsprachigen Raum[3]. Sie enthalten insofern eine neue Dimension, als sie die Rechtstatsachen in die Untersuchung mit einbeziehen und sie zum Ausgangspunkt der Erörterungen machen. Von Büren beschreibt zunächst den Geschäftsablauf bei den Leiharbeitsunternehmen, erörtert die Frage, welche Arbeitnehmergruppen potentielle Leiharbeitnehmer sind, zählt die Vor- und Nachteile der Leiharbeit auf und äußert sich schließlich zu den Entwicklungsaussichten der Leiharbeit[4]. Die Arbeit Mittmanns enthält einige Zahlen über die wirtschaftliche Bedeutung der Zeitarbeit sowie das Ergebnis einer Meinungsumfrage des Unternehmensverbandes für Zeitarbeit[5]. Grundlage der dogmatischen Erörterungen sind die Allgemeinen Geschäftsbedingungen einiger Leiharbeitsunternehmen[6]. Ähnlich ist auch die Arbeit Nefs aufgebaut. Ausgangspunkt der Erörterungen sind auch hier die Beschreibung des Geschäftsablaufs[7], Zahlen über die Bedeutung der Zeitarbeit[8], die Erwähnung der Vor- und Nachteile der „temporären Arbeit" für den Arbeitnehmer[9], die rekrutierten Personengruppen und ihre Motive[10], die Interessenverteilung bei der temporären Arbeit[11] und die Allgemeinen Geschäftsbedingungen einiger Verleiher aus der Schweiz[12], auf denen die dogmatischen Erörterungen basieren.

Die genannte Literatur kann im Rahmen der vorliegenden Arbeit nur bedingt verwendet werden. Sie geht überwiegend von Vertragsgestaltungen aus, die nach dem AÜG nicht mehr zulässig sind. Bedenken gegen das methodische Vorgehen bestehen insofern, als die Allgemeinen Geschäftsbedingungen der Verleiher untereinander sehr stark abweichen. Es führt daher zu einer Verengung der Problematik, wenn willkürlich die Allgemeinen Geschäftsbedingungen einiger Verleiher

---

2 *Fiedler,* Diss. jur. Marburg 1963.

3 *von Büren,* 1971; *Mittmann,* Diss. Kiel 1972; *Nef,* Diss. Zürich 1971.

4 *von Büren,* S. 55 ff.; 215 ff.

5 *Mittmann,* S. 13.

6 *Mittmann,* S. 192 ff.

7 *Nef,* S. 5.

8 *Nef,* S. 7.

9 *Nef,* S. 13 f.

10 *Nef,* S. 15 f.

11 *Nef,* S. 17 ff.

12 *Nef,* S. 98 ff.

ausgewählt und die daraus gewonnenen juristischen Schlußfolgerungen verallgemeinert werden. Außerdem fehlen Überlegungen zu der Frage, ob und inwieweit die sonstigen Fälle der Zuweisung von Arbeitnehmern (z. B. bestimmte Werkverträge) ebenso rechtlich bewertet werden müßten wie die Arbeitnehmerüberlassung im Sinne des AÜG. Diese Frage drängt sich deshalb auf, weil die Praxis gezeigt hat, daß die Leiharbeit im engeren Sinne und die anderen Formen der Entsendung von Arbeitnehmern in fremde Betriebe wirtschaftlich weitgehend substituierbar sind. Um nicht an die Beschränkungen des AÜG gebunden zu sein, weichen Verleiher und Entleiher oft auf andere Verträge aus. Die Abgrenzung der einzelnen Vertragstypen kann deshalb nur die erste Stufe der Untersuchung sein. Daran anschließen muß sich die Frage, welche typologischen Gemeinsamkeiten bestehen, die es rechtfertigen, auf ähnliche Tatbestände dieselben Vorschriften anzuwenden, die für die Arbeitnehmerüberlassung im Sinne des AÜG gelten.

Ein ähnliches Bild ergibt die Durchsicht der Lehrbücher des Arbeitsrechts und des BGB, der zahlreichen Aufsätze und der sonstigen Monographien. Während sich die älteren Abhandlungen auf die Darstellung der rein dogmatischen Probleme beschränken[13], zeichnet sich in der neueren Literatur ebenfalls ein Wandel ab. Es werden die wirtschaftlichen und sozialen Aspekte beschrieben, indem auf die Auswüchse der Leiharbeit eingegangen wird. Einige Autoren behandeln auch rechtspolitische Fragen[14]. Auffallend ist jedoch, daß die wirtschaftlichen und sozialen Probleme überwiegend punktuell dargestellt werden und meistens eine Verknüpfung mit den juristischen Aspekten fehlt. Soweit Vorschläge für eine juristische Regelung gemacht werden, sind sie recht vage und wenig konkret. Die bisher umfassendste Darstellung der volkswirtschaftlichen und sozialpolitischen Probleme ist die Arbeit Guy Caires zur Zeitarbeit in Frankreich[15].

---

[13] Vgl. dazu die umfassende Literaturzusammenstellung in: *Becker*, AÜG, Einleitung vor Rdn. 17 und 36.

[14] Aus der neueren Literatur ist insbesondere zu nennen: *Becker*, BlStSozArbR 1972, 129 ff.; *ders.:* DB 1972, 728 ff.; *ders.:* Sonderdruck BlStSozArbR Nr. 19/21 vom 1. 10. / 1. 11. 72; *ders.:* AÜG, Einl. Rdn. 69 - 73; *Bogs*, BB 1971, 277 ff.; *Duda*, Soziale Sicherheit 1973, 69 ff.; *Engelen-Kefer*, ArbuSozPol. 1972, 280 f.; *Franßen / Haesen*, Einl.Rdn. 2 ff.; Art. 1 § 1 Rdn. 27 ff.; *Göbel*, BlStSozArbR 1973, 309 ff. und 324 ff.; *Heußner*, DB 1973, 1800 ff.; *Kindereit*, RdA 1971, 207 ff.; *ders.:* AuR 1971, 327 ff.; *Kühl*, ABuA 1971, 241 ff.; *Leve*, SozArb. 1972, 383 ff.; *Mayer-Maly*, ZfA 1972, 1 ff.; *Möller-Lücking*, Manuskript; *Ramm*, DB 1973, 1170 ff.; *ders.:* ZfA 1973, 263 ff.; *Sandmann*, BArbBl. 1972, 499 ff.; *Schnorr*, RdA 1972, 193 ff.; *Seiter*, JurA 1971, 204; daneben gibt es noch rein juristische Abhandlungen, auf die im 2. Teil der Arbeit eingegangen wird.

[15] Guy *Caire*, Les nouveaux marchands d'hommes?

II. Das methodische Vorgehen bei der Untersuchung der rechtsdogmatischen und rechtspolitischen Probleme der Leiharbeit im Rahmen der vorliegenden Arbeit

Der juristische Teil der Arbeit kann sich nicht darauf beschränken, im Sinne der konventionellen Jurisprudenz die Auslegungsprobleme des AÜG möglichst erschöpfend abzuhandeln. Die dogmatische Erfassung des AÜG muß vielmehr eingebettet sein in dem größeren Zusammenhang der gesamten Sozialordnung, die sich zusammensetzt aus dem gelebten Recht (= Rechtswirklichkeit) und der Sollensanforderung (= gesetzliche Vorschriften). Aufgabe des Gesetzes ist es, die soziale Wirklichkeit zu steuern und kompensierende Gegenursachen zu schaffen, mit denen negativ bewertete Entwicklungstendenzen beeinflußt werden sollen[16]. Weil die Gesetzesnormen nur das Mittel sind, um sozialpolitische Ziele zu verwirklichen, erfaßt die rein rechtspositivistische Methode nur einen Teilaspekt der Sozialordnung.

Damit ist bereits der Weg vorgezeichnet, der im folgenden zu beschreiten sein wird. Nachdem im 1. Teil der Arbeit eine Tatsachenanalyse vorgenommen worden ist, muß nunmehr gefragt werden, welche Wertvorstellungen dem AÜG vom 7. 8. 1972 zugrunde liegen und welche sozialpolitischen Ziele es verfolgt. Daran schließt sich die Frage an, welche sozialpolitischen Ziele zusätzlich berücksichtigt werden müßten, um aufgetretene Fehlentwicklungen abzuwenden oder sich abzeichnende negative Entwicklungen zu verhindern. Grundlage dieser Erörterungen sind die Rechtstatsachen im ersten Teil der Arbeit. Die Zielvorstellungen des bereits existierenden Gesetzes müssen am Anfang der Erörterungen stehen, weil nach dem Prinzip der Gesetzesökonomie der bestehenden Rechtsordnung ein Wertungsvorsprung einzuräumen ist[17].

Der nächste Schritt besteht darin, die Wechselbeziehung zwischen den einzelnen Zielen aufzuzeigen. Soweit Zielkonflikte auftreten, müssen Überlegungen angestellt werden, wie diese am besten zu lösen sind.

Daran schließt sich die Untersuchung an, wie die bestehenden Gesetzesvorschriften ausgelegt werden müssen, um sämtliche sozialpolitischen Zielvorstellungen optimal zu verwirklichen. Schließlich ist zu fragen, welche sozialpolitischen Maßnahmen in Betracht kommen, um die aufgetretenen Unzulänglichkeiten zu beseitigen und zu einer Regelung der Arbeitnehmerüberlassung zu kommen, die sowohl dem sozialen Schutz der Arbeitnehmerschaft als auch den berechtigten wirtschaftlichen Belangen der Verleiher und der Entleiher Rechnung trägt.

---

[16] *Noll*, S. 87 f.

[17] *Noll*, S. 83.

2. Abschnitt: Die Grundkonzeption des AÜG vom 7. 8. 1972 (BGBl. I S. 1393)

I. Die Gründe für den Erlaß des AÜG

Bis Mitte der sechziger Jahre spielte die gewerbsmäßige Arbeitnehmerüberlassung eine nur untergeordnete Rolle. Das BVerfG konnte deshalb in dem Urteil vom 4. 4. 1967, das die Verfassungsbeschwerde des Zeitarbeitsunternehmens „Adia interim" betraf, noch zu der Feststellung gelangen, die Arbeitnehmerüberlassungsverträge seien kein geeignetes Mittel, um die Arbeitsvermittlung in nennenswertem Umfang zu umgehen. Offenbar sei der Raum, innerhalb dessen sie die wirtschaftliche Funktion der Arbeitsvermittlung ersetzen können, sehr begrenzt[1]. Grundlage der Beurteilung war ein Gutachten des Deutschen Industrie- und Handelstags, in dem zusätzlich ausgeführt wurde, Arbeitnehmerüberlassungsverträge kämen selten vor. Die Umfrage habe keinerlei Anhaltspunkte dafür ergeben, daß Arbeitnehmerüberlassungsverträge zu einer Ausbeutung der einem anderen Betrieb überlassenen Arbeitnehmer geführt hätten oder führen könnten[2]. Einer der wesentlichsten Gründe für die damals geringe Bedeutung der gewerbsmäßigen Arbeitnehmerüberlassung dürfte der gewesen sein, daß sie jahrzehntelang verboten war. Bereits das Arbeitsnachweisgesetz vom 27. 7. 1922[3] stellte die gewerbsmäßige Arbeitnehmerüberlassung in § 48 Abs. 5 der verbotenen gewerbsmäßigen Stellenvermittlung gleich. Das AVAVG vom 16. 7. 1927[4], das das Arbeitsnachweisgesetz ablöste, enthielt in § 54 Abs. 3 dieselbe Regelung. Eine Verordnung vom 6. 10. 1931[5] beschränkte das Verbot auf Verleiher, die nicht selbst Arbeitgeber waren (sog. unechte Leiharbeit). § 4 der VO vom 26. 11. 1935[6] zu § 3 des Gesetzes über Arbeitsvermittlung, Berufsberatung und Lehrstellenvermittlung vom 5. 11. 1935 hob § 54 AVAVG ersatzlos auf. Die Novelle zum AVAVG vom 23. 12. 1956 führte die Fiktion der Arbeitsvermittlung wieder ein. § 37 Abs. 3 AVAVG hatte folgenden Wortlaut:

> „Als Arbeitsvermittlung gilt ferner die Zuweisung von Arbeitnehmern, deren Arbeitskraft der Zuweisende regelmäßig dritten Personen für eine Beschäftigung zur Verfügung stellt, ohne selbst die Arbeit auf eigene Rechnung ausführen zu lassen und ohne selbst die Ausrüstung mit den erforderlichen Werkzeugen für die zugewiesenen Arbeitskräfte zu übernehmen."

---

[1] BVerfGE 21, 261 (268).
[2] BVerfGE 21, 261 (265).
[3] RGBl. I S. 657.
[4] RGBl. I S. 187.
[5] RGBl. I S. 537.
[6] RGBl. I S. 1361.

Mit Urteil vom 4. 4. 1967 erklärte das BVerfG im Adia-interim-Fall den § 37 Abs. 3 AVAVG wegen Verstoßes gegen das dem Leiharbeitsunternehmen zustehende Grundrecht der Berufsfreiheit (Art. 12 Abs. 1 GG) für verfassungswidrig. In demselben Rechtsstreit entwickelte daraufhin das BSG[7] einige Kriterien für die Abgrenzung der gewerbsmäßigen Arbeitnehmerüberlassung von der verbotenen privaten Arbeitsvermittlung. Die verfassungsrechtliche Zulässigkeit des öffentlichrechtlichen Vermittlungsmonopols war zuvor vom BVerfG in dem Hanten-Urteil ausdrücklich bestätigt worden[8].

Das Urteil des BVerfG bewirkte eine sprunghafte Zunahme der Arbeitnehmerüberlassung. Die Verleiher beriefen sich der Bundesanstalt für Arbeit gegenüber auf das Urteil des BVerfG und traten in ihren Formularverträgen als alleiniger Arbeitgeber der Leiharbeiter auf, um einen Verstoß gegen das Vermittlungsmonopol zu vermeiden. Wegen der ungeklärten Rechtslage sah die Bundesanstalt davon ab, mit Bußgeld- und Verwaltungszwangsmaßnahmen gegen die Verleiher vorzugehen[9]. Begünstigt wurde die Expansion durch die Hochkonjunktur, die ab 1967 einsetzte und zu einem starken Arbeitskräftemangel führte. Die ungewöhnlich schnelle Zunahme der Arbeitnehmerüberlassung allein bis zum Erlaß des AÜG kommt in folgenden Zahlen zum Ausdruck: Mitte 1970 waren der Bundesanstalt für Arbeit rund 450 Verleihunternehmen bekannt[10]. Im Frühsommer 1972 stieg die Zahl der Verleiher auf 950. Die Zahl der Leiharbeitnehmer wurde auf 250 000 geschätzt[11].

Viele Verleiher nutzten die fehlenden Kontroll- und Interventionsmöglichkeiten der Arbeitsverwaltung zur Ausbeutung der Leiharbeitnehmer und zu Gesetzesverstößen aus. Sie beschäftigten ausländische Arbeitnehmer, die keine Aufenthalts- und Arbeitserlaubnis hatten, denen sie selbst nur geringe Löhne zahlten. Sie erzielten damit ebenso hohe Gewinne wie durch das Nichtabführen der Lohnsteuer und der Sozialversicherungsbeiträge. Ferner verursachten die Verleiher Störungen des Arbeitsmarktes, indem sie vor allem auf dem gewerblichen Sektor Dauerarbeitskräfte abwarben[12].

Ein Eingreifen des Gesetzgebers wurde immer dringlicher, um die Mißstände auszuschalten. Gleichzeitig mußte der Rechtsprechung des

---

7 BSG Urteil vom 29. 7. 1970 — BSGE 31, 235 ff.

8 BVerfG Urteil vom 4. 4. 1967 — BVerfGE 21, 245 ff.

9 Vgl. *Vielhaber*, ArbuSozPol. 1970, 275.

10 *Vielhaber*, ArbuSozPol. 1970, 275.

11 So Minister Arendt in der 194. Sitzung des Bundestages. Stenographische Berichte des BT, 6. Wahlperiode, S. 11379; nach den Angaben des Erfahrungsberichtes der BReg. (BT-Drucks. 7/2365, S. 4) ist die Zahl der Leiharbeitnehmer niedriger als bisher angenommen wurde.

12 Vgl. die Begründung des Referentenentwurfs, S. 3 f. (Stand: 10. 12. 1970); amtl. Begründung des RegE, BT-Drucks. VI/2303, S. 1.

BVerfG Rechnung getragen werden, daß die Tätigkeit der Leiharbeitsunternehmen wegen Art. 12 Abs. 1 GG grundsätzlich zulässig ist, ein Gesetz demnach nur die Voraussetzungen für die Zulässigkeit und die Art der Ausübung des Gewerbes regeln darf.

II. Die dem AÜG zugrunde liegenden Zielvorstellungen

Dem AÜG liegen im wesentlichen vier Zielsetzungen zugrunde, die sich wie folgt zusammenfassen lassen[13]:

1. Schaffung eines weitgespannten Kontrollsystems durch die Einführung einer gewerberechtlichen Erlaubnispflicht.
2. Abgrenzung der gewerbsmäßigen Arbeitnehmerüberlassung von der verbotenen privaten Arbeitsvermittlung.
3. Sicherung des arbeits- und sozialversicherungsrechtlichen Mindestschutzes des Leiharbeitnehmers.
4. Zusätzlicher Schutz der ausländischen Leiharbeitnehmer.

III. Die Bestimmungen des AÜG zur Verwirklichung der sozialpolitischen Zielvorstellungen

1. Systematik und Aufbau des AÜG

Charakteristisch für das AÜG ist das Ineinandergreifen von Vorschriften aus den verschiedensten Rechtsgebieten: Gewerberecht, Arbeitsvermittlungsrecht, Schuldrecht, Straf- und Ordnungswidrigkeitenrecht, Sozialversicherungsrecht und Ausländerrecht. Die Übersichtlichkeit des AÜG leidet ferner darunter, daß Vorschriften, die demselben Ziel und derselben Rechtsmaterie angehören, nicht selten an verschiedenen Stellen des Gesetzes angeordnet sind. Umgekehrt sind in manchen Bestimmungen Regelungen zusammengefaßt worden, denen eine Doppelfunktion zukommt. Aus diesen Gründen erscheint es angebracht, bei der Darstellung der Grundkonzeption des AÜG nicht von der Reihenfolge des Gesetzes auszugehen. Die Zusammenhänge lassen sich besser dadurch verdeutlichen, daß von den angestrebten Zielen ausgegangen wird. Daran schließt sich die Darstellung des Gesetzesinstrumentariums an, das ihrer Verwirklichung dient.

2. Schaffung eines weitgespannten Kontrollsystems durch die Einführung einer gewerberechtlichen Erlaubnispflicht

Die zahlreich aufgetretenen Gesetzesverstöße auf dem Arbeitnehmerüberlassungssektor sollen durch die ständige Überwachung der Leiharbeitsunternehmen unterbunden werden. Zu diesem Zweck enthält

[13] Vgl. dazu *Sandmann*, BArbBl. 1972, 499 f.

das AÜG eine ganze Palette von gewerberechtlichen Vorschriften: Es wird für die Ausübung des Arbeitnehmerüberlassungsgewerbes eine Erlaubnispflicht eingeführt (§ 1 Abs. 1 AÜG). Auf die Erteilung der Erlaubnis besteht ein Rechtsanspruch, wenn die gesetzlichen Voraussetzungen vorliegen (§ 3 AÜG). Es handelt sich somit um eine gebundene Erlaubnis in der Form des präventiven Verbots mit Erlaubnisvorbehalt[14]. Ein abgestuftes System von Nebenbestimmungen, die der Erlaubnis beigefügt werden können, tragen dem Grundrecht der Verleiher auf Berufsfreiheit Rechnung, ohne die Effektivität der Überwachung nennenswert zu beeinträchtigen. Bedingungen, Auflagen und Widerrufsvorbehalt, die der Erlaubnis beigefügt werden können (§ 2 Abs. 2 und 3 AÜG) sowie die Rücknahme- und Widerrufsermächtigung (§§ 4, 5 AÜG) ermöglichen es der Arbeitsverwaltung, wirksam gegen unzuverlässige Verleiher vorzugehen. Da sich die Unzuverlässigkeit oft erst nach Beginn der Verleihertätigkeit zeigen wird, schreibt § 2 Abs. 4 AÜG zwingend vor, daß die Erlaubnis in den ersten drei Jahren nur jeweils auf ein Jahr befristet erteilt werden darf. War der Verleiher drei Jahre lang erlaubt tätig, kann die Erlaubnis unbefristet erteilt werden. Gegen die Einräumung eines Ermessensspielraums sind von Becker[15] verfassungsrechtliche Bedenken angemeldet worden. Es ergäben sich keinerlei Anhaltsunkte für eine Einschränkung des behördlichen Ermessensspielraums. Ferner verstoße die Bestimmung gegen das Übermaßverbot. Im Wege der verfassungskonformen Auslegung sei daher § 2 Abs. 5 AÜG in eine Ist-Bestimmung umzudeuten.

Dieser Auffassung wird man nur teilweise folgen können. Aus dem Zusammenhang des § 2 Abs. 5 AÜG lassen sich durch Auslegung die Kriterien ermitteln, die für die Ermessensausübung maßgebend sein müssen. Wenn ein Verleiher drei Jahre nach § 1 erlaubt tätig war, wird durch diesen Zeitablauf gewissermaßen die Vermutung begründet, daß er auch in Zukunft zuverlässig ist. Im Einzelfall können aber in der Vergangenheit minder gravierende Verstöße aufgetreten sein, die zwar für die Nichtverlängerung der Erlaubnis, die Rücknahme oder den Widerruf nicht ausreichen, dennoch eine regelmäßige Überprüfung angezeigt sein lassen. Liegen keine konkreten Anhaltspunkte in dieser Richtung vor, muß in der Tat aus verfassungsrechtlichen Gründen angenommen werden, daß der Ermessungsspielraum sich auf Null reduziert[16].

§ 6 AÜG ermächtigt die Verwaltungsbehörde, im Wege des Verwaltungszwanges gegen illegale Verleiher vorzugehen.

---

[14] Vgl. zu diesem Begriff: *Wolff*, Verwaltungsrecht, Bd. 1, § 48 II.

[15] *Becker*, AÜG, Art. 1 § 2, Rdn. 15.

[16] Ebenso: *Franßen / Haesen*, Art. 1 § 2 Rdn. 32 f.

Eine Reihe von Vorschriften sollen die Erlaubnisbehörde in die Lage versetzen, sich die Unterlagen zu beschaffen, die sie für die Überwachung benötigen. § 7 Abs. 1 und 2 AÜG statuiert gewisse Anzeige- und Auskunftspflichten, § 7 Abs. 3 bis 5 gestattet der Erlaubnisbehörde, unter bestimmten Voraussetzungen Betriebsprüfungen und Durchsuchungen vorzunehmen. Die Verpflichtung des Verleihers, die Urkunden mit dem wesentlichen Inhalt des Leiharbeitsverhältnisses drei Jahre lang aufzubewahren (§ 11 Abs. 1 S. 5 AÜG) und die Schriftform für den Arbeitnehmerüberlassungsvertrag sollen ebenfalls die Kontrolle durch die Arbeitsverwaltung ermöglichen. Die gewerberechtlichen Bestimmungen werden durch die Strafvorschrift des § 15 AÜG sowie durch die Ordnungswidrigkeitsvorschriften des § 16 AÜG (mit Ausnahme von § 16 Abs. 1 Nr. 2 AÜG, der sich an den Entleiher wendet) ergänzt.

3. Abgrenzung der gewerbsmäßigen Arbeitnehmerüberlassung von der verbotenen privaten Arbeitsvermittlung

Eine wesentliche Aufgabe des AÜG besteht darin, die zulässige gewerbsmäßige Arbeitnehmerüberlassung von der gemäß § 13 AFG verbotenen privaten Arbeitsvermittlung abzugrenzen. Dabei konnte der Gesetzgeber an die Urteile des BVerfG vom 4. 4. 1967[17] und des BSG vom 29. 7. 1970[18] anknüpfen, in denen einige wesentliche Kriterien entwickelt wurden. Die Entscheidungen des BVerfG und des BSG gingen übereinstimmend davon aus, daß verbotene Arbeitsvermittlung u. U. auch dann vorliegen kann, wenn der überlassene Arbeitnehmer nach der Zuweisung an ein irgendwie geartetes Vertragsverhältnis zu dem zuweisenden Unternehmer gebunden bleibt. Hatte das BVerfG nur recht vage Kriterien entwickelt, wann die gewerbsmäßige Arbeitnehmerüberlassung keine verbotene Arbeitsvermittlung sei (dauerhafte Rechtsbeziehungen zwischen dem Verleiher und dem Leiharbeitnehmer auch während der Tätigkeit im Entleiherbetrieb), nannte das BSG weitere Unterscheidungsmerkmale. Danach ist eine zulässige Arbeitnehmerüberlassung anzunehmen, wenn ein die arbeitsrechtlichen Beziehungen zwischen Entleiher und Leiharbeitnehmer überdauerndes und unabhängiges Arbeitsverhältnis zwischen dem Verleiher und dem Leiharbeitnehmer besteht, sofern in diesem Rechtsverhältnis der Schwerpunkt der arbeitsrechtlichen Beziehungen liegt.

Der Gesetzgeber hat die als Mindestvoraussetzungen[19] anzusehenden Kriterien der Rechtsprechung auf folgende Weise konkretisiert und erweitert. § 1 Abs. 1 AÜG enthält eine Begriffsbestimmung der ge-

---

[17] BVerfGE 21, 261 ff.

[18] BSGE 31, 235 ff.

[19] So zutreffend *Franßen / Haesen*, Einl. Rdn. 11.

werbsmäßigen Arbeitnehmerüberlassung, die wiederum auf die Definition in § 13 AFG verweist[20]. Da die Abgrenzung in § 1 Abs. 1 AÜG unvollständig ist, sind ergänzend die übrigen Bestimmungen des Art. 1 AÜG heranzuziehen. § 1 Abs. 2 AÜG enthält eine eigentümliche Verknüpfung der Kriterien für eine unzulässige Arbeitsvermittlung mit den gewerberechtlichen Gründen, die die Unverlässigkeit eines Verleihers gemäß § 3 Abs. 1 AÜG begründen: gemäß § 1 Abs. 2 AÜG wird vermutet, daß der Überlassende verbotene Arbeitsvermittlung betreibt, wenn er die Voraussetzungen des § 3 Abs. 1 AÜG nicht erfüllt[21]. Bedenken gegen diese Verknüpfung bestehen deshalb, weil der Schutzzweck des Verbots der Arbeitsvermittlung nicht mit dem des Gewerberechts identisch ist. Die Arbeitsvermittlung ist aus Gründen der sozialen Sicherheit der Arbeitnehmer, zum Schutz der Würde ihrer Person (Schutz vor Ausbeutung) und aus Gründen eines wirksamen Ausgleichs zwischen Angebot und Nachfrage auf dem Arbeitsmarkt zu einer Aufgabe der unmittelbaren staatlichen Daseinsvorsorge gemacht worden[22]. Durch die Bezugnahme des § 1 Abs. 2 AÜG auf § 3 Abs. 1 Nr. 1 und 2 AÜG werden deshalb Fälle erfaßt, die in keinem Zusammenhang mit der Arbeitsvermittlung stehen und dennoch die gewerberechtliche Unzuverlässigkeit begründen. Beispielsweise ist es zweifelhaft, warum der unter § 3 Abs. 1 Nr. 1 AÜG fallende Tatbestand des Nichtabführens der Lohnsteuer die Vermutung der Arbeitsvermittlung auslösen soll. Entsprechendes gilt für § 3 Abs. 1 Nr. 2 AÜG. Unter die Vorschrift fällt auch der Fall der fehlenden Buchführung in einem Leiharbeitsunternehmen, das nach Art und Umfang einen in kaufmännischer Weise eingerichteten Geschäftsbetrieb erfordert bzw. der Fall der fehlenden Ordnung der Vertretung[23].

Auffallend ist weiter, daß in § 1 Abs. 2 AÜG nicht mit auf § 11 Abs. 4 AÜG Bezug genommen worden ist. Dabei dürfte es sich um ein Versehen handeln, wie folgende Überlegungen zeigen: § 11 Abs. 4 AÜG ergänzt die §§ 3, 9 und 10 AÜG insofern, als alle vier Vorschriften sicherstellen sollen, daß der Verleiher das Arbeitgeberrisiko trägt. Um Umgehungsversuche zu verhindern, ist es dem Verleiher nicht gestattet, auf einige nach allgemeinem Arbeitsrecht zulässige Rechtsgestaltungsmöglichkeiten zurückzugreifen[24]. Aus diesem Grund darf ein Leiharbeitnehmer kündigungsrechtlich nicht einer Aushilfskraft gleichgestellt werden, für die kürzere Fristen vereinbart werden können (§ 622

[20] Vgl. die Worte in § 1 Abs. 1 AÜG „ohne damit Arbeitsvermittlung nach § 13 AFG zu betreiben".

[21] Es handelt sich dabei um eine widerlegliche Vermutung (vgl. dazu kritisch: *Becker*, AÜG, Art. 1 § 1 Rdn. 12 ff.; Art. 1 § 1 Rdn. 73).

[22] BSGE 31, 235 (242).

[23] *Franßen / Haesen*, AÜG, Art. 1 § 3 Rdn. 29.

[24] So die Begründung des RefE zu § 11 Abs. 3, S. 14 und die Begründung des RegE zu § 11 Abs. 3, BT-Drucks. VI/2303, S. 14.

Abs. 4 BGB). Ferner darf § 615 BGB über die Zahlung des Arbeitsentgelts bei Annahmeverzug des Arbeitgebers nicht abbedungen werden. Mit dieser Vorschrift soll verhindert werden, daß der Verleiher sich das Recht vorbehält, das Arbeitsangebot eines Leiharbeitnehmers mit der Folge abzulehnen, daß er von der Pflicht zur Zahlung des Arbeitsentgelts frei wird. Damit ist § 11 Abs. 4 AÜG eine nähere Konkretisierung der in § 1 Abs. 2 AÜG genannten Tatbestandsmerkmale „Arbeitgeberpflichten" und „Arbeitgeberrisiko", deren Nichtvorliegen die Vermutung der Arbeitsvermittlung auslöst. § 1 Abs. 2 AÜG muß deshalb so ausgelegt werden, daß auch die Nichteinhaltung der in § 11 Abs. 4 AÜG vorgeschriebenen zwingenden Vertragsgestaltungen die widerlegbare Vermutung auslöst, der Überlassende betreibe Arbeitsvermittlung.

Zu den Vorschriften über die Inhaltsbestimmung der Arbeitnehmerüberlassung und der Abgrenzung gegenüber der Arbeitsvermittlung gehören auch § 9 Nr. 4 und 5 AÜG. Danach sind Klauseln in den Arbeits- und Überlassungsverträgen unwirksam, die es dem Leiharbeitnehmer unmöglich machen, mit dem Entleiher nach Beendigung des Leiharbeitsverhältnisses ein Arbeitsverhältnis einzugehen. § 9 Nr. 4 und 5 AÜG enthalten in gewissem Sinne eine Einschränkung des Vermittlungsmonopols (§ 4 AFG) und des Verbots der privaten Arbeitsvermittlung. Es ist nun nicht mehr ausgeschlossen, daß das Leiharbeitsunternehmen eine Tätigkeit entfaltet, die zumindest bedingt darauf gerichtet ist, Leiharbeiter und Entleiher zur Begründung eines vollen Arbeitsverhältnisses zusammenzuführen. Dennoch ist diese Bestimmung in arbeitsmarktpolitischer Hinsicht zu begrüßen, weil sie dazu beitragen kann, den Anteil der Dauerleiharbeitnehmer zu verringern.

Von dem Grundsatz des § 1 Abs. 1 AÜG, daß der Verleiher der alleinige Arbeitgeber des Leiharbeitnehmers ist, enthält das AÜG in den §§ 10 Abs. 1, 11 Abs. 6 und 7 AÜG selbst Ausnahmen. Diese Bestimmungen liegen auf der Linie der erwähnten Grundsatzurteile des BVerfG und des BSG, weil die Zulässigkeit der Arbeitnehmerüberlassung nur erfordert, daß der Schwerpunkt der arbeitsrechtlichen Beziehungen in dem Verhältnis zwischen dem Verleiher und dem Leiharbeitnehmer liegt. Dagegen ist es nicht ausgeschlossen, daß daneben auch arbeitsrechtliche Rechte und Pflichten zwischen dem Leiharbeitnehmer und dem Entleiher bestehen.

4. Sicherung des arbeits- und sozialversicherungsrechtlichen Mindestschutzes für den Leiharbeitnehmer

Der Gesetzgeber hat bewußt davon abgesehen, die Rechtsbeziehungen zwischen Verleiher, Leiharbeitnehmer und Entleiher erschöpfend zu regeln, weil noch keine generelle Normierung des Arbeitsvertragsrechts vorliegt und eine vorgezogene „Generalregelung“ für das Leiharbeitsverhältnis dem Gesetzgeber nicht angebracht erschien[25]. Dementsprechend steht der gewerberechtliche Aspekt der Arbeitnehmerüberlassung im AÜG eindeutig im Vordergrund. Zwingende Vorschriften über die Ausgestaltung des Leiharbeitsverhältnisses sowie des Arbeitnehmerüberlassungsvertrages werden zum Teil bei den Voraussetzungen für den Anspruch auf Erteilung einer Erlaubnis in § 3 AÜG aufgeführt. Ferner ist im AÜG eingehend geregelt, welche zivilrechtlichen Folgen der Verstoß gegen gewerberechtliche Vorschriften hat[26]. Die Priorität der gewerberechtlichen Normen ergibt sich auch aus dem Aufbau des Gesetzes: das AÜG beginnt mit den Vorschriften über die gewerberechtliche Erlaubnis. Erst danach folgen die zivilrechtlichen Bestimmungen.

Im einzelnen sind im AÜG folgende Tatbestandskomplexe des Leiharbeitsverhältnisses geregelt:

(1) Sicherung der Lohnansprüche auch in den Zeiten, in denen der Entleiher keine Einsatzmöglichkeiten für den Leiharbeitnehmer hat (Schutz vor der Abwälzung des Arbeitgeberrisikos)

a) Zwischen dem Verleiher und dem Leiharbeitnehmer muß ein Arbeitsverhältnis bestehen (§ 1 Abs. 1 AÜG). Die überlassene Person darf folglich nicht als sog. freier Mitarbeiter eingesetzt werden, wie dies früher vielfach üblich war;

b) das Leiharbeitsverhältnis darf nur dann befristet werden, wenn sich für die Befristung aus der Person des Leiharbeitnehmers ein sachlicher Grund ergibt; bei einer unzulässigen Befristung sieht das AÜG als zivilrechtliche Sanktion deren Unwirksamkeit vor. Es kommt also ein unbefristetes Leiharbeitsverhältnis zustande (§ 3 Abs. 1 Nr. 3 und § 9 Nr. 2 AÜG). Der Leiharbeitnehmer behält seinen Lohnanspruch nach Ablauf der nicht wirksam vereinbarten Frist auch dann, wenn er es unterlassen hat, seine Arbeitsleistung anzubieten (§ 10 Abs. 3 S. 2 in Verbindung mit § 9 Nr. 3 AÜG).

(2) Schutz des Leiharbeitnehmers vor Nachteilen, die daraus erwachsen können, daß der Verleiher keine Erlaubnis nach § 1 Abs. 1 AÜG hat oder verbotene Arbeitsvermittlung betreibt (§ 1 Abs. 2 AÜG, § 13 AFG)

a) Hat der Verleiher keine Erlaubnis nach § 1 AÜG, ist das Leiharbeitsverhältnis nach § 9 Nr. 1 AÜG unwirksam. Die Erlaubnis fehlt nicht nur dann, wenn sie dem Verleiher von vornherein versagt worden

---

[25] Vgl. *Sandmann / Vielhaber*, Art. 1 § 1 Anm. 7 a.

[26] Vgl. die §§ 9, 10 AÜG.

ist oder er sie überhaupt nicht beantragt hat. § 9 Nr. 1 AÜG findet auch dann Anwendung, wenn der Überlassende zwar einen Antrag gestellt hat, die Erlaubnis aber noch nicht erteilt worden ist[27]. Die spätere Erteilung der Erlaubnis heilt die Unwirksamkeit nicht[28]. Es handelt sich um eine endgültige und nicht nur schwebende Unwirksamkeit.

b) Zum Ausgleich dafür, daß der Leiharbeitnehmer in den Fällen des § 9 Nr. 1 AÜG keinen Lohnanspruch gegen den Verleiher hat, wird ein Arbeitsverhältnis zwischen dem Entleiher und dem Leiharbeitnehmer fingiert (§ 10 Abs. 1 AÜG). Ob Leiharbeitnehmer und Entleiher das Fehlen der Erlaubnis kennen, spielt keine Rolle[29]. Das Gesetz geht von dem Grundsatz aus, daß sich der Inhalt des fingierten Arbeitsverhältnisses nach den für den Betrieb des Entleihers geltenden Bestimmungen richtet (§ 10 Abs. 1 S. 4 AÜG). Abweichend davon sind die Vereinbarungen zwischen dem Verleiher und dem Leiharbeitnehmer maßgebend, die sich auf eine zulässige Befristung (§ 10 Abs. 1 S. 2 AÜG), auf die tägliche Arbeitszeit (§ 10 Abs. 1 S. 3 AÜG) und die Höhe des Arbeitsentgelts (§ 10 Abs. 1 S. 5 AÜG) beziehen. Der Leiharbeitnehmer kann mindestens den mit dem Verleiher vereinbarten Lohn verlangen. Umgekehrt gelten die an die Stammarbeitnehmer gezahlten Löhne als Maßstab für das Entgelt des Leiharbeitnehmers, wenn diese höher sind. Mit dieser Regelung wird der Tatsache Rechnung getragen, daß die illegalen Leiharbeitsunternehmen die Leiharbeiter durch Zahlung zu niedriger Löhne oft ausbeuten.

c) Die Nachteile, die für den Leiharbeitnehmer aus der Unwirksamkeit des Leiharbeitsverhältnisses entstehen können, werden ferner durch den im § 10 Abs. 2 AÜG enthaltenen Anspruch auf Ersatz des Vertrauensschadens ausgeglichen. Der Schadensersatzanspruch gegen den Verleiher ist trotz der Fiktion eines Arbeitsverhältnisses von Bedeutung, beispielsweise wenn sich der Leiharbeitnehmer gerade zwischen zwei Einsätzen befindet und deshalb keinem Entleiher zugeordnet werden kann oder wenn der Entleiher seine Pflichten aus § 10 Abs. 1 AÜG nicht erfüllt.

d) Durch § 13 AÜG soll sichergestellt werden, daß der überlassene Arbeitnehmer auch dann seine arbeitsrechtlichen Ansprüche behält, wenn das Arbeitsverhältnis unter Verstoß gegen das in § 4 AFG enthaltene Arbeitsvermittlungsmonopol der Bundesanstalt für Arbeit abgeschlossen worden ist. In diesem Fall können die arbeitsrechtlichen Ansprüche gegen den Arbeitgeber dieses Arbeitsverhältnisses nicht aus-

---

[27] Die Übergangsvorschrift des Art. 6 § 3 AÜG enthält aus Gründen der Besitzstandswahrung eine Ausnahme; so auch *Franßen / Haesen*, Art. 1 § 9 Rdn. 7.

[28] Ebenso: *Franßen / Haesen*, Art. 1 § 9 Rdn. 7.

[29] *Sandmann / Vielhaber*, Art. 1 § 10 Anm. 1.

geschlossen werden. Gesetzessystematisch gehört die Bestimmung wohl eher in das AFG als in das AÜG.

Ein Verstoß gegen das Arbeitsvermittlungsmonopol liegt dann vor, wenn die Voraussetzungen des § 13 AFG erfüllt sind, ferner wenn die Vermutung des § 1 Abs. 2 AÜG eingreift. Nicht entscheidend ist, ob der Vermittler gewerbsmäßig handelt[30].

§ 13 AÜG ist die Komplementärbestimmung zu § 10 Abs. 1 AÜG, da sich die unzulässige Arbeitnehmerüberlassung und die verbotene Arbeitsvermittlung in vielen Fällen überschneiden werden und sich die Zweifel nicht zu Lasten des Arbeitnehmers auswirken sollen[31]. Der Arbeitnehmer kann den Dritten, dem er zugewiesen worden ist, in jedem Fall als Arbeitgeber in Anspruch nehmen, ohne den Nachweis führen zu müssen, ob der Zuweisende den Tatbestand der erlaubnispflichtigen Arbeitnehmerüberlassung oder den der verbotenen Arbeitsvermittlung erfüllt hat. Die Anspruchsvoraussetzungen liegen in jedem Fall vor, sei es, daß sie auf § 10 Abs. 1 oder auf § 13 AÜG beruhen[32].

Schwierigkeiten können bei der praktischen Anwendung des § 13 AÜG deshalb entstehen, weil aus dem Gesetz nicht hervorgeht, wie der Inhalt der arbeitsrechtlichen Ansprüche zu bestimmen ist.

Die Divergenz zwischen der enger gefaßten Überschrift „Kein Ausschluß des Entgelts" und dem weiter gefaßten Wortlaut der Vorschrift „die arbeitsrechtlichen Ansprüche des Arbeitnehmers" beruht auf einem Versehen des Gesetzgebers. Gemäß § 12 des Referentenentwurfs sollte nur sichergestellt werden, daß der Entgeltanspruch gegen den Arbeitgeber nicht ausgeschlossen werden kann. Erst § 13 des Regierungsentwurfs brachte die Erweiterung auf sämtliche arbeitsrechtlichen Ansprüche des Arbeitnehmers[33]. Dabei wurde es versäumt, auch die Überschrift entsprechend zu ändern. Maßgebend ist daher allein der Text, wonach die arbeitsrechtlichen Ansprüche nicht ausgeschlossen werden können.

Ferner läßt das Gesetz offen, wie der Inhalt der arbeitsrechtlichen Ansprüche zu bestimmen ist, wenn keine oder nur unvollständige Vereinbarungen zwischen dem Arbeitnehmer und dem Arbeitgeber bestehen, dem der Arbeitnehmer vermittelt wurde. Diese Frage wird vor allem in den Fällen der vermuteten Arbeitsvermittlung nach § 1 Abs. 2 AÜG aktuell. Bei der Lösung des Problems wird man davon ausgehen müssen, daß verbotene Arbeitsvermittlung im Rahmen des § 13

---

[30] Vgl. *Sandmann / Vielhaber*, Art. 1 § 13 Anm. 1.

[31] So die Begründung des RefE zu § 12, S. 15 und die Begründung des RegE zu § 13, BT-Drucks. VI/2303, S. 15.

[32] *Sandmann / Vielhaber*, Art. 1 § 13 Anm. 2.

[33] BT-Drucks. VI/2303, S. 5.

AÜG sowohl unter den Voraussetzungen des § 13 AFG als auch unter denen des § 1 Abs. 2 AÜG vorliegen kann[34]. Es existieren also zwei Tatbestände der verbotenen Arbeitsvermittlung, die sich typologisch grundlegend voneinander unterscheiden.

In den Fällen des § 1 Abs. 2 AÜG bestehen zwischen dem Überlassenden und dem Arbeitnehmer in der Regel auch dann arbeitsrechtliche Vereinbarungen, wenn der Überlassende weder die üblichen Arbeitgeberpflichten noch das Arbeitgeberrisiko übernimmt. Erst recht gilt dies dann, wenn der Überlassende zwar die üblichen Arbeitgeberpflichten und das Arbeitgeberrisiko übernimmt, die Dauer der Überlassung jedoch mehr als drei Monate beträgt. Da der Arbeitnehmer bei dieser Konstellation ebenso auf die Vereinbarungen mit dem Überlassenden vertraut hat wie ein bei einem unerlaubt tätigen Verleiher beschäftigter Leiharbeitnehmer und die Arbeitsleistung in beiden Fällen dem Dritten zugute kommt, muß § 10 Abs. 1 AÜG analog angewendet werden. Von Bedeutung ist insbesondere § 10 Abs. 1 S. 5 AÜG, wonach der Arbeitnehmer von dem Dritten mindestens den Lohn verlangen kann, den er mit dem Überlassenden vereinbart hatte. Nur bei einer analogen Anwendung des § 10 Abs. 1 AÜG wird der vom Gesetzgeber gewollte Zweck erreicht, daß der Arbeitnehmer nicht beweisen muß, ob erlaubnispflichtige Arbeitsvermittlung vorliegt. Würde sich der Anspruch aus § 13 AÜG dagegen immer nach dem Betrieb des Entleihers richten, könnte die Anspruchshöhe verschieden sein.

Liegt andererseits eine Arbeitsvermittlung nach § 13 AFG vor, kann davon ausgegangen werden, daß der Arbeitnehmer mit dem Vermittler keine Vereinbarungen getroffen hat, die unwirksam sein könnten. § 10 AÜG paßt daher schon der Struktur nach nicht auf diese Fälle. Sind die vertraglichen Abmachungen zwischen dem Arbeitnehmer und dem Arbeitgeber unvollständig, bleibt nur die Lösung, daß die für den Betrieb des Arbeitgebers geltenden Regelungen herangezogen werden[35].

(3) Leistungsverweigerungsrecht des Leiharbeitnehmers bei Arbeitskämpfen im Entleiherbetrieb (§ 11 Abs. 5 AÜG)

Durch das Leistungsverweigerungsrecht des Leiharbeitnehmers werden die unbilligen Konsequenzen korrigiert, die sich aus der alleinigen

---

[34] a. A.: *Schubel / Engelbrecht*, Art. 1 § 13 Rdn. 3, wonach die Fälle des § 13 AFG nicht mit unter § 13 AÜG fallen sollen, weil kein Zusammenhang mit der Arbeitnehmerüberlassung bestehe. Da § 13 AÜG ausdrücklich auf § 4 AFG verweist und Vereinbarungen mit dem Arbeitgeber überwiegend in den Fällen des § 13 AFG vorliegen, kann diese Auffassung nicht überzeugen.

[35] So auch *Franßen / Haesen*, Art. 1 § 13, Anm. 3 ff.; in der Literatur werden noch die folgenden Lösungsmöglichkeiten vertreten; Sandmann / Vielhaber, Art. 1 § 13 Anm. 2 zufolge bestimmen sich die arbeitsrechtlichen Ansprüche allein nach den für den Betrieb des Arbeitgebers geltenden Regelun-

arbeitsrechtlichen Zuordnung des Leiharbeitnehmers zum Verleiher ergeben. Wegen des Auseinanderfallens von Betriebsstätte und Arbeitgeberstellung müßte der Leiharbeitnehmer im Entleiherbetrieb auch dann arbeiten, wenn dieser rechtmäßig bestreikt wird. § 11 Abs. 5 AÜG, der vor allem dem Schutz der Leiharbeitnehmer dient, soll deshalb verhindern, daß diese im Falle eines Arbeitskampfes gegen ihren Willen als Streikbrecher eingesetzt werden[36].

(4) Unterrichtungs- und sonstige Pflichten des Verleihers gegenüber dem Leiharbeitnehmer, die es ihm erleichtern sollen, seine Rechte wahrzunehmen

a) Der Verleiher hat dem Leiharbeitnehmer unverzüglich mitzuteilen, daß und wann die Erlaubnis weggefallen ist (§ 11 Abs. 3 S. 1 AÜG). Ferner muß er den Leiharbeitnehmer in den Fällen der Nichtverlängerung, der Rücknahme oder des Widerrufs auf das voraussichtliche Ende der Abwicklung und die gesetzliche Abwicklungsfrist hinweisen (§ 11 Abs. 3 S. 2 AÜG). Die Unterrichtspflichten bestehen unabhängig davon, ob der Leiharbeitnehmer die Tätigkeit bei dem Entleiher schon aufgenommen hat[37]. Da beim Wegfall der Erlaubnis das Leiharbeitsverhältnis spätestens mit Ablauf der Abwicklungsfrist beendet sein muß, soll sich der Leiharbeitnehmer möglichst früh darauf einstellen können.

b) Der Verleiher ist ferner verpflichtet, dem Leiharbeitnehmer bei Vertragsschluß ein Merkblatt der Erlaubnisbehörde über den wesentlichen Inhalt des AÜG auszuhändigen (§ 11 Abs. 2 AÜG). Die Vorschrift ist deshalb sehr bedeutungsvoll, weil das AÜG so kompliziert aufgebaut ist, daß ein juristischer Laie den Gesetzestext kaum verstehen wird. Das Merkblatt kann dazu beitragen, daß die Schutzvorschriften des AÜG bei den betroffenen Leiharbeitnehmern bekannt werden. Dadurch dürfte die Effektivität des Gesetzes erhöht werden. Hat der Verleiher die Aushändigung des Merkblattes unterlassen, ist er dem Leiharbeitnehmer wegen positiver Forderungsverletzung zum Schadensersatz verpflichtet[38]. § 11 AÜG erweitert insofern die Fürsorgepflichten des Verleihers gegenüber dem Leiharbeitnehmer. Kommt der Verleiher der Aushändigungspflicht nicht nach, begeht er eine Ordnungswidrigkeit nach § 16 Abs. 1 Nr. 8 AÜG.

c) Nach § 11 Abs. 1 S. 1 AÜG muß der Verleiher den wesentlichen Inhalt des Arbeitsvertrages in eine von ihm zu unterzeichnende Urkunde

---

gen; *Becker*, AÜG, Art. 1 § 13, Rdn. 3 will generell § 10 Abs. 1 AÜG entsprechend anwenden.

[36] Vgl. die amtliche Begründung des RegE zu § 11 Abs. 4, BT-Drucks. VI/2303, S. 14.

[37] *Franßen / Haesen*, Art. 1 § 11 Anm. 16.

[38] *Franßen / Haesen*, Art. 1 § 11, Anm. 15.

aufnehmen. Was zu dem „wesentlichen Inhalt“ gehört, ergibt sich aus der Aufzählung in § 11 Abs. 1 S. 2 AÜG. Bereits aus dem Wortlaut des § 11 Abs. 1 AÜG folgt, daß es sich um eine Ordnungsvorschrift handelt. Die Einhaltung der Schriftform ist also nicht Voraussetzung für die Gültigkeit des Leiharbeitsvertrages[39].

d) § 11 Abs. 5 S. 2 AÜG verpflichtet den Verleiher, den Leiharbeitnehmer in den Fällen eines Arbeitskampfes auf sein Leistungsverweigerungsrecht hinzuweisen. Die Worte „in den Fällen eines Arbeitskampfes“ besagen, daß der Hinweis in jedem konkreten Einzelfall erfolgen muß, in dem ein Entleiher von einem Streik unmittelbar betroffen ist. Eine allgemeine Unterrichtung bei Abschluß des Leiharbeitsvertrages reicht nicht aus[40].

(5) Arbeitgeberpflichten, für deren Einhaltung der Entleiher verantwortlich ist

Das AÜG enthält expressis verbis drei Ausnahmen von dem Grundsatz des § 1 Abs. 1 AÜG, daß der Verleiher der alleinige Arbeitgeber des Leiharbeitnehmers ist. Auf § 10 Abs. 1 AÜG, die erste Ausnahme, wurde bereits oben ausführlich eingegangen[41]. Weitere Ausnahmen, die ebenfalls dem Schutz des Leiharbeitnehmers dienen, finden sich in § 11 Abs. 6 und Abs. 7 AÜG.

a) § 11 Abs. 6 AÜG enthält die Klarstellung, daß der Entleiher für die Einhaltung der öffentlich-rechtlichen Vorschriften des Arbeitsschutzrechts auch gegenüber dem Leiharbeitnehmer verantwortlich ist. Zu den öffentlich-rechtlichen Arbeitsschutzvorschriften gehören insbesondere die Bestimmungen über den Gefahrenschutz nach den §§ 120 a - c GewO sowie die zu § 120 e GewO erlassenen Rechtsverordnungen, die Unfallverhütungsvorschriften der Berufsgenossenschaften gemäß §§ 708 ff. RVO, die Schutzvorschriften der AZO, des LadSchlG, §§ 105 a - 105 i GewO, JArbSchG.

§ 11 Abs. 6 AÜG hat insofern nur deklaratorische Bedeutung, als sich die Verantwortlichkeit des Entleihers schon aus den allgemeinen arbeitsrechtlichen Grundsätzen ergibt. Da der Leiharbeitnehmer seine Tätigkeit im Betrieb des Entleihers verrichtet, in der Regel auch dessen Gerätschaften (Werkzeuge, Maschinen) zur Arbeitsleistung benutzen muß und partiell den Weisungen des Entleihers unterliegt, treffen den Entleiher schon aus diesem Grund eine Reihe von Schutzpflichten. § 11 Abs. 6 AÜG ist jedoch insofern zu eng gefaßt, als den Entleiher darüber hinaus auch privatrechtliche Fürsorgepflichten gegen-

---

[39] So auch *Becker*, AÜG, Art. 1 § 11, Rdn. 13; *Franßen / Haesen*, Art. 1 § 11, Rdn. 1; *Sandmann / Vielhaber*, Art. 1 § 11, Anm. 2.

[40] *Sandmann / Vielhaber*, Art. 1 § 11 Anm. 8.

[41] Siehe oben: 2. Teil 2. Abschn. III 4 (2).

über dem Leiharbeitnehmer treffen[42]. Die enge Verzahnung der öffentlich-rechtlichen Pflichten mit der privaten Fürsorgepflicht zeigt sich u. a. darin, daß die öffentlich-rechtlichen Arbeitnehmerschutzbestimmungen die privatrechtlichen Fürsorgepflichten konkretisieren[43]. Da der Gesetzgeber von einer umfassenden Regelung des Leiharbeitsverhältnisses abgesehen hat, wird die Annahme, daß den Entleiher Fürsorgepflichten gegenüber dem Leiharbeitnehmer treffen, nicht von dem in § 1 Abs. 1 AÜG enthaltenen Grundsatz der alleinigen Arbeitgeberstellung des Verleihers ausgeschlossen.

b) Gemäß § 11 Abs. 7 AÜG gilt der Entleiher als Arbeitgeber im Sinne des Arbeitnehmererfindungsgesetzes, wenn der Leiharbeitnehmer während der Dauer des Einsatzes beim Entleiher eine Erfindung oder einen technischen Erfindungsvorschlag macht. Ähnlich wie in § 10 Abs. 1 AÜG wird die partielle Arbeitgeberstellung des Entleihers mittels einer Fiktion hergestellt. Sie ist wegen der Regelung des § 1 Abs. 1 AÜG erforderlich, wonach der Verleiher der alleinige Arbeitgeber des Leiharbeitnehmers ist. Unter § 11 Abs. 6 AÜG fallen nur diejenigen Erfindungen und Verbesserungsvorschläge, die auf den Betrieb bezogen sind[44].

(6) Vorschriften zur Verhinderung des Nichtabführens der Sozialversicherungsbeiträge

Eine der wesentlichsten Ursachen für die aufgetretenen Mißstände auf dem Arbeitnehmerüberlassungssektor war die, daß zahlreiche unseriöse Leiharbeitsunternehmen es unterließen, die Sozialversicherungsbeiträge abzuführen. Die bisherigen Vorschriften erwiesen sich als unzureichend, um die Einhaltung der sozialversicherungsrechtlichen Verpflichtungen der Verleiher durchzusetzen. Durch die Änderungen der RVO, des AVG, des RKG sowie des AFG in Art. 3 und 4 AÜG soll der sozialversicherungsrechtliche Schutz des Leiharbeitnehmers sichergestellt werden. Außerdem sollen weitere finanzielle Einbußen durch die Beitragshinterziehungen von den Sozialversicherungsträgern abgewendet werden, die letztlich zu Lasten aller Versicherten gehen.

Abweichend von § 1 Abs. 1 AÜG gelten die sozialversicherungsrechtlichen Bestimmungen des Art. 3 AÜG nicht nur für die gewerbsmäßige Arbeitnehmerüberlassung, sondern für jede entgeltliche Arbeitnehmer-

[42] Daß den Entleiher auch privatrechtliche Fürsorgepflichten treffen, entspricht allgemeiner Meinung; vgl. dazu u. a.: *Becker*, AÜG, Art. 1 § 11 Rdn. 60; *Franßen / Haesen*, Art. 1 § 11, Anm. 49; *Heußner*, DB 1973, 1800 (1803); *Immenga*, BB 1972, 805 (808); vgl. zum Rechtsgrund der privatrechtlichen Fürsorgepflichten unter: 2. Teil 5. Abschn. III 1.

[43] *Soergel / Siebert / Wlotzke / Volze*, § 618 Rdn. 32.

[44] Vgl. *Franßen / Haesen*, Art. 1 § 11, Anm. 52; *Sandmann / Vielhaber*, Art. 1 § 11, Anm. 11.

überlassung (§ 317 a Abs. 1 RVO). Beitragshinterziehungen werden durch die neu eingeführte Pflicht des Entleihers erschwert, der zuständigen Krankenkasse den Beginn und das Ende der Überlassung des Leiharbeitnehmers anzugeben (§ 317 a RVO). Im einzelnen ergibt sich der Inhalt der Meldung aus § 317 a Abs. 2 RVO i. V. m. § 19 DEVO.

Da auch der Verleiher als Arbeitgeber der Meldepflicht unterliegt, kann die Krankenkasse anhand der Rückmeldung des Entleihers feststellen, welcher Leiharbeitnehmer nicht vom Verleiher versichert ist. Die Einhaltung der Meldepflicht kann durch Zwangsstrafen erzwungen werden. Ferner ist das Versicherungsamt befugt, dem Entleiher die Kosten einer Überwachung aufzuerlegen (§ 317 a Abs. 1 S. 2 i. V. m. § 318 a Abs. 2 und 3 RVO). Um den Entleiher in die Lage zu versetzen, der öffentlich-rechtlichen Meldepflicht nachzukommen, wird dem Verleiher seinerseits die privatrechtliche Pflicht auferlegt, dem Entleiher die erforderlichen Angaben zu machen (§ 12 Abs. 3 AÜG).

Ferner bestimmen die Art. 3 und 4 AÜG, daß der Entleiher für die Erfüllung der Abführungspflicht von Sozialversicherungsabgaben wie ein gesamtschuldnerischer Bürge haftet. Zu diesem Zweck wurden folgende Vorschriften geändert bzw. angefügt: §§ 393 Abs. 3, 520 Abs. 1 S. 3, 729 Abs. 4, 1396 Abs. 1 S. 2 RVO; § 118 Abs. 1 S. 2 AVG; § 114 Abs. 1 S. 4 RKG; § 179 S. 1 AFG.

Die Haftung des Entleihers dient nicht nur dem Schutz des Leiharbeitnehmers, der deshalb unentbehrlich ist, weil insbesondere die illegal tätigen Verleiher meist wenig kapitalkräftig sind. Sinn der Vorschriften ist es außerdem, den Entleiher zu einer genauen Prüfung des Leiharbeitsunternehmens zu veranlassen, ob dieser seine Pflicht zur Zahlung der Sozialversicherungsbeiträge auch erfüllen wird. Da der Entleiher damit rechnen muß, für die Beitragsschulden des Verleihers zu haften, wird er nur mit den Verleihern Überlassungsverträge abschließen, bei denen die Gewähr für die Einhaltung der sozialversicherungsrechtlichen Vorschriften gegeben ist. Auf diese Weise wird ein Ausleseprozeß unter den Verleihern eingeleitet, ohne daß die Behörde eingreifen muß. Die unseriösen Verleiher werden gleichsam „ausgetrocknet".

Der beabsichtigte Auslesemechanismus dürfte in vielen Fällen durchaus wirksam sein. Er versagt aber in den Fällen, in denen Verleiher und Entleiher zum Nachteil der Leiharbeitnehmer, der Sozialversicherungsträger und des Steuerfiskus zusammenwirken. Trotz der Rechtsnachteile, die dem Entleiher bei Gesetzesverstößen und wegen der drohenden Haftung entstehen, könnte auch jetzt noch ein Anreiz beispielsweise für die Beschäftigung illegaler Leiharbeitnehmer vorhanden sein, wenn das mit dem Entleiher vereinbarte Entgelt wesentlich niedriger ist als die Kosten für die Einstellung eines Stammarbeitnehmers oder eines Leiharbeitnehmers von einem gesetzestreuen Verleiher. Wegen der hohen Dunkelziffern läßt sich nicht genau ermitteln, welche zahlenmäßige Bedeutung diese Fälle nach Inkrafttreten des AÜG haben.

5. *Zusätzlicher Schutz der ausländischen Leiharbeitnehmer*

Durch eine Reihe von Straf- und Bußgeldbestimmungen und die Belastung mit hohen Verwaltungskosten versucht das AÜG, Druck auf die Verleiher und Entleiher auszuüben, keine ausländischen Leiharbeitnehmer illegal zu beschäftigen[45]. Nur ein Teil der neuen Bestimmungen wendet sich speziell an die Verleiher und Entleiher. Da die Beschäftigung ausländischer Leiharbeitnehmer ohne Aufenthalts- und ohne Arbeitserlaubnis besonders häufig ist, ergibt sich der Sachzusammenhang zum Leiharbeitsgewerbe. Die ausländischen Leiharbeitnehmer sind besonders schutzbedürftig, weil sie sich wegen ihrer Illegalität nicht gegen die Ausbeutung wehren können. Wenden sie sich an die Behörden, müssen sie mit ihrer Ausweisung rechnen.

a) § 15 AÜG bedroht Verleiher, die nichtdeutsche Leiharbeitnehmer ohne die erforderliche Arbeitserlaubnis überlassen, mit Freiheitsstrafe oder mit Geldstrafe, falls sie selbst keine gewerberechtliche Erlaubnis nach § 1 Abs. 1 AÜG haben. Wegen der doppelten Tatbestandsvoraussetzungen (keine Erlaubnis nach § 1 Abs. 1 AÜG, keine Erlaubnis nach § 19 AFG i. V. m. der dazu erlassenen Arbeitserlaubnisverordnung vom 2. 3. 1971)[46] ist der Unrechtsgehalt der Tat besonders groß.

b) Eine Ordnungswidrigkeit begeht nach § 16 Abs. 1 Nr. 2 AÜG derjenige Entleiher, der einen nichtdeutschen Leiharbeitnehmer ohne die erforderliche Arbeitserlaubnis tätig werden läßt.

c) Neu eingeführt wurde in Art. 4 AÜG die Strafvorschrift des § 227 Nr. 2 AFG, einer Parallelbestimmung zu § 15 AÜG. Danach macht sich strafbar, wer einen nichtdeutschen Arbeitnehmer ohne die notwendige Arbeitserlaubnis im Inland vermittelt, ohne die Vermittlungserlaubnis des § 23 AFG zu besitzen.

d) Ferner wurde der Bußgeldrahmen der Ordnungswidrigkeitsvorschrift des § 229 Abs. 2 AFG erhöht. Wer einen nichtdeutschen Arbeitnehmer ohne die erforderliche Arbeitserlaubnis beschäftigt, wird mit einer Geldbuße bis zu 10 000 DM, jedoch nicht unter 1000 DM, belegt. Die Tatbestandsvoraussetzungen liegen beispielsweise vor, wenn ein Verleiher einen nichtdeutschen Arbeitnehmer ohne Arbeitserlaubnis

---

[45] Der Entwurf eines Gesetzes zur Änderung des Arbeitsförderungsgesetzes und des Arbeitnehmerüberlassungsgesetzes, BT-Drucks. 7/3100, sieht in wesentlichen Punkten eine Erhöhung des Straf- und Bußgeldrahmens vor.

[46] BGBl. I 1971, S. 152.

einstellt. § 229 Abs. 1 Nr. 2 AFG entspricht der Parallelvorschrift des § 16 Abs. 1 Nr. 2 AÜG, die sich an den Entleiher wendet.

e) Durch Art. 5 AÜG wird dem § 24 AuslG der neue Absatz 6 a hinzugefügt. Danach haftet derjenige, der einen nichtdeutschen Arbeitnehmer beschäftigt, für die Abschiebungskosten. Grundsätzlich muß danach der Verleiher als der Arbeitgeber des Leiharbeitnehmers in Anspruch genommen werden. Der Verleiher ist kein Arbeitgeber, wenn er ohne gewerberechtliche Erlaubnis gemäß § 1 Abs. 1 AÜG den nichtdeutschen Leiharbeitnehmer überläßt (§ 9 Nr. 1 AÜG). Da der Entleiher in diesen Fällen gemäß § 10 Abs. 1 AÜG als Arbeitgeber gilt, haftet er auch für die Abschiebungskosten. Daran ändert auch die Nichtigkeit des Leiharbeits- und des Arbeitnehmerüberlassungsvertrages nichts[47].

3. Abschnitt: Umsetzung der im 1. Teil gewonnenen Rechtstatsachen in zusätzliche sozialpolitische Ziele, die im AÜG nicht oder nur unvollständig berücksichtigt worden sind

I. Teilweise Ausdehnung des Anwendungsbereichs des AÜG auf verwandte Erscheinungsformen der Zuweisung von Arbeitnehmern an Dritte

Gemäß § 1 Abs. 1 AÜG gilt das neue Gesetz nur für die gewerbsmäßige Arbeitnehmerüberlassung. Das einschränkende Tatbestandsmerkmal „gewerbsmäßig" erklärt sich einmal daraus, daß das AÜG im wesentlichen als ein gewerberechtliches Gesetz konzipiert wurde. Nur von gewerbsmäßig tätigen Unternehmen kann eine Erlaubnis verlangt werden.

Zwei Regelungsbereiche des AÜG weichen von dem Erfordernis der Gewerbsmäßigkeit ab. Die Vermutung der Arbeitsvermittlung in § 1 Abs. 2 AÜG greift beim Vorliegen der übrigen Voraussetzungen auch dann ein, wenn der Überlassende den Arbeitnehmer *nicht* gewerbsmäßig überläßt. Insofern knüpft die Bestimmung an den aufgehobenen § 37 Abs. 3 AVAVG an. Ähnlich sind gemäß dem durch Art. 3 § 1 AÜG neu eingefügten § 317 a RVO die sozialversicherungsrechtlichen Bestimmungen bereits dann anwendbar, wenn ein Arbeitnehmer von einem anderen zur Arbeitsleistung überlassen wird. Das Tatbestandsmerkmal „gegen Vergütung" ist umfassender als der Begriff „gewerbsmäßig"[1].

---

[47] Im Ergebnis ebenso: *Sandmann / Vielhaber*, Art. 5, Anm. 3; *Becker*, AÜG, Art. 5, Rdn. 2; a. A.: *Franßen / Haesen*, Art. 5 Rdn. 4.

[1] Vgl. zur Definition des Begriffs „gewerbsmäßig": *Sandmann / Vielhaber*, Art. 1 § 1 Anm. 8.

Unbefriedigend an der gesetzlichen Regelung des AÜG ist jedoch, daß nicht wenigstens die arbeitsrechtlichen Schutzbestimmungen des Art. 1 auch auf die nicht gewerbsmäßige entgeltliche sowie auf die unentgeltliche Arbeitnehmerüberlassung i. e. S. für entsprechend anwendbar erklärt worden sind. Auch wenn diese Überlassungsfälle in der Praxis weniger häufig vorkommen als das gewerbsmäßige Überlassen von Leiharbeitnehmern, ändert dies an der Schutzbedürftigkeit der betroffenen Arbeitnehmer nichts. Für die Fälle der nicht gewerbsmäßigen Arbeitnehmerüberlassung wird sich zwar nicht empfehlen, ebenfalls eine Erlaubnispflicht einzuführen. Dennoch wäre es angebracht gewesen, einen Teil der Anzeige- und Auskunftspflichten auch diesen Verleihern aufzuerlegen.

Ähnliches gilt für die der Arbeitnehmerüberlassung verwandten Erscheinungsformen der Zuweisung von Arbeitnehmern an Dritte. Zu diesen gehören insbesondere: die Überlassung von Maschinen mit Bedienungspersonal, die Arbeitsleistung eines Arbeitnehmers in einem anderen Betrieb zur Erfüllung werkvertraglicher Pflichten (Unterarten: Subunternehmerverhältnis, Montageverhältnis), die Zwischenpersonen (mittelbares Arbeitsverhältnis), die Schwestern-Gestellungsverträge und die Selbsthilfeorganisationen der Landwirtschaft[2].

Die genannten Dreiecksverhältnisse unterscheiden sich ihrer Struktur und ihrem wirtschaftlichen Zweck nach so sehr voneinander, daß pauschale Regelungen von vornherein ausscheiden. Abgesehen davon sind die von diesen Vertragsgestaltungen ausgehenden Gefahren für den sozialen Schutz der dort arbeitenden Personen sehr verschieden zu beurteilen. Bei den Schwestern-Gestellungsverträgen beispielsweise werden kaum gravierende Mißstände auftreten, während umgekehrt Gesetzesverstöße der Subunternehmer nicht gerade selten sind. Schließlich muß berücksichtigt werden, daß die tatsächlichen Kontrollmöglichkeiten sehr begrenzt sind. Wollte man sämtliche Werkverträge in die gewerberechtlichen Vorschriften miteinbeziehen, wäre davon fast die gesamte Wirtschaft betroffen.

Das schließt jedoch nicht aus, daß einige Vorschriften, insbesondere diejenigen, die den Schutz der zugewiesenen Arbeitnehmer betreffen, entsprechend angewendet werden können.

Die teilweise Einbeziehung dieser Überlassungsverträge in das AÜG ist auch deshalb erforderlich, weil viele Verleiher auf andere Vertragsformen ausweichen, um nicht an die Bestimmungen des AÜG ge-

[2] Vgl. dazu die im 2. Teil 1. Abschn. I in den Anm. 1 und 3 genannten Dissertationen. Aus der neueren Lit. ist u. a. zu nennen: *Becker*, AÜG, Einl. Rdn. 18 - 35; *Mayer-Maly*, ZfA 1972, 1 ff.; *Ramm*, ZfA 1973, 263 ff.

bunden zu sein[3]. Soweit eine Analogie zu den Vorschriften des AÜG ausscheidet, müßte der Gesetzgeber insoweit Sonderregelungen vorsehen. Auch ist es unumgänglich, Kriterien zu entwickeln, in welchen Fällen eine Gesetzesumgehung vorliegt.

II. Abwehr von Störungen des Arbeitsmarktes durch die Arbeitnehmerüberlassung sowie volkswirtschaftlicher Nachteile

Die Arbeitnehmerüberlassung hat in den letzten Jahren an Umfang und Bedeutung so sehr zugenommen, daß man verschiedentlich nicht ganz zu Unrecht von einem „zweiten Arbeitsmarkt" gesprochen hat[4]. Es ist deshalb nicht verwunderlich, daß die Arbeitnehmerüberlassung durchaus in der Lage ist, das Funktionieren des Arbeitsmarktes empfindlich zu stören.

Obwohl sich bereits vor Erlaß des AÜG die Tendenz abzeichnete, daß in zunehmendem Maße Dauerarbeitskräfte, insbesondere Facharbeiter, zu Verleihern abwandern und die Unternehmer der betroffenen Wirtschaftszweige wegen des Arbeitskräftemangels auf Leiharbeitnehmer zurückgreifen mußten[5], hat der Gesetzgeber nur unzureichend darauf reagiert. Darüber hinaus hat der Gesetzgeber durch das Gebot, der Leiharbeitsvertrag müsse grundsätzlich unbefristet abgeschlossen werden (§ 3 Abs. 1 Nr. 3 AÜG), die ohnehin bestehenden Abwanderungstendenzen noch verstärkt. Durch diese Regelung werden gerade diejenigen Arbeitnehmer angesprochen, die ein dauerhaftes Arbeitsverhältnis anstreben.

Gegenwärtig bestehen nur vier Bestimmungen zur Arbeitnehmerüberlassung, die arbeitsmarktbezogen sind oder zumindest — in geringem Umfang — positive Nebenwirkungen auf den Arbeitsmarkt haben können:

1. Gemäß § 3 Abs. 1 Nr. 6 AÜG darf der Leiharbeitnehmer höchstens drei Monate bei einem Entleiher eingesetzt werden. Damit soll u. a. verhindert werden, daß Dauerarbeitsplätze mit Leiharbeitnehmern besetzt werden. Dieser Zweck dürfte in der Praxis kaum erreicht werden, denn dem Verleiher bleibt es unbenommen, den Leiharbeitnehmer nach drei Monaten gegen einen anderen auszutauschen. Möglicherweise wirkt § 3 Abs. 1 Nr. 6 AÜG in sehr begrenztem Umfang der Abwan-

---

[3] Dem Erfahrungsbericht der BReg. zufolge (BT-Drucks. 7/2365, S. 11) wird im Bundesministerium für Arbeit und Sozialordnung erwogen, die Werkverträge dadurch teilweise in das AÜG einzubeziehen, daß bei dem Vorliegen bestimmter Vertragsgestaltungen vermutet werden soll, es handele sich um gewerbsmäßige Arbeitnehmerüberlassung.

[4] So z. B.: *Apitz*, ArbuSozPol. 1969, 258; *Then* in: Personal, Mensch und Arbeit im Betrieb 1972, 148.

[5] Vgl. *Vielhaber*, BArbBl. 1969, 417 (418); *ders.*: ArbuSozPol. 1971, 139.

derung von Dauerarbeitnehmern wenigstens mittelbar entgegen. Ein Teil der Leiharbeitnehmer könnte den ständigen Zwang zum Betriebswechsel innerhalb kurzer Zeit als einen so großen Nachteil empfinden, daß er sich nach einiger Zeit doch lieber einen Stammarbeitsplatz sucht.

2. Nach § 9 Nr. 4 und 5 AÜG sind vertragliche Abreden unwirksam, die darauf abzielen, die Einstellung des Leiharbeitnehmers beim Entleiher zu verhindern. Aus der Begründung des Referentenentwurfs und des Regierungsentwurfs ergibt sich, daß der Gesetzgeber zwar ausschließlich den Schutz des Leiharbeitnehmers bezweckte. Es wird ausgeführt, nach dem Sozialstaatsprinzip erscheine es hier nicht gerechtfertigt, das Recht des Leiharbeitnehmers auf freie Wahl des Arbeitsplatzes zu beeinträchtigen[6].

Dennoch können die beiden Bestimmungen günstige Auswirkungen auf den Arbeitsmarkt haben, indem sie zur Integration marginaler Arbeitnehmergruppen beitragen[7]. Den zu Leiharbeitsunternehmen abgewanderten Arbeitnehmern wird der Übergang zu einem festen Arbeitsplatz erleichtert. Damit sinkt der Anteil der Dauerleiharbeitnehmer.

3. Die statistischen Meldungen des Verleihers an die Erlaubnisbehörde gemäß § 8 AÜG ermöglichen es der Arbeitsverwaltung, den „zweiten Arbeitsmarkt" genau zu beobachten.

4. Auf Grund der 2. Verordnung zur Änderung der Verordnung über die Arbeitserlaubnis für nichtdeutsche Arbeitnehmer (Arbeitserlaubnisverordnung) vom 22. 2. 1974[8] soll in Zukunft die Beschäftigung ausländischer Leiharbeitnehmer weitgehend ausgeschlossen werden. Nach § 6 Abs. 1 S. 2 Arbeitserlaubnisverordnung i. d. F. v. 22. 2. 1974 ist die Arbeitserlaubnis zu versagen, wenn der Arbeitnehmer als Leiharbeitnehmer tätig werden will. Der Vorschrift liegt der Gedanke zugrunde, daß durch die Beschäftigung ausländischer Arbeitnehmer keine Arbeitsmarktreserven ausgeschöpft werden. Diese Maßnahme dürfte ein wirksames Mittel sein, den Anteil der Dauerarbeitnehmer bei den Leiharbeitnehmern zu vermindern.

Die tatsächliche Entwicklung seit Inkrafttreten des AÜG hat gezeigt, daß die genannten Vorschriften nicht ausreichen, um eine Abwanderung von Arbeitnehmern mit dauerhaftem Arbeitsinteresse zu Leiharbeitsunternehmen in größerem Umfang einzudämmen. Es ist anzunehmen, daß das AÜG im Gegenteil dazu beigetragen hat, bisher bestehende Vorbehalte und psychologische Barrieren gegen die Leiharbeit

[6] Begründung des RefE zu § 9, S. 13; amtl. Begründung des RegE. zu § 9, BT-Drucks. VI/2303, S. 13.

[7] Siehe dazu die obigen Ausführungen im 1. Teil 8. Abschn. VIII.

[8] BGBl. I. 365.

bei einem Teil der Arbeitnehmerschaft abzubauen. Da der Gesetzgeber die Arbeitnehmerüberlassung als gesellschaftspolitisch und wirtschaftlich sinnvolle Einrichtung akzeptiert hat, der arbeits- und sozialversicherungsrechtliche Schutz verbessert wurde und das Gesetz schließlich gerade die Dauerarbeitnehmer anspricht, wird mancher gewerbliche Arbeitnehmer keinen Grund mehr sehen, nicht zu einem Verleiher zu gehen, zumal er dort als Fachkraft oft wesentlich mehr verdient.

Die Beschäftigung von Leiharbeitnehmern mit dauerhaftem Arbeitsinteresse muß im übrigen aus volkswirtschaftlichen Gründen abgelehnt werden. Der Zwischenhandel mit der Arbeitskraft erhöht die Produktionskosten, die zu einem großen Teil auf die Verbraucher abgewälzt werden. Inflationäre Tendenzen werden dadurch verstärkt[9]. Wegen des Zugangs-Abgangs-Kreislaufs erhöht sich die Mobilität, die überwiegend disfunktional ist. Auch dadurch steigen die Personalkosten der Unternehmen. Durch die Abwanderung von Facharbeitern aus Mangelberufen können die Verleiher in bestimmten Wirtschaftsgebieten eine oligopolistische Stellung erlangen.

Aus diesen Gründen ist es unumgänglich, ein Gesetzesinstrumentarium zu entwickeln, mit dessen Hilfe die negativen Auswirkungen auf den Arbeitsmarkt und die Gesamtwirtschaft vermieden werden.

III. Ausbau des sozialen Schutzes der Leiharbeitnehmer — Keine Beschränkung auf das Ziel, die Anwendung der bestehenden arbeitsrechtlichen und sozialrechtlichen Vorschriften auf das Leiharbeitsverhältnis sicherzustellen

Der Gesetzgeber hat sich auf die Schaffung eines arbeits- und sozialversicherungsrechtlichen Mindestschutzes für die Leiharbeitnehmer beschränkt. Der Leiharbeitnehmer soll nicht nur formaljuristisch, sondern auch faktisch nicht schlechter stehen als ein Stammarbeitnehmer. Voraussetzung dafür war, daß einige Sondervorschriften geschaffen wurden, die der Besonderheit des bei der Leiharbeit typischen Dreiecksverhältnisses Rechnung trugen.

Damit hat der Gesetzgeber nur einen — wenn auch sehr bedeutenden — Teilaspekt berücksichtigt. Zusätzlich muß untersucht werden, mit welchen Mitteln die im 1. Teil untersuchten sozialpolitischen Probleme zu lösen sind.

Da gerade die langfristig ausgeübte Leiharbeitstätigkeit negative Auswirkungen auf die soziale Lage der betroffenen Leiharbeitnehmer hat, ist es vordringlich, durch eine gesetzliche Regelung sicherzustellen, daß künftig nur Arbeitnehmer mit einem vorübergehenden Arbeitsinteresse ein Leiharbeitsverhältnis eingehen.

---

[9] Vgl. zum folgenden oben: 1. Teil 6. Abschn.

Die wesentlichsten Nachteile der Dauerleiharbeit sind:

(1) Geringe Aufstiegsmöglichkeiten, weil

— Verleiher und Entleiher kein Interesse an der beruflichen Weiterbildung der Leiharbeitnehmer haben;

— den Leiharbeitnehmern die Tätigkeiten mit den vergleichsweise geringsten Entfaltungsmöglichkeiten übertragen werden[10].

(2) Gefahr des sozialen Abstiegs bei den Berufswechslern.

(3) Physische und psychische Überbeanspruchung.

(4) Die mit der „Lückenbüßerfunktion" der Leiharbeitnehmer zusammenhängenden negativen Auswirkungen: Qualifikationsverlust, Förderung einer rein instrumentellen Arbeitseinstellung, Abschwächung der Motivation zur beruflichen Weiterbildung.

Ferner ist zu prüfen, welche zusätzlichen sozialpolitischen Maßnahmen zugunsten bestimmter Leiharbeitnehmergruppen in Betracht kommen. Da die langfristige Leiharbeitnehmertätigkeit die berufliche Sozialisation der Jugendlichen ohne Berufsausbildung beeinträchtigt, empfiehlt es sich, Schutzvorschriften zugunsten dieses Personenkreises zu erlassen. Die Probleme der bei einem Verleiher arbeitenden Frauen mit Kleinkindern, der Frauen mit mehrjähriger Berufsunterbrechung sowie der älteren Arbeitnehmer lassen sich weniger durch Verbotsvorschriften als durch verstärkte strukturpolitische Maßnahmen lösen. Diese Arbeitnehmergruppen gehen nämlich überwiegend nicht aus Vorliebe für den ständigen Betriebswechsel zu einem Verleiher, sondern weil es keine Alternative gibt. Es müssen verstärkt auf die Bedürfnisse der betreffenden Arbeitnehmergruppen zugeschnittene Arbeitsplätze geschaffen werden. Durch die Verbesserung der Sozialeinrichtungen müßte dafür gesorgt werden, daß die familiären Verpflichtungen der Frauen mit Kindern diese nicht mehr daran hindern, ein Dauerarbeitsverhältnis einzugehen. Die Arbeitnehmerüberlassung verdankt ihren Aufstieg zu einem großen Teil der Tatsache, daß diese Aufgaben bis heute noch nicht zufriedenstellend gelöst sind. Insofern erweist sich die Arbeitnehmerüberlassung als ein Indikator für das Funktionieren der Sozialpolitik.

Sozialpolitisch nicht zu verantworten ist schließlich der faktische Ausschluß der Leiharbeitnehmer von der Mitbestimmung und den künftigen Maßnahmen zur Humanisierung und Demokratisierung der Arbeit[11]. Damit wird ein gesellschaftspolitischer Freiraum geschaffen, der in einen immer größeren Gegensatz zu der übrigen Arbeitswelt gerät. Je mehr die Zahl der Leiharbeitnehmer zunimmt, desto brisanter

[10] Vgl. dazu im einzelnen die Ausführungen im 1. Teil 8. Abschn. unter III 2, VI 2 und VI 4.

[11] Vgl. dazu den 1. Teil 8. Abschn. IX 4.

wird das soziale Vakuum des Phänomens Arbeitnehmerüberlassung werden. Der Grundstein für noch nicht absehbare soziale Konflikte ist damit gelegt.

IV. Keine Nachteile für die Stammbelegschaft der Entleiherbetriebe

Durch eine gesetzliche Regelung sollte sichergestellt werden, daß sich die Arbeitnehmerüberlassung nicht zu Lasten der Stammarbeitnehmer in den Entleiherbetrieben auswirkt. Das geltende AÜG enthält zu diesem Problemkomplex eine einzige Vorschrift. Durch das Leistungsverweigerungsrecht des Leiharbeitnehmers in den Fällen eines Arbeitskampfes gemäß § 11 Abs. 5 AÜG wird die Gefahr gemindert, daß der Einsatz von Leiharbeitnehmern dazu benutzt wird, das Machtgleichgewicht zwischen den Arbeitgebern und der Arbeitnehmerschaft zu beseitigen.

Die Arbeitnehmerüberlassung wirkt sich jedoch noch aus anderen Gründen zum Nachteil der Stammarbeitnehmer aus.

(1) Qualifizierte Fachkräfte aus Berufen, in denen ein akuter Arbeitskräftemangel besteht, verdienen bei einem Verleiher erheblich mehr als ein vergleichbarer Stammarbeitnehmer. In dem Entgelt, das der Entleiher an das Leiharbeitsunternehmen zu zahlen hat, ist demnach nicht nur der Gewinn des Verleihers enthalten, sondern auch die Aufwendungen für den höheren Lohn an den Leiharbeitnehmer. Dadurch steigen die Produktionskosten. Kann der Entleiher die Kostensteigerung nicht an die Verbraucher weitergeben, weil dies die Marktlage nicht zuläßt, schmälert sich der Unternehmergewinn. Damit verringert sich im Verteilungskampf zwischen Arbeitgebern und Arbeitnehmern der Spielraum für Lohnerhöhungen. Die Auswirkungen sind naturgemäß besonders groß, wenn der Entleiher in größerem Umfang Leiharbeitnehmer einsetzt, weil Stammarbeitnehmer wegen der von den Verleihern gezahlten höheren Löhne abgewandert sind und auf dem Arbeitsmarkt keine Ersatzkräfte zu bekommen sind. Bei einer entsprechenden Marktlage wird auf diese Weise ein verhängnisvoller Kreislauf in Bewegung gesetzt: der Lohnabstand vergrößert sich, damit werden noch mehr Stammarbeitnehmer zur Abwanderung veranlaßt. Auch dieser Gesichtspunkt zeigt, daß durch gesetzgeberische Maßnahmen die Abwanderung verhindert werden muß.

(2) Bereits oben wurde darauf hingewiesen, daß die Leiharbeitnehmer faktisch weitgehend von der Umgestaltung der Arbeitsorganisation im Sinne der Humanisierung ausgeschlossen sind[12]. Umgekehrt kann die Leiharbeit in einigen Wirtschaftszweigen mit hohem Leiharbeitnehmeranteil die Einführung neuer Arbeitsorganisationen zur

[12] 2. Teil 3. Abschn. III a. E.

Humanisierung der Arbeit erschweren oder vereiteln. Übersteigt der Anteil der Leiharbeitnehmer einen bestimmten Prozentsatz, wird die Quantität in Qualität umschlagen. Bei welchem Leiharbeitnehmeranteil dies der Fall sein wird, läßt sich leider heute noch nicht voraussehen[13].

4. Abschnitt: Das Problem des Zielkonflikts

Zwischen den aufgeführten sozialpolitischen Zielen besteht eine komplizierte Wechselbeziehung. Neben den Interessen der Verleiher, Leiharbeitnehmer, Entleiher, der Stammbelegschaft in den Entleiherbetrieben und der Sozialversicherungsträger sind die übergeordneten volkswirtschaftlichen und die den Arbeitsmarkt betreffenden Belange zu berücksichtigen. Infolgedessen kann es dazu kommen, daß sich die Zielvorstellungen einander teilweise widersprechen.

(1) Wird ein maximaler Schutz der Leiharbeitnehmer angestrebt, leidet darunter die Funktionsfähigkeit des Arbeitsmarktes. Durch die Bestimmung des § 3 Abs. 1 Nr. 3 AÜG, wonach das Leiharbeitsverhältnis grundsätzlich unbefristet abgeschlossen werden muß sowie durch eine — verschiedentlich vorgeschlagene — subsidiäre Lohnhaftung des Entleihers[1] kann die Arbeitnehmerüberlassung für Dauerarbeitskräfte so attraktiv werden, daß sich die bestehenden Abwanderungstendenzen noch verstärken. Gleichzeitig treten die oben beschriebenen Nachteile für die Volkswirtschaft sowie für die Stammarbeitnehmer in den Entleiherbetrieben auf.

Dieser Zielkonflikt läßt sich nur so lösen, daß auch dem Leiharbeitnehmer gewisse Beschränkungen auferlegt werden, wodurch sich allerdings die Konzeption des AÜG entscheidend verändern würde. Der Gesetzgeber will grundsätzlich allein dem Verleiher Beschränkungen auferlegen, weil er davon ausgeht, daß nur die Verleiher für die Auswüchse verantwortlich sind. Dementsprechend sollen auch die Störungen des Arbeitsmarktes in erster Linie von den Leiharbeitsunternehmen ausgehen, weil sie Dauerarbeitnehmer abwerben[2]. Dabei wird außer acht gelassen, daß die Abwanderung von Arbeitnehmern mit dauerhaftem Arbeitsinteresse nicht nur auf der Abwerbung beruht. Viele Facharbeiter aus der gewerblichen Wirtschaft gehen aus eigener Initiative zu einem Verleiher, weil sie sich dort einen höheren Lohn versprechen. Das Verursacher-Prinzip muß deshalb auch hier Anwen-

[13] Vgl. dazu: 1. Teil, 8. Abschn. IX 5.

[1] Eine subsidiäre Lohnhaftung befürworten: *Becker*, AÜG, Einl. Rdn. 122, *Göbel*, BlStSozArbR 1973, 309 (312); *Heußner*, DB 1973, 1800 (1803); *Schnorr*, RdA 1972, 193 (204).

[2] Vgl. die amtl. Begründung des RegE; BT-Drucks. VI/2303, S. 9.

dung finden. Derjenige, der durch sein Verhalten die Sozialordnung stört, muß dafür auch einstehen. Infolgedessen kann die Abwanderung nicht wirksam dadurch bekämpft werden, daß dem Verleiher die Abwerbung von Stammarbeitnehmern untersagt wird. Die nicht abdingbaren Vorschriften des AÜG über den Inhalt des Leiharbeitsverhältnisses müssen dahingehend geändert werden, daß der Verleiher in Zukunft nur noch mit den Personen einen Leiharbeitsvertrag abschließen darf, die ein nur vorübergehendes Arbeitsinteresse haben. Eine solche Konzeption steht im übrigen im Einklang mit der Rechtsprechung des BVerfG. In der Adia-interim-Entscheidung ist die Arbeitnehmerüberlassung nur insoweit als sinnvoll anerkannt worden, als Arbeitskraftreserven mobilisiert werden[3]. Dem Gesetzgeber muß es deshalb gestattet sein, Regelungen einzuführen, die dieses Ziel auch tatsächlich erreichen.

Die damit verbundene mittelbare Belastung für den Leiharbeitnehmer, daß er Leiharbeitsverträge bestimmten Inhalts nicht mehr mit dem Verleiher eingehen darf, dürfte im übrigen geringer sein als die gegenwärtigen Beschränkungen der Vertragsautonomie. Hinzuweisen ist beispielsweise auf das Erfordernis des § 3 Abs. 1 Nr. 5 AÜG, wonach das Leiharbeitsverhältnis die Zeit der ersten Überlassung überdauern muß. Wie die Umfrage des Verfassers bei 21 Verleihern in Frankfurt/M. gezeigt hat[4], werden dadurch Personen, die nur kurze Zeit arbeiten wollen, weitgehend von der Leiharbeit ausgeschlossen.

Demgegenüber hat das AÜG durch die Vorschriften des § 3 Abs. 1 Nr. 3 und § 9 Nr. 2 AÜG, wonach das Leiharbeitsverhältnis grundsätzlich unbefristet sein muß, eine Schutzbestimmung für Personen geschaffen, die wegen des vorübergehenden Arbeitsinteresses eines so weitgehenden Schutzes überhaupt nicht bedürfen. Es reicht völlig aus, wenn das Gesetz sicherstellt, daß der Verleiher das Leiharbeitsverhältnis nicht vorzeitig beendet, um das Arbeitgeberrisiko teilweise abzuwälzen. Es muß daher eine Konzeption angestrebt werden, die gewährleistet, daß der Leiharbeitnehmer in der Zeit, in der das vorübergehende Arbeitsinteresse andauert, nicht vorzeitig entlassen wird.

(2) Ein weiterer Zielkonflikt besteht darin, daß ein Gesetz einerseits so umfassend sein muß, daß sämtliche negativen Tendenzen wirksam bekämpft werden. Andererseits wird ein Gesetz um so schwerer verständlich, je komplizierter es aufgebaut ist. Da die geschützten Personen kaum in der Lage sind, sich die erforderlichen Rechtskenntnisse anzueignen, können sie ihre Rechte nicht wahrnehmen. Außerdem birgt ein perfektionistisches Gesetz die Gefahr in sich, daß es zu einem unangemessenen Verwaltungsaufwand führt. Auch dadurch kann die

---

[3] BVerfGE 21, 261 (269).

[4] Dazu oben: 1. Teil 2. Abschn. IV.

Praktikabilität leiden. Sowohl das geltende AÜG als auch die Novellierungsvorschläge sind daher an der Maxime zu messen, ob mit einem Minimum an Aufwand ein Maximum an Effizienz erreicht wird[5]. Ein eindrucksvolles Beispiel, wie der Gesetzgeber nicht verfahren sollte, ist das französische Zeitarbeitsgesetz.

Gemäß den §§ 3 (i. V. m. § 2), 32, 34, 35 des französischen Zeitarbeitsgesetzes (ZAG)[6] und der dazu ergangenen Durchführungsverordnung 73 - 53 vom 9. 1. 1973[7] (DVO) haben die Leiharbeitsunternehmen den französischen Behörden der Arbeitsverwaltung auf Departementebene[8] praktisch den gesamten Geschäftsablauf mitzuteilen:

1. Nach § 3 ZAG i. V. m. § 3 DVO ist eine Genehmigung erforderlich, falls die Überlassung den in § 2 lit. c, d, e ZAG genannten Zwecken dient[9] und die Überlassung den Zeitraum von drei Monaten überschreiten soll.
2. § 32 ZAG i. V. m. § 32 DVO schreibt vor, daß die Aufnahme und Beendigung einer Verleihertätigkeit, die Sitzverlegung sowie die Eröffnung eines Zweigbetriebes vorher anzuzeigen ist.
3. Die §§ 34, 35 ZAG i. V. m. § 4 DVO setzen fest, daß der Verleiher jede Woche eine Aufstellung der abgeschlossenen Leiharbeitsverträge anfertigen muß.
4. Am Anfang eines jeden Monats hat der Verleiher eine Aufstellung der mit den Entleihern abgeschlossenen Überlassungsverträge abzuliefern (§ 34 ZAG i. V. m. § 4 DVO).
5. Schließlich muß der Verleiher vor dem Ablauf eines Vierteljahres den Nachweis führen, daß er die Sozialversicherungsbeiträge abgeführt hat (§ 34 ZAG i. V. m. § 4 DVO).

Aufgabe des französischen Amtes für Statistik INSEE[10] ist es, die lokalen Daten zusammenzufassen und eine Globalstatistik zu erstellen. Die wahre Flut von Meldungen und Anzeigen führte dazu, daß die Ziele des Gesetzes in keiner Weise erreicht wurden. Die lokalen Arbeitsverwaltungen forderten zusätzliche Stellen und Mittel an, um der

[5] Vgl. *Noll*, S. 79.

[6] Journal Officiel de la République Française vom 5. 1. 1972, S. 141.

[7] Journal Officiel vom 13. 1. 1973, S. 564.

[8] Inspecteur du travail et de la main-d'oeuvre, section de l'Agence nationale de L'Emploi, service de la main-d'oeuvre.

[9] § 2 lit. c, d, e ZAG lauten in der Übersetzung: Leiharbeitnehmer dürfen ... nur in den folgenden Fällen eingesetzt werden
...
c) bei unvorhergesehener Beendigung eines Arbeitsvertrages, falls ein neu einzustellender Dauerarbeitnehmer den ausgeschiedenen Arbeitnehmer ersetzen soll;
d) bei vorübergehender Mehrarbeit;
e) bei der Ausweitung des Betätigungsfeldes des Unternehmens.

[10] Institut National de la Statistique et des Etudes Economiques.

Lage einigermaßen Herr zu werden[11]. Ferner erfuhr der Verfasser aus Verleiherkreisen, daß die Mehrarbeit einen Streik der Bediensteten des INSEE im Jahre 1973 auslöste. Bis April 1974 lagen noch keinerlei statistische Angaben vor, obwohl das ZAG bereits Anfang 1972 in Kraft getreten ist. Auch hat sich das Zweckbegrenzungssystem des § 2 ZAG und das Genehmigungsverfahren des § 3 ZAG für Überlassungen über die Dreimonatsgrenze hinaus nicht bewährt. Die Arbeitsbehörden geben den meisten Anträgen stillschweigend statt, indem sie die in § 3 Abs. 4 DVO enthaltene Frist verstreichen lassen[12]. Der Grund dafür dürfte ebenfalls in der Überlastung der Arbeitsverwaltung zu sehen sein. Ferner ist zu bemängeln, daß im Falle einer Genehmigung weder dem Verleiher noch dem Entleiher Auflagen über die Dauer der Überlassung gemacht werden. Theoretisch können die Leiharbeitnehmer daher nach Erteilung der Verlängerungsgenehmigung noch mehrere Jahre bei demselben Entleiher eingesetzt werden[13]. Da vor allem bei Leiharbeitnehmern, die auf dem gewerblichen Sektor tätig sind, um eine Verlängerungserlaubnis nachgesucht wird, wäre es direkt verwunderlich, wenn nicht dieselben negativen Auswirkungen für den Arbeitsmarkt und die Volkswirtschaft auftreten würden wie in der Bundesrepublik. Leider sind bis jetzt keine statistischen Unterlagen zu diesem Problem verfügbar. Der enorme Verwaltungsaufwand hat im übrigen noch einen weiteren Nebeneffekt. Für die kleinen Leiharbeitsunternehmen bedeuten die ständigen Meldungen, Statistiken und Anzeigen eine so hohe Belastung, zu der noch die Auswirkungen des Preisstops kommen, daß sie Mühe haben zu überleben[14].

5. Abschnitt: Vergleich der vom Gesetzgeber angestrebten Ziele mit den vom Gesetzesinstrumentarium des geltenden AÜG ausgehenden Gestaltungswirkungen sowie Alternativen für die Weiterentwicklung des Arbeitnehmerüberlassungsrechts im Sinne der Zielvorstellungen

I. Die gewerberechtlichen Vorschriften

1. Immer noch bestehende Übergangsschwierigkeiten

Folgt man den Kommentaren einiger Autoren, müßte man zu dem vernichtenden Urteil kommen, das AÜG sei völlig untauglich, auch nur in geringem Umfang die schon früher beklagten Mißstände zu mildern, geschweige denn zu beseitigen. Es wird von „Paragraphen die nichts

[11] Schriftliche Auskunft des Internationalen Instituts für Zeitarbeit in Brüssel (Zusammenschluß der nationalen Verleiherverbände) vom Oktober 1973.

nützen"[1] gesprochen und von einer „erschreckenden Menge von Einzel- und prinzipiellen Fehlern des AÜG". Sie zwinge dazu, „nach einer Erklärung für das offenkundige Versagen des Gesetzgebers zu suchen"[2].

Diese recht pauschalen Urteile dürften weit übertrieben sein. Auf Grund des zur Zeit vorliegenden Zahlenmaterials muß man zu dem Ergebnis kommen, daß zwar erhebliche Übergangsschwierigkeiten aufgetaucht sind, die bis jetzt noch nicht völlig überwunden werden konnten. Auch ist das AÜG in mancherlei Hinsicht verbesserungsbedürftig.

Dennoch sind gewisse Erfolge zu verzeichnen. Wohl mit begünstigt durch die Übergangsregelung des Art. 6 § 3 AÜG, wonach Verleiher, die bei Inkrafttreten des AÜG gewerbsmäßig Arbeitnehmer überließen und innerhalb der Zweimonatsfrist einen Erlaubnisantrag stellten, ungehindert die Verleihertätigkeit ausüben durften, nahm die Zahl der Verleiher sprunghaft zu. Im März 1974 betrug die Zahl der gestellten Anträge 4500[3]. Ferner war die Bundesanstalt nicht in der Lage, die in § 8 AÜG vorgesehene Statistik zu erstellen, weil viele Verleiher der Meldepflicht nicht nachkommen. Die Genehmigungsverfahren zogen sich wesentlich länger hin, als ursprünglich geplant war. Im Spätsommer 1973 waren beispielsweise im Bereich des Landesarbeitsamtes Hessen ca. 350 Antragsteller registriert. Die Zahl der potentiellen Verleiher wurde mit nochmals ca. 200 angegeben. Am 31. 10. 1973 waren jedoch in Hessen erst 119 Anträge geprüft worden[4]. Die Ursache dafür ist einmal in dem Personalmangel der Bundesanstalt für Arbeit zu sehen, der 1973 bestand. Außerdem sind im Verlaufe des Erlaubnisverfahrens umfangreiche Nachforschungen erforderlich. Eine Betriebsprüfung dauert etwa drei Tage. In Hessen wurde grundsätzlich bei jedem Antragsteller eine Betriebsprüfung vorgenommen. Demgegenüber sollen einige Landesarbeitsämter wegen des Personalmangels teilweise nach Lage der Akten entschieden haben. Das Erlaubnisverfahren hat, wie die Ergebnisse zeigen, durchaus die Auslesefunktion erfüllt. Von den 119 Antragstellern, die am 31. 10. 1973 in Hessen überprüft worden waren, erhielten nur 42 die begehrte Erlaubnis, das sind ca. 35 %. Aus dem gesamten Bundesgebiet liegen ähnliche Zahlen vor:

---

[12] Gemäß § 3 Abs. 4 DVO gilt die behördliche Genehmigung als erteilt, wenn nicht innerhalb einer bestimmten Frist eine Entscheidung des Arbeitsinspektors ergeht.

[13] Ein französischer Leiharbeitsverband gab die Auskunft, es komme nicht selten vor, daß ein Leiharbeitnehmer 1½ Jahre auf derselben Baustelle arbeite.

[14] Vgl.: *ohne Verfasser,* Zeitschrift „avenirs", Nr. 240, Mai 1973, S. 19 (28).

[1] So die Überschrift des Aufsatzes von *Bremke,* Die Zeit Nr. 20 vom 11. 5. 1973, S. 48.

[2] *Ramm,* DB 1973, 1170 (1175).

[3] So die schriftliche Auskunft der Bundesanstalt für Arbeit vom 29. 3. 1974.

[4] Gemäß den Auskünften des Landesarbeitsamtes Hessen.

Zahl der Anträge:	ca. 4 500
Zahl der erteilten Erlaubnisse:	ca. 1 000
Zahl der Ablehnungen:	ca. 2 000
Zahl der zurückgenommenen Anträge:	ca. 1 000
(Stand März 1974)[5].	

Damit war im Frühjahr 1974 immer noch über ca. 500 Anträge keine Entscheidung ergangen. Die Relation der Zahl der erteilten Erlaubnisse zu der Zahl der Ablehnungen beträgt 1 : 2, d. h. nur einem Drittel der zur Entscheidung stehenden Anträge wurde stattgegeben. Bezieht man die zurückgenommenen Anträge mit ein, erhält nur jeder vierte Antragsteller tatsächlich eine Erlaubnis. Da die Betriebsprüfung bei einigen Erlaubnisinhabern erst im Verlängerungsverfahren gemäß § 2 Abs. 4 AÜG vorgenommen werden wird, dürfte sich die Zahl der Verleiher in Zukunft weiter vermindern. Dies hängt allerdings auch davon ab, wieviele neue Anträge noch gestellt werden. Wird auch in Zukunft bei jedem Verlängerungsverfahren eine Betriebsprüfung vorgenommen, müßte es möglich sein, den unseriösen Verleihern das Handwerk zu legen.

Vermutlich sind auch die Schwierigkeiten bei der Erstellung der Statistik darauf zurückzuführen, daß im 1. Halbjahr 1973 der größte Teil der Verleiher noch nicht überprüft worden war. Die große Zahl der unseriösen Verleiher, die sich ohnehin nicht an die Gesetze hielten, haben es nicht für nötig befunden, den mit der Statistik verbundenen Verwaltungsaufwand auf sich zu nehmen.

Da das bisher vorliegende Zahlenmaterial nicht den Schluß rechtfertigt, die gewerberechtlichen Bestimmungen hätten sich in ihrer Gesamtheit nicht bewährt, kann es im folgenden nur darum gehen zu untersuchen, ob einzelne Vorschriften verbesserungsbedürftig sind.

2. *Die starre Einsatzbefristung gemäß § 3 Abs. 1 Nr. 6 AÜG*

Die Begrenzung der Einsatzdauer auf drei Monate gemäß § 3 Abs. 1 Nr. 6 AÜG ist verschiedentlich — insbesondere aus Verleiherkreisen — mit dem Argument bekämpft worden, sie sei nicht flexibel genug. Auch entspreche sie weder den Bedürfnissen der Wirtschaft noch denen der Leiharbeitnehmer. Stattdessen wird empfohlen, sie in Anlehnung an das französische ZAG durch eine Zweckbegrenzungsformel zu ersetzen[6].

---

[5] Gemäß der schriftlichen Auskunft der Bundesanstalt für Arbeit vom 29. 3. 1974.

[6] So insbesondere: *Becker*, AuWiD 1972, 294 (298); *ders.*: AÜG, Art. 1 § 3 Rdn. 53; *Schubel* in: Handelsblatt vom 25. / 26. 5. 1973, S. 35; *Then* in: Handelsblatt vom 25. 4. 1972, S. 36.

Nach § 2 ZAG darf ein Leiharbeitnehmer nur für die Erledigung der folgenden vorübergehenden Aufgaben einem Entleiher überlassen werden, wenn

a) ein ständiger Arbeitnehmer abwesend ist, für die Zeit der Abwesenheit;
b) ein Arbeitsverhältnis unterbrochen ist, für die Zeit der Unterbrechung, es sei denn, daß diese auf einem Arbeitskampf beruht;
c) ein Arbeitsverhältnis unvorhergesehen endet und ein neuer ständiger Arbeitnehmer eingestellt werden soll, der den ausgeschiedenen ersetzen wird;
d) vorübergehend Mehrarbeit anfällt;
e) das Betätigungsfeld des Unternehmens ausgeweitet wird;
f) dringende Arbeiten anfallen, deren umgehende Ausführung erforderlich ist, um drohende Unfälle zu verhindern, Rettungsmaßnahmen durchgeführt werden müssen oder wenn Unzulänglichkeiten des Gerätes, der Einrichtungen oder des Gebäudes des Unternehmens zu reparieren sind, die eine Gefahr für die Arbeitnehmer darstellen.

Aus mehreren Gründen ist es nicht empfehlenswert, eine dem französischen Recht entsprechende Regelung einzuführen. Bei der Auslegung des § 2 ZAG bestehen erhebliche Schwierigkeiten, weil die Kriterien nicht präzise genug sind[7]. Unklar ist z. B., ob vorübergehende Mehrarbeit im Sinne des § 2 lit. d ZAG auch dann vorliegt, wenn die Mehrarbeit zwar vorübergehend, aber regelmäßig auftritt (bei Saisonbetrieben). Ferner taucht die Frage auf, ob die Bestimmung auch für die Fälle gelten soll, in denen die Mehrarbeit durch die Hochkonjunktur hervorgerufen wurde. Bei § 2 lit. e ZAG ist problematisch, ob er für die Fälle gedacht ist, in denen das Unternehmen kein neues Produkt herstellt, sondern nur die Produktion erhöht. In der Literatur ist außerdem umstritten, ob der Verleiher die vom Entleiher angegebenen Gründe nachprüfen muß[8].

Die Effizienz der Vorschriften dürfte auch deshalb gering sein, weil die angegebenen Gründe des Einsatzzweckes von den Arbeitsbehörden nicht auf ihre Richtigkeit überprüft werden können. Wegen der großen Zahl der Überlassungsfälle wird die Verwaltung allenfalls in der Lage sein, stichprobenartige Kontrollen vorzunehmen. Diese wären auch nur dann erfolgversprechend, wenn aufwendige Betriebsprüfungen in den Entleiherbetrieben durchgeführt würden. Abgesehen davon hat sich die Kombination der Dreimonatsfrist mit der Verlängerungsgenehmigung (§ 2 lit. c, d, e § 3 ZAG) nicht bewährt, wie bereits dargelegt wurde[9]. Die von der Arbeitnehmerüberlassung ausgehenden Gefahren für das Funktionieren des Arbeitsmarktes lassen sich damit

---

[7] Vgl. zum folgenden: *Catala,* travail temporaire, S. 21 - 25.

[8] Dafür: *Lyon-Caen / Ribettes-Tillhet,* Sociétés de travail temporaire et travailleurs temporaires, Dalloz-Sirey 1972, Chronique, S. 63; ablehnend: *Catala,* travail temporaire, S. 25.

[9] Siehe oben 2. Teil 4. Abschn. a. E.

noch weniger bekämpfen. Bis jetzt sind sie in Frankreich wohl vor allem wegen des seit 1968 bestehenden Preisstops nicht so deutlich zutage getreten. Die Verleiher sind überwiegend nicht in der Lage, so hohe Löhne zu zahlen, daß Fachkräfte in größerem Umfang abwandern. Im übrigen hat auch die flexiblere französische Regelung nicht verhindern können, daß auf Werkverträge ausgewichen wird. In den Industriezonen von Fos und Dünkirchen haben Unternehmen, die ausschließlich auf werkvertraglicher Basis arbeiten, eine größere Bedeutung als die Zeitarbeitsunternehmen[10].

Aus diesen Gründen sollte die Dreimonatsfrist des § 3 Abs. 1 Nr. 6 AÜG beibehalten werden. Sie fördert wegen ihrer Eindeutigkeit die Rechtssicherheit, die letztlich allen Beteiligten zugute kommt. Ferner erübrigt es sich, insoweit auch die Entleiher in die Kontrollen der Erlaubnisbehörde einzubeziehen.

3. Erweiterung der Kontrollbefugnisse, um den Abschluß von Scheindienst- und Scheinwerkverträgen zu unterbinden

Wird der Leiharbeitnehmer zur Erfüllung dienst- oder werkvertraglicher Verpflichtungen des Überlassenden in einem anderen Betrieb eingesetzt, ist das AÜG grundsätzlich nicht anwendbar. Der Vertrag zwischen dem Überlassenden und dem Dritten wird in der Praxis häufig so ausgestaltet, daß nur formell ein Dienst- oder Werkvertrag vorliegt, hinter dem sich ein Arbeitnehmerüberlassungsvertrag verbirgt. Um dem Verleiher die Gesetzesumgehung nachweisen zu können, muß der Erlaubnisbehörde durch eine Gesetzesänderung die Befugnis eingeräumt werden, in begründeten Fällen im Entleiherbetrieb Kontrollen vorzunehmen, welche Funktionen der überlassene Arbeitnehmer tatsächlich wahrnimmt. Gegenwärtig hat die Arbeitsverwaltung nur das Recht, die Überlassungsverträge nachzuprüfen. Diese Befugnis hat sich als unzureichend erwiesen, wie der Verfasser von der Arbeitsverwaltung erfuhr.

II. Die Vorschriften des AÜG zur Abgrenzung der gewerbsmäßigen Arbeitnehmerüberlassung von der verbotenen Arbeitsvermittlung

Die Schwierigkeiten, die durch die Koppelung vermittlungsrechtlicher Vorschriften mit den gewerberechtlichen Regelungen in § 1 Abs. 2 AÜG entstanden sind[11], lassen sich durch eine entsprechende Auslegung beheben. § 1 Abs. 2 AÜG ist nicht schon dann anzuwenden, wenn

---

[10] *Toumit,* L'usine Nouvelle, 1973, 87 (93); da die Verleiher selbst keine Werkverträge abschließen dürfen, handelt es sich um selbständige Gesellschaften, die sich auf Werkverträge spezialisiert haben.

[11] Vgl. dazu: 2. Teil 2. Abschn. III 3.

die Voraussetzungen des § 3 Abs. 1 Nr. 1 bis 5 AÜG tatbestandsmäßig erfüllt sind. Der vermittlungsrechtliche Bezug wird vielmehr dadurch hergestellt, daß § 1 Abs. 2 AÜG neben dem Verweis auf § 3 Abs. 1 Nr. 1 bis 5 noch das Tatbestandsmerkmal „weder die üblichen Arbeitgeberpflichten noch das Arbeitgeberrisiko übernimmt" enthält. Die Vermutung des § 1 Abs. 2 AÜG, daß der Überlassende Arbeitsvermittlung betreibt, wird also nur dann ausgelöst, wenn der Überlassende die Vorschriften des § 3 Abs. 1 Nr. 1 bis 5 AÜG verletzt *und* damit weder die üblichen Arbeitgeberpflichten noch das Arbeitgeberrisiko übernimmt. Für diese Auslegung sprechen im übrigen gesetzessystematische Überlegungen. Gemäß § 1 Abs. 2 AÜG greift die Vermutung der Arbeitsvermittlung immer dann ein, wenn der Überlassende die Vorschrift des § 3 Abs. 1 Nr. 6 AÜG verletzt. Das Tatbestandsmerkmal der Nichtübernahme der üblichen Arbeitgeberpflichten und des Arbeitgeberrisikos bezieht sich nicht auf diese Verweisung. Die gesetzliche Differenzierung kann nur den Sinn haben, daß in den Fällen des § 1 Abs. 2 AÜG neben § 3 Abs. 1 Nr. 1 bis 5 AÜG zusätzlich das Tatbestandsmerkmal der Nichtübernahme der üblichen Arbeitgeberpflichten und des Arbeitgeberrisikos vorliegen muß. Damit wird in den oben genannten Beispielen (Nichtabführen der Lohnsteuer, keine Buchhaltung) die Vermutung des § 1 Abs. 2 AÜG nicht ausgelöst[12]. Bei dieser Auslegung entfallen die von Franßen / Haesen erhobenen Bedenken gegen die Koppelung der vermittlungsrechtlichen Regelungen mit den gewerberechtlichen Normen in § 1 Abs. 2[13].

Bei einer Gesetzesnovellierung sollte der Gesetzgeber klarstellen, daß die Vermutung des § 1 Abs. 2 AÜG auch dann eingreift, wenn der Überlassende § 11 Abs. 4 AÜG nicht einhält.

III. Die Vorschriften zur Sicherung des arbeits- und sozialversicherungsrechtlichen Mindestschutzes für Leiharbeitnehmer

1. Arbeitsrechtliche Beziehungen des Leiharbeitnehmers zum Verleiher und zum Entleiher

Durch § 1 Abs. 1 AÜG, wonach der Verleiher der alleinige Arbeitgeber des Leiharbeitnehmers und der Entleiher ein „Dritter" ist, hat sich ein Teil des bis dato geführten Meinungsstreits über die Rechtsnatur der Rechtsbeziehungen in dem Dreiecksverhältnis Leiharbeitnehmer - Verleiher - Entleiher erledigt. Dennoch kann die vom Gesetzgeber gewählte Lösung nicht befriedigen. Mit Recht wird von den meisten Autoren gegen sie der Einwand erhoben, sie widerspreche der arbeits-

[12] Vgl. zu den Beispielen: 2. Teil 2. Abschn. III 3.

[13] *Franßen / Haesen*, Art. 1 § 1, Rdn. 74.

rechtlichen Realität. Die Tätigkeit des Leiharbeitnehmers im Entleiherbetrieb sowie die auf die Arbeitsausführung bezogenen Weisungsbefugnisse haben — wie noch näher zu begründen ist — zwangsläufig zur Folge, daß arbeits*rechtliche* und nicht nur rein faktische Beziehungen zwischen dem Leiharbeitnehmer und dem Entleiher bestehen[14].

Auch von den Vertretern der Auffassung von der alleinigen Arbeitgeberstellung des Verleihers wird eingeräumt, daß der Leiharbeitnehmer den Weisungen des Entleihers unterworfen ist und daß den Entleiher Fürsorgepflichten treffen[15]. Ferner muß sich der Leiharbeitnehmer im allgemeinen der Betriebsordnung des Entleihers unterwerfen. Die Begründung, aus der abgeleiteten Rechtsposition des Entleihers und der tatsächlichen Arbeitsleistung im Entleiherbetrieb würden sich bestimmte Schutzpflichten ergeben[16], kann nicht überzeugen. Der Schutzbedürftigkeit des Arbeitnehmers entspräche es eher, wenn es sich bei der Fürsorgepflicht um eine originäre Pflicht des Entleihers handeln würde. Auch ist die Begründung inkonsequent, weil die Erwägung, aus der tatsächlichen Arbeitsleistung ergebe sich die Schutzpflicht, darauf hindeutet, daß es sich doch um originäre Pflichten handelt. Unzureichend ist auch die Begründung Nefs[17], die Fürsorge- und Treuepflichten im Verhältnis Leiharbeitnehmer - Entleiher seinen akzessorisch zur Arbeitszuwendung. Diese Feststellung ist nur eine Umschreibung der aufgestellten Behauptung, es gebe im Verhältnis Entleiher - Leiharbeitnehmer Fürsorge- und Treuepflichten. Der Rechtsgrund der Pflichten bleibt dagegen offen.

Da im AÜG nur Teilaspekte der Arbeitnehmerüberlassung geregelt sind, ist es nicht ausgeschlossen, daß zwischen dem Entleiher und dem Leiharbeitnehmer arbeitsrechtliche Beziehungen bestehen. Andererseits besteht auch unter den Autoren, die von arbeitsrechtlichen Beziehungen des Leiharbeitnehmers zum Entleiher ausgehen, keine Einigkeit, wie diese zu begründen sind. Überwiegend werden die Fürsorgepflicht des Entleihers und die Treuepflicht des Leiharbeitnehmers aus der faktischen Eingliederung in den Entleiherbetrieb hergeleitet[18]. Ferner wird die Meinung vertreten, der Leiharbeitsvertrag sei ein unechter Vertrag zugunsten des Entleihers in dem Sinne, daß der Leiharbeitnehmer verspricht, die Arbeitsleistung in einem dritten Unterneh-

[14] Vgl.: *Becker*, AÜG, Art. 1 § 1 Rdn. 53 - 61; Art. 1 § 11 Rdn. 33; *Franßen / Haesen*, Einl. Rdn. 23; *Heußner*, DB 1973, 1800 (1803); *Mayer-Maly*, ZfA 1972, 1 (22 ff.); *ders.*, AuR 1973, 376 (377); *Ramm*, DB 1973, 1170 (1174); *ders.*, ZfA 1973, 281 (286).

[15] *Nef*, S. 62 ff. (zur Schweizer Rechtslage); *Sandmann / Vielhaber*, Art. 1 § 1, Anm. 7 a.

[16] *Sandmann / Vielhaber*, Art. 1 § 1 Anm. 7.

[17] *Nef*, S. 67.

[18] *Becker*, AÜG, Art. 1 § 11 Rdn. 60; *Franßen / Haesen*, Art. 1 § 11 Rdn. 49; *Heußner*, DB 1973, 1800 (1803).

men zu erbringen[19]. Außerdem sollen sich die arbeitsrechtlichen Beziehungen aus der analogen Anwendung des § 618 BGB und des § 11 Abs. 6 AÜG ergeben[20]. Wenig überzeugend ist schließlich die Begründung Mittmanns[21], die arbeitsrechtlichen Beziehungen zum Entleiher bestünden auf Grund der Überlassung und auf Grund der Ausstrahlungen des Arbeitsvertrages zwischen Leiharbeitnehmer und Verleiher.

Gegen das Kriterium der Eingliederung ist einzuwenden, daß offenbleibt, ob die Rechtsbeziehungen durch die rein faktischen Tätigkeiten im Betrieb, auf Grund einer Willensübereinstimmung oder auf Grund eines (konkludent abgeschlossenen) Arbeitsvertrages begründet werden[22]. Auch ist zu bemängeln, daß die Vertreter der Eingliederungstheorie die Antwort schuldig bleiben, warum faktische Verhältnisse in Rechtsbeziehungen umschlagen. Zur Grundlage unserer Rechtsordnung gehört die Erkenntnis, daß nicht jede tatsächliche Handlung auch juristisch relevant ist. Offenbleibt schließlich der Umfang der daraus erwachsenden Rechte und Pflichten.

Die analoge Anwendung des § 618 BGB und des § 11 Abs. 6 AÜG hilft ebenfalls nicht weiter, weil nicht präzise herausgearbeitet wird, welcher allgemeine Rechtsgedanke diesen Vorschriften zugrunde liegt. Damit wird das Problem nur verlagert, jedoch nicht gelöst.

Es empfiehlt sich, bei der Suche nach einem Rechtsgrund für das Bestehen arbeitsrechtlicher Pflichten des Entleihers von dem Grundanliegen des Arbeitsrechts auszugehen, den Arbeitnehmer zu schützen. Aus der Erkenntnis heraus, daß der Arbeitnehmer sich in persönliche und wirtschaftliche Abhängigkeit zum Arbeitgeber begibt und der Arbeitgeber eine stärkere Machtposition innehat, wurde das Arbeitsrecht als ein Schutzrecht zugunsten des Arbeitnehmers entwickelt[23]. Dementsprechend muß auch für die Beziehung zwischen Leiharbeitnehmer und Entleiher die Schutzbedürftigkeit des Leiharbeitnehmers das entscheidende Kriterium dafür sein, ob und in welchem Umfang dem Entleiher arbeitsrechtliche Pflichten aufzuerlegen sind. Zur Lösung des Problems sind folgende Schritte zu vollziehen:

— Tatsachenanalyse unter Einbeziehung (betriebs-)soziologischer Erkenntnisse;
— Untersuchung, welche Arbeitnehmerbelange gefährdet sind;
— Wertungsvorgang, daß der Entleiher für den Schutz bestimmter Rechtsgüter des Leiharbeitnehmers verantwortlich ist. Dabei ist die

---

[19] *Nef*, S. 45 ff.; *Seiter*, JurA 1971, 204 (219); *Becker*, AÜG, § 11 Rdn. 34.
[20] *Becker*, AÜG, Art. 1 § 11, Rdn. 60.
[21] *Mittmann*, S. 66.
[22] So zutreffend *Seiter*, JurA 1971, 204 (208 f.).
[23] *Mavridis*, RdA 1956, 444 (446).

Situation des Leiharbeitnehmers mit der eines Stammarbeitnehmers zu vergleichen. Ist der Leiharbeitnehmer in gleicher Weise wie ein Stammarbeitnehmer schutzbedürftig, obwohl er gleichzeitig in arbeitsrechtlichen Beziehungen zum Verleiher steht, sind dem Entleiher insoweit diejenigen Pflichten aufzuerlegen, die er auch gegenüber einem Stammarbeitnehmer zu erfüllen hat.

Der Leiharbeitnehmer tritt mit der Arbeitsaufnahme (= Betreten der Betriebsstätte, kurze Einweisung in die zu erledigenden Aufgaben, tatsächlicher Arbeitsbeginn) in das Organisationsgefüge Betrieb ein. Die Verbindung des Arbeitnehmers mit dem Betrieb als solche ist kein rechtsgeschäftlicher, sondern ein organisatorischer Tatbestand[24]. Wesentliches Merkmal einer Organisation und damit eines Betriebes ist der Umstand, daß ihr ein abgegrenzter (nicht aber ein für allemal fixierter) Kreis von Mitgliedern angehört, die zusammenarbeiten und auf Grund ihrer Kooperation in wechselseitigen Beziehungen zueinander stehen[25]. Auf das Leiharbeitsverhältnis übertragen bedeutet dies, daß der Leiharbeitnehmer mit dem tatsächlichen Arbeitsbeginn im Entleiherbetrieb Mitglied des sozialen Gebildes Betrieb wird. Sobald der Leiharbeitnehmer die Arbeit aufnimmt, trägt er in Zusammenarbeit mit den übrigen Mitgliedern des Kooperationsgefüges dazu bei, daß das Organisationsziel, nämlich die Erstellung eines bestimmten Produkts, erreicht wird.

Die Einbeziehung des Leiharbeitnehmers in das Beziehungssystem „Betrieb" zeigt sich wie folgt:

— Räumliche Nähe, die sich nicht von der eines Stammarbeitnehmers unterscheidet. Der Leiharbeitnehmer verrichtet seine Arbeit in der Betriebsstätte des Entleihers.
— Mit der Arbeitsaufnahme im Entleiherbetrieb tritt der Leiharbeitnehmer in Beziehung zur Betriebsspitze (bzw. den Repräsentanten in der Betriebshierarchie), die dem Leiharbeitnehmer zur Erfüllung des übergeordneten Organisationsziels gewisse Einzelaufgaben und Funktionen zuweist. Ferner überwacht sie die Ausführung der Arbeiten, die der Leiharbeitnehmer verrichtet.
— Ebenfalls mit der Arbeitsaufnahme tritt der Leiharbeitnehmer in Beziehung zur Gesamtbelegschaft, die eine notwendige Folge der Kooperation des Leiharbeitnehmers mit den Stammarbeitnehmern ist.

Die Mitgliedschaft des Leiharbeitnehmers zum Entleiherbetrieb hängt nicht von der Einsatzdauer ab. Auch wenn der Leiharbeitnehmer nur wenige Tage oder Wochen im Entleiherbetrieb arbeitet, entsteht das

---

[24] *Metzmaier*, S. 143.
[25] *Th. Raiser*, S. 100.

oben beschriebene Beziehungsgeflecht. Die Tätigkeit des Leiharbeitnehmers muß auch bei einem noch so kurzen Einsatz so koordiniert werden, daß sie sich in das Kooperationssystem einfügt. Sie ist in gleichem Maße wie bei einem Stammarbeitnehmer darauf ausgerichtet, das Organisationsziel, nämlich die Erstellung des Produktes zu erreichen. Allgemeiner ausgedrückt ist es Aufgabe des Entleiherbetriebes, den Leiharbeitnehmer so in den Betrieb zu integrieren, daß der angestrebte Output realisiert wird. Das zeitliche Moment wirkt sich nur insoweit aus, als ein Arbeitnehmer erst nach längerer Betriebszugehörigkeit auch am informellen Organisationsgefüge teilhaben wird. Ein Leiharbeitnehmer, der nur drei Monate in einem Betrieb eingesetzt werden darf, ist in vielen Fällen nur Mitglied der formellen Organisation. Da die Zugehörigkeit zur informellen Organisation für die Frage der arbeitsrechtlichen Beziehungen nicht von Bedeutung ist, kann das zeitliche Moment unberücksichtigt bleiben.

Bezüglich der Zugehörigkeit zur formellen Organisation unterscheidet sich die Situation eines Leiharbeitnehmers nicht von der eines Stammarbeitnehmers. Beide arbeiten in derselben Betriebsstätte und haben die Weisungen der Betriebsspitze zu befolgen. Auch die Kooperationsintensität ist bei beiden Arbeitnehmergruppen im Prinzip nicht verschieden. Diese Aussagen lassen folgende Schlußfolgerung zu. Der Leiharbeitnehmer begibt sich in dieselbe persönliche Abhängigkeit vom Entleiher, in der sich ein Stammarbeitnehmer befindet. Andererseits ist der Leiharbeitnehmer nur vom Verleiher, nicht aber vom Entleiher wirtschaftlich abhängig[26].

Damit sind die Grundlagen für die Wertung geschaffen worden, inwieweit der Entleiher die Verantwortung für den Schutz des Leiharbeitnehmers zu tragen hat. Da der Leiharbeitnehmer in gleicher Weise wie ein Stammarbeitnehmer vom Entleiher persönlich abhängig ist, muß dem Entleiher die Pflicht auferlegt werden, diejenigen Individualrechte des Leiharbeitnehmers zu schützen, die durch die persönliche Abhängigkeit im Zusammenhang mit der Arbeitsverrichtung gefährdet sind.

Weil der Entleiher für die Gestaltung des Gefahrenbereichs Betriebsstätte verantwortlich ist, hat er dafür Sorge zu tragen, daß dem Leiharbeitnehmer keine Schäden bei der Verrichtung der Arbeiten in der Betriebsstätte entstehen. Die Verantwortung für den Schutz des Leiharbeitnehmers beschränkt sich nicht auf die körperliche und sittliche Integrität (vgl. z. B. § 120 b GewO). Dem Entleiher obliegt auch der

---

[26] Das Gegenstück zu der Beziehung Leiharbeitnehmer - Entleiher bildet in gewisser Weise das Verhältnis des Heimarbeiters zum Zwischenmeister. Der Heimarbeiter ist wirtschaftlich, nicht aber persönlich von dem Gewerbetreibenden oder Zwischenmeister abhängig.

Schutz desjenigen Eigentums, das der Leiharbeitnehmer berechtigterweise zur Betriebsstätte mitbringt[27].

Aus der Kooperationsintensität und den Beziehungen des Leiharbeitnehmers zur Betriebsspitze und zu der Belegschaft des Entleiherbetriebes entstehen eine Reihe von Loyalitätspflichten[28] (sog. Fürsorge- und Treuepflichten). Der Entleiher hat die Kooperation des Leiharbeitnehmers mit dem Betriebsganzen so zu organisieren, daß die rechtlich geschützten Interessen des Leiharbeitnehmers gewahrt bleiben.

Aus der Beziehung zur Betriebsspitze, die sich u. a. in dem Direktionsrecht des Entleihers äußert, ergeben sich u. a. folgende Kooperationsnebenpflichten: Pflicht des Entleihers, den Leiharbeitnehmer entsprechend seinen Fähigkeiten einzusetzen, Pflicht des Entleihers, die Vorschriften über das Arbeitsschutzrecht einzuhalten. Den Leiharbeitnehmer trifft eine begrenzte Pflicht zur Verschwiegenheit und zur Unterlassung von Wettbewerb[29].

Sowohl die Beziehungen des Leiharbeitnehmers zur Betriebsspitze des Entleihers als auch die Beziehungen zur Belegschaft des Entleiherbetriebes sind der Grund dafür, daß die Grundsätze über die Haftungsbeschränkungen bei gefahrgeneigter Arbeit Anwendung finden[30]. Entsprechendes gilt bei Arbeitsunfällen für die Haftungsbeschränkungen gemäß den §§ 636 Abs. 2, 637 RVO. Zusammenfassend ist also festzuhalten, daß der Leiharbeitnehmer wegen der persönlichen Abhängigkeit vom Entleiher insoweit denselben Rechtsschutz genießt wie ein Stammarbeitnehmer. Die enge Kooperation schafft ein quasi-vertragliches Schuldverhältnis, aus dem beiderseitige Nebenpflichten erwachsen[31].

Schließlich muß noch zu dem Problem Stellung genommen werden, in welchem Verhältnis die arbeitsrechtlichen Beziehungen des Leiharbeitnehmers zum Verleiher und zum Entleiher stehen. Aus dem AÜG und den obigen Ausführungen folgt, daß es sich um zwei unvollkommene Arbeitsverhältnisse handelt, die sich auf dieselbe Arbeitsleistung beziehen[32]. Ein Teil der arbeitsrechtlichen Rechte und Pflichten kon-

---

[27] So auch *Becker*, AÜG, Art. 1 § 11, Rdn. 60.

[28] So auch die Terminologie von *Th. Raiser*, S. 144 f., 155; die Begriffe Fürsorge- und Treuepflichten sind ein Relikt patriarchalischen Denkens, die leider immer noch im Arbeitsrecht üblich sind. Vorzuziehen ist ein wertneutraler Begriff: Loyalitätspflichten oder Kooperationsnebenpflichten.

[29] *Becker*, AÜG, Art. 1 § 11, Rdn. 36, *Franßen / Haesen*, Einl. Rdn. 32.

[30] BGH NJW 1973, 2020 f.; *Becker*, AÜG, Art. 1 § 11, Rdn. 37; *Franßen / Haesen*, Einl. Rdn. 33.

[31] Von einer quasi-vertraglichen Rechtsbeziehung gehen auch *Franßen / Haesen*, Art. 1 § 11 Rdn. 49 aus.

[32] *Mittmann* (S. 66) spricht von „zwei beschränkten Arbeitsverhältnissen unterschiedlicher Intensität"; andererseits geht *Mittmann* (S. 65) ebenfalls von einer Spaltung der Arbeitgeberfunktionen aus.

kurriert im Verhältnis zum Verleiher und Entleiher, ein anderer Teil ist sektoral aufgespalten[33].

Damit ist die heute überwiegend vertretene Lehre vom aufgespaltenen Arbeitsverhältnis[34], die vom sog. funktionalen Arbeitgeberbegriff ausgeht, widerlegt. Nach dieser Auffassung soll bei der Arbeitnehmerüberlassung ein gespaltenes Arbeitsverhältnis entstehen, das sich einerseits durch das Bestehen arbeitsvertraglicher Beziehungen zum Verleiher, andererseits durch eine sektorale Aufspaltung der Arbeitgeberfunktionen zwischen Verleiher und Entleiher auszeichnet.

Im übrigen ist gegen die Lehre vom aufgespaltenen Arbeitsverhältnis einzuwenden, daß sie auf einer „petitio principii" beruht. Die Terminologie wäre nur dann angebracht, wenn feststünde, daß Verleiher und Entleiher in jeder Hinsicht die Pflichten untereinander aufteilen. Es müßte nachgewiesen werden, daß Verleiher und Entleiher nicht kumulativ für die Erfüllung von Pflichten zuständig sind. Der bildhafte Ausdruck ist insofern irreführend, als er den Anschein erweckt, Funktionsbereiche und Verantwortlichkeiten seien notwendigerweise streng voneinander getrennt. Er führt daher zu einer Verengung der Problematik[35]. Ob für bestimmte Bereiche eine Pflichtenkonkurrenz besteht oder nicht, kann auch nicht allein durch eine Analyse der Arbeitnehmerüberlassung ermittelt werden. Dazu bedarf es vielmehr eines wertenden Aktes.

2. Sicherung der Lohnansprüche des Leiharbeitnehmers

Die von der Unterkapitalisierung ausgehenden Gefahren für die Lohnansprüche des Leiharbeitnehmers[36] lassen sich auf verschiedene Weise bekämpfen:

(1) Für Leiharbeitsunternehmen werden bestimmte Gesellschaftsformen (z. B.: nur Kapitalgesellschaften) mit Mindestkapitalausstattung vorgeschrieben[37].

(2) Einführung einer subsidiären Lohnhaftung des Entleihers.

(3) Es wird den Verleihern untersagt, zusätzlich auf werkvertraglicher Basis zu arbeiten. Die Lohnansprüche der Leiharbeitnehmer wären

[33] Sog. Lehre vom Doppelarbeitsverhältnis, die insbesondere von *Mayer-Maly*, ZfA 1972, 1 (23 f.) vertreten wird.

[34] So BSGE 31, 235 (244) im Anschluß an *Hueck / Nipperdey I*, S. 523 Anm. 36; *Nikisch* I, S. 241; ferner: *Becker*, AÜG, Art. 1 § 1 Rdn. 57; *Heußner*, DB 1973, 1800; *Ramm*, ZfA 1973, 291 ff.

[35] Vgl. zur Kritik an der Lehre vom gespaltenen Arbeitsverhältnis: *Mayer-Maly*, ZfA 1972, 1 (23).

[36] Siehe oben: 1. Teil 8. Abschn. V.

[37] Darauf laufen vermutlich die Überlegungen von *Ramm*, ZfA 1973, 263 (289) hinaus, der eine Garantie dafür fordert, daß die Verleiher über genügend Kapital verfügen.

dann nicht mehr durch die Gewährleistungshaftung des Verleihers gefährdet.

(4) Versicherungsrechtliche Lösung.

Nach dem Inkrafttreten des für alle Arbeitnehmer geltenden Gesetzes über Konkursausfallgeld vom 17. Juli 1974 (BGBl. I S. 1481) ist das Problem der Gefährdung der Lohnansprüche von nur noch geringer Bedeutung. Der Gesetzgeber hat für alle Arbeitnehmer eine versicherungsrechtliche Lösung gewählt. Nach § 141 a AFG i. d. F. des Konkursausfallgeldgesetzes haben Arbeitnehmer bei Zahlungsunfähigkeit ihres Arbeitgebers gemäß den §§ 141 b - 141 m AFG i. d. F. des Konkursausfallgeldgesetzes Anspruch auf Ausgleich ihres ausgefallenen Arbeitsentgeltes. Das Konkursausfallgeld soll rückständige Löhne und Gehälter für einen Zeitraum bis zu drei Monaten vor Eintritt der Zahlungsunfähigkeit sichern. Es wird in Höhe des Nettolohnes für die letzten drei Monate gezahlt. Außerdem werden die für diesen Zeitraum rückständigen Sozialversicherungsbeiträge abgedeckt (§ 141 n AFG i. d. F. des Konkursausfallgeldgesetzes). Der Einzug der Umlage und die Auszahlung des Konkursausfallgeldes ist Aufgabe der Bundesanstalt für Arbeit.

Die für die Leiharbeitnehmer zu entrichtenden Sozialabgaben sind nunmehr doppelt gesichert: durch die selbstschuldnerische Bürgenhaftung nach Art. 3 AÜG sowie nach § 141 n AFG i. d. F. des Konkursausfallgeldgesetzes.

6. Abschnitt: Das Gesetzesinstrumentarium und sonstige sozialpolitische Maßnahmen zur Verwirklichung der zusätzlichen rechtspolitischen Ziele

I. Teilweise Ausdehnung des Anwendungsbereichs des AÜG auf verwandte Erscheinungsformen der Zuweisung von Arbeitnehmern an Dritte

1. Rechtsfortbildung und Gesetzesänderung als Mittel für die Ausdehnung des Anwendungsbereichs

Die folgenden Überlegungen müssen sich darauf beschränken, einige Kriterien herauszuarbeiten, die für den Wertungsvorgang wichtig sind, ob und inwieweit die verwandten Formen der Zuweisung von Arbeitnehmern an Dritte dem AÜG unterstellt werden sollten. Eine abschließende Stellungnahme müßte sich auf umfangreiche Rechtstatsachen stützen, deren Ermittlung über den Rahmen der Arbeit hinausgehen würde. Ferner wird eine Ausdehnung des Anwendungsbereichs des AÜG durch dessen Konzeption erschwert, wonach der Zuweisende grundsätzlich der alleinige Arbeitgeber ist sowie dadurch, daß die Rechtsbeziehungen zwischen Leiharbeitnehmern, Verleiher und Entleiher nicht vollständig im AÜG geregelt sind.

Die Erstreckung des AÜG auf andere vergleichbare Dreiecksverhältnisse ist in doppelter Hinsicht möglich:

— Ausdehnung des Genehmigungsverfahrens und der übrigen verwaltungsrechtlichen Bestimmungen,
— Anwendung der Vorschriften über den zwingenden Inhalt des Leiharbeitsverhältnisses und des Arbeitnehmerüberlassungsvertrages auf ähnliche Überlassungsfälle.

Die gewerberechtlichen Vorschriften über das Genehmigungsverfahren und die übrigen verwaltungsrechtlichen Bestimmungen zielen einmal darauf ab, Gesetzesverstöße zu verhindern, die von dem einzelnen Verleiher bisher zahlreich begangen wurden[1]. Außerdem kann mehreren Vorschriften des AÜG das Ziel entnommen werden, negative Folgen der Arbeitnehmerüberlassung für die Gesamtwirtschaft (Störungen des Arbeitsmarktes und volkswirtschaftliche Nachteile) zu bekämpfen[2].

Sofern von den nicht unter das AÜG fallenden Erscheinungsformen der Arbeitnehmerzuweisung ähnliche Gefahren ausgehen wie von der gewerbsmäßigen Arbeitnehmerüberlassung, empfiehlt es sich, das AÜG auf diese Fälle zu erstrecken.

Die Frage, ob die Ausdehnung des Anwendungsbereichs des AÜG durch erweiternde Auslegung, Analogie oder nur durch Gesetzesänderung erreicht werden kann, läßt sich nicht einheitlich für alle Regelungsbereiche beantworten.

Die Anwendung der gewerberechtlichen und sonstigen verwaltungsrechtlichen Vorschriften des AÜG auf andere Erscheinungsformen der Zuweisung von Arbeitnehmern an Dritte setzt wegen des verfassungsrechtlichen Grundsatzes der Gesetzmäßigkeit der Verwaltung eine Änderung des AÜG voraus. Nach diesem Grundsatz bedarf es zur Begründung abstrakter oder konkreter Verpflichtungen durch Forderung eines Tuns, Duldens oder Unterlassens sowie der Entziehung oder Beschränkung von Rechten einer formell-gesetzlichen oder gewohnheitsrechtlichen Ermächtigung[3]. Da die verwaltungsrechtlichen Vorschriften des AÜG zu einer Beschränkung der Freiheitsrechte führen, folgt daraus die Notwendigkeit einer Gesetzesnovelle für die Ausdehnung des Gesetzes auf andere Arbeitnehmerzuweisungstypen.

---

[1] Siehe oben 2. Teil 2. Abschn. III 2.
[2] Siehe oben 2. Teil 3. Abschn. II.
[3] So *Wolff* I, § 30 III a/1.

Die Ausdehnung der zivilrechtlichen Vorschriften des AÜG über das Leiharbeitsverhältnis und den Arbeitnehmerüberlassungsvertrag auf vergleichbare Formen der Arbeitnehmerzuweisung im Wege der Rechtsfortbildung (Auslegung, Analogie) ist demgegenüber grundsätzlich möglich. Insoweit gelten die allgemeinen Regeln über die Rechtsfortbildung.

Bei der Untersuchung der einzelnen Zuweisungstypen wird besonders darauf zu achten sein, ob nicht unter bestimmten Voraussetzungen von einer Umgehung des AÜG auszugehen ist. Die bürgerlich-rechtlichen und arbeitsrechtlichen Vorschriften des AÜG sind überwiegend zwingender Natur. Die abweichende Ausgestaltung der Vertragsverhältnisse darf daher nicht dazu führen, daß die Zwecke des AÜG (insbesondere der Schutz der Leiharbeitnehmer, Abwehr von Störungen des Arbeitsmarktes und volkswirtschaftlicher Nachteile) durch andere Verträge, die wirtschaftlich die Arbeitnehmerüberlassung zum Ziel haben, vereitelt werden.

Es ist zu prüfen, ob sich die Rechtsfortbildung dadurch weitgehend erübrigt, daß im Wege der Sachverhaltsinterpretation die zivilrechtlichen Vorschriften auch auf andere Arbeitnehmerzuweisungstypen angewendet werden, soweit es um den Schutz des Leiharbeitnehmers geht.

In der Literatur ist von Ramm[4] der Vorschlag gemacht worden, den Schutz des Arbeitnehmers durch eine sozialstaatsgemäße Sachverhaltsinterpretation zu realisieren. Erst wenn eine derartige Auslegung nicht möglich sei, komme die Analogie als Mittel der Rechtsfortbildung in Betracht.

Die sog. sozialstaatsgebotene Sachverhaltsinterpretation geht von der Überlegung aus, von dem Bürger werde grundsätzlich gesetzestreues Verhalten erwartet. Vom Bürger im sozialen Rechtsstaat könne daher vorausgesetzt werden, daß er den sozialstaatlichen Schutz weder bewußt noch gewollt umgehen oder abschwächen wolle.

Diese Auslegungsmethode ist nicht nur in hohem Maße lebensfremd. Es ist nun einmal Tatsache, daß beispielsweise für unseriöse Verleiher die Erzielung hoher Gewinne auf Kosten der überlassenen Arbeitnehmer viel wichtiger ist als die Einhaltung des abstrakten Sozialstaatsprinzips! Außerdem ist dieser Denkansatz ungeeignet, weil er die Realität völlig verdreht. Hier wird mit dem Gedanken gearbeitet, es kann nicht sein, was nicht sein darf.

Die Fälle der Zuweisung von Arbeitnehmern können daher nicht durch Sachverhaltsauslegung, sondern nur durch erweiternde Gesetzes-

---

[4] *Ramm*, ZfA 1973, 263 (274 f.).

auslegung, Analogie oder Gesetzesänderung der gewerbsmäßigen Arbeitnehmerüberlassung gleichgestellt werden.

Bei der Untersuchung, inwieweit die Vorschriften über das Leiharbeitsverhältnis und den Arbeitnehmerüberlassungsvertrag auf andere Arbeitnehmerzuweisungstypen angewendet werden sollten, kann an die obigen Erörterungen zur Frage der arbeitsrechtlichen Beziehungen zwischen Leiharbeitnehmer und Entleiher[5] angeknüpft werden. Das Arbeitsrecht entwickelte sich als Schutzrecht zugunsten derjenigen Arbeitnehmer, die in einem dualistischen Arbeitsverhältnis stehen. Die Schutzbedürftigkeit ergibt sich in diesen Fällen aus der persönlichen und wirtschaftlichen Abhängigkeit von *einem* Arbeitgeber. Die sog. Dreiecksverhältnisse, bei denen eine Abhängigkeit des Arbeitnehmers von zwei Arbeitgebern besteht, passen nicht in dieses System. Darin ist auch der Grund zu sehen, daß die Fälle der Dreiecksverhältnisse bis heute nicht zufriedenstellend gelöst sind. Oben wurde nachgewiesen, daß der Entleiher in den Fällen der gewerbsmäßigen Arbeitnehmerüberlassung Arbeitgeberpflichten hat, weil der Leiharbeitnehmer persönlich von dem Entleiher abhängig ist.

Dieser dogmatische Ansatz läßt sich auch auf andere Dreiecksverhältnisse übertragen. Dabei muß jedoch der Tatsache Rechnung getragen werden, daß der Grad der persönlichen Abhängigkeit bei den einzelnen Typen der Zuweisung von Arbeitnehmern an Dritte sehr verschieden ist.

Bei der Untersuchung der einzelnen Zuweisungstypen, inwieweit sie in das Arbeitnehmerüberlassungsrecht einbezogen werden sollten, können daher die folgenden Grundsätze als Leitlinie gelten:

(1) *Ein Arbeitnehmer steht zu denjenigen Personen in arbeitsrechtlichen Beziehungen, von denen er — im Zusammenhang mit der Arbeitsleistung — wirtschaftlich oder persönlich abhängig ist.*

(2) *Der Umfang der arbeitsrechtlichen Beziehungen richtet sich nach dem Ausmaß der wirtschaftlichen oder persönlichen Abhängigkeit.*

Anhand der entwickelten Grundsätze sollen nunmehr Überlegungen angestellt werden, welche Arbeitnehmerzuweisungstypen der Leiharbeit gleichgestellt werden müßten.

2. Die nichtgewerbsmäßige entgeltliche und die unentgeltliche Arbeitnehmerüberlassung

unterscheiden sich bezüglich der persönlichen Abhängigkeit des Leiharbeitnehmers nicht von der gewerbsmäßigen Arbeitnehmerüberlassung. Aus diesem Grund sollten die Vorschriften über das Leiharbeitsverhältnis analog angewendet werden.

[5] Siehe oben: 2. Teil 5. Abschn. III 1.

3. Die Überlassung von Maschinen mit Bedienungspersonal

Auf die Überlassung von Maschinen mit Bedienungspersonal ist nach überwiegender Ansicht das AÜG nicht anwendbar, weil das Überlassen des Bedienungsmanns nur als Nebenleistung anzusehen sei[6]. Ein Überlassen zur Arbeitsleistung liege nur dann vor, wenn die Überlassung Hauptleistung sei. Diese Argumentation findet sich zwar schon in der amtlichen Begründung des Regierungsentwurfs[7], aus dem Wortlaut des § 1 Abs. 1 AÜG ergibt sich diese Ausnahme jedoch nicht. Die Erlaubnispflicht ist in diesen Fällen nach den bisher vorliegenden Erfahrungen nicht erforderlich, weil die Gefahr einer Umgehung des AÜG jedenfalls dann kaum besteht, wenn es sich um wertvolle Maschinen handelt (z. B.: Bagger, LKW, Kran). Es hat sich in den vergangenen Jahren gezeigt, daß sich vor allem diejenigen Verleiher nicht an die gesetzlichen Bestimmungen hielten, die glaubten, ohne nennenswerten Kapitaleinsatz große Gewinne zu machen. Hält man an der Voraussetzung fest, daß es sich um wertvolle Maschinen handeln muß, bestehen auch nicht in dem Maße die Gefahren negativer Auswirkungen auf den Arbeitsmarkt und die Volkswirtschaft. Wegen des relativ hohen Kapitaleinsatzes wird ein solcher Unternehmer nicht ohne weiteres in der Lage sein, in Zeiten der Hochkonjunktur Stammarbeitskräfte in großer Zahl abzuwerben und bei sich einzusetzen. Das AÜG ist jedoch dann anwendbar, wenn es sich um kleinere Maschinen oder einfaches Werkzeug handelt[8], mit dem der entsandte Arbeitnehmer ausgerüstet wird (z. B.: Schreibmaschine für Bürokraft, Schweißgerät).

Damit ist noch nicht die Frage entschieden, ob die Vorschriften des AÜG über die zwingende Ausgestaltung des Leiharbeits- und des Arbeitnehmerüberlassungsvertrages analog angewendet werden sollten. Auch hier wird darauf abzustellen sein, ob sich der Bedienungsmann in persönliche Abhängigkeit zum Mieter begibt. Kriterien dafür sind die eventuelle Weisungsbefugnis des Mieters gegenüber der Bedienungsperson und dessen Unterwerfung unter die Betriebsordnung des Mieters. Diese Voraussetzungen werden in der Regel dann erfüllt sein, wenn Vermieter und Mieter einen Mietvertrag in Verbindung mit einem Arbeitsverschaffungsvertrag abgeschlossen haben. Dagegen wird die persönliche Abhängigkeit dann fehlen, wenn der Zuweisende mit dem Zuweisungsempfänger einen Werkvertrag abschließt[9] und die An-

---

[6] So z. B.: *Becker*, AÜG, Art. 1 § 1 Rdn. 31; *Engelbrecht*, BB 1973, 481 (483); *Moritz* BB 1972, 1569 (1571); a. A. *Franßen / Haesen*, Art. 1 § 1, Rdn. 68.

[7] Amtliche Begründung des RegE, BT-Drucks. VI/2303, S. 10; so auch: Bundesminister für Arbeit und Sozialordnung, Sozialpolitische Informationen v. 13. 2. 1973, S. 18.

[8] Vgl. *Becker*, AÜG, Art. 1 § 1, Rdn. 31.

[9] Vgl. dazu, daß in den Fällen der Überlassung von Maschinen mit Bedienungspersonal beide Vertragsgestaltungen üblich sind: *Becker*, AÜG, Einl., Rdn. 28; *Hilgendorf*, VersR 1972, 127 ff.; *Schmidt*, VersR 1966, 24 f.

weisungsbefugnis des Zuweisungsempfängers gemäß § 645 BGB begrenzt ist.

4. Die zentralen Personalführungsgesellschaften

Bei den zentralen Personalführungsgesellschaften handelt es sich um rechtlich selbständige Einrichtungen, die von mehreren Arbeitgebern zum Zweck der zentralen Personalverwaltung gegründet werden. Die zentrale Gesellschaft schließt Arbeitsverträge ab und überläßt die Arbeitnehmer den Mitgliedsgesellschaften. Überwiegend wird diese Art der Zuweisung nicht dem AÜG unterstellt, weil es sich nicht um eine Zuweisung an Dritte handle. Die Personalführungsgesellschaft und die angeschlossenen Mitgliedsgesellschaften bilden wirtschaftlich eine unternehmerische Einheit[10]. Die Nichtmiteinbeziehung dieser Arbeitnehmerüberlassungsform in die gewerberechtliche Erlaubnispflicht läßt sich wohl mit der Erwägung rechtfertigen, daß von ihr keine allgemeine Beeinflussung des Arbeitsmarktes zu erwarten ist[11]. Da aber durch eine entsprechende gesellschaftsrechtliche Konstruktion die Vorschriften des AÜG leicht umgangen werden können, sollten wenigstens bestimmte Meldepflichten des AÜG durch Gesetz für entsprechend anwendbar erklärt werden[12]. Die überlassenen Arbeitnehmer sind in gleicher Weise wie Leiharbeitnehmer bei der Überlassung von den Mitgliedsgesellschaften persönlich abhängig, so daß auch hier die Vorschriften über die zwingende Ausgestaltung des Leiharbeits- und des Arbeitnehmerüberlassungsvertrages entsprechend angewendet werden müssen.

5. Der Einsatz von Arbeitskräften in einer fremden Betriebsstätte zur Erfüllung werkvertraglicher Pflichten des Zuweisenden

a) Die in der Literatur genannten Kriterien zur Abgrenzung der Werkverträge von der Arbeitnehmerüberlassung

Das Ausweichen auf Werkverträge ist nicht nur das wohl gebräuchlichste Mittel zur Umgehung des AÜG. Hinzu kommt, daß die Abgrenzung der beiden Vertragsarten besonders große Schwierigkeiten bereitet. Da die Werkvertragsvorschriften der §§ 631 ff. BGB abbedungen werden können, ist eine weitgehende Annäherung des Werkvertrages an den Arbeitnehmerüberlassungsvertrag möglich, sofern der

---

[10] Amtliche Begründung des RegE, BT-Drucks. VI/2303, S. 10; *Becker*, AÜG, Einl. Rdn. 27; *Ramm*, ZfA 1973, 263 (275 f.); *Sandmann / Vielhaber*, Art. 1 § 1 Anm. 9; *Schnorr*, RdA 1972, 193 (196); a. A.: *Franßen / Haesen*, Art. 1 § 1, Rdn. 54 - 56.

[11] So *Schnorr*, RdA 1972, 193 (196).

[12] Auf die Umgehungsmöglichkeit weisen zutreffend *Franßen / Haesen*, Art. 1 § 1, Rdn. 54 - 56 hin.

Werkunternehmer die Leistung in der Betriebsstätte des Bestellers zu erbringen hat und Erfüllungsgehilfen eingesetzt werden.

Die Literatur knüpft bei der Abgrenzung der beiden Verträge überwiegend an die Kriterien an, die im Schuldrecht für die Unterscheidung des Werkvertrages vom Dienstvertrag (§§ 611 ff. BGB) entwickelt wurden[13]. Die Leistungspflicht besteht bei der Arbeitnehmerüberlassung in der Tätigkeit als solcher, beim Werkvertrag in dem geschuldeten Erfolg. Während bei der Arbeitnehmerüberlassung der Entleiher das Unternehmerrisiko zu tragen hat, fällt beim Werkvertrag das Unternehmerrisiko in die Sphäre des Werkunternehmers (vgl. die Gewährleistungsvorschriften der §§ 633 ff. BGB). Der in die fremde Betriebsstätte entsandte Arbeitnehmer wird beim Werkvertrag als Erfüllungsgehilfe des Werkunternehmers tätig und untersteht seinen Weisungen, bei der Arbeitnehmerüberlassung als Erfüllungsgehilfe des Entleihers und hat dessen Weisungen auszuführen. Dementsprechend soll u. a. der Umgehungstatbestand dann erfüllt sein, wenn der Arbeitnehmer nicht nur dem Weisungsrecht des Werkunternehmers untersteht[14] oder wenn die typische Gewährleistungshaftung abbedungen wurde[15].

Einen anderen Weg zur Abgrenzung des Werkvertrages vom Arbeitnehmerüberlassungsvertrag geht Göbel. Er wirft die Frage auf, ob der Ansatzpunkt für eine gesetzliche Regelung der Arbeitnehmerüberlassung wie für Werkvertragskonstellationen in der Intensität des Abhängigkeitsverhältnisses zwischen Auftraggeber und Auftragnehmer sowie deren Auswirkungen auf die Arbeitnehmer des Auftragnehmers gesucht werden müßte[16]. Allerdings verfolgt er diesen Gedanken nicht weiter. Die Abgrenzung nimmt er vielmehr anhand funktionsbedingter Kriterien vor. Er geht von der Frage aus, welche Voraussetzungen erfüllt sein müssen, damit jemand als Werkhersteller fungieren kann, welche Elemente also sein Verhältnis zum Leistungsergebnis, zu seinen Erfüllungsgehilfen und zum Besteller prägen müssen, um von einem echten Werkvertragsverhältnis ausgehen zu können. Ferner unter-

---

[13] Vgl. zur Lit. vor Erlaß des AÜG: *v. Hindte*, S. 24 f.; *Hofrichter*, S. 193 f.; *Kühne*, S. 48 f.; *Maus*, Handbuch d. Arbeitsrechts, Leiharbeitsverhältnis III, S. 87; *Mittmann*, S. 26 f.; *Nef*, S. 25 f.; *Theuersbacher*, S. 3, 24 ff.; vgl. die Stellungnahme zum AÜG: amtl. Begründung des RegE, BT-Drucks. VI/ 2303, S. 10, *Becker*, AÜG, Art. 1 § 12 Rdn. 32; *Engelbrecht*, BB 1973, 482 (483); *Franßen / Haesen*, Art. 1 § 1 Rdn. 59 ff.; *Moritz*, BB 1972, 1569 (1571); *Sandmann / Vielhaber*, Art. 1 § 1 Rdn. 10; *Schubel / Engelbrecht*, Art. 1 § 1 Rdn. 28.

[14] So z. B. *Becker*, AÜG, Art. 1 § 12, Rdn. 32; einschränkend *Schubel / Engelbrecht*, Art. 1 § 1 Rdn. 28: „Hinweise und Arbeitsanweisungen des Bestellers dürfen den Unternehmer nicht von der Verantwortung für die technische und fachliche Durchführung der Leistung befreien."

[15] So z. B.: *Engelbrecht*, BB 1973, 482 (483).

[16] *Göbel*, BlStSozArbR 1973, 324 (325).

sucht Göbel, welcher Funktionsrahmen gegeben sein muß, um ein auf Werksherstellung gerichtetes Fungieren überhaupt möglich zu machen[17]. Er gelangt zu dem Ergebnis, daß die folgenden Kriterien vorliegen müssen, um von einem Werkvertrag ausgehen zu können, der nicht unter das AÜG fällt:

— Unternehmerische Eigenverantwortlichkeit und daraus folgende Dispositionsmöglichkeit des Werkunternehmers gegenüber dem Besteller;
— Vereinbarung und Erstellung eines qualitativ individualisierbaren und dem Werkunternehmer zurechenbaren Werksergebnisses;
— ausschließliches Weisungsrecht des Werkunternehmers gegenüber seinen Erfüllungsgehilfen;
— fehlende Eingliederung der Erfüllungsgehilfen des Werkunternehmers in den Bestellerbetrieb;
— Tragung des Unternehmerrisikos;
— herstellungsbezogene Vergütungsregelung[18].

b) Eigener Lösungsweg

Die genannten Abgrenzungsvorschläge können nicht befriedigen, weil sie ausschließlich von den schuldrechtlichen Vorschriften des BGB ausgehen. Aufgabe des Schuldrechts ist es in erster Linie, gegensätzliche vermögensrechtliche Interessen unter den an einem Rechtsgeschäft beteiligten Personen sachgerecht auszugleichen. Zu diesem Zweck enthalten die in den §§ 241 ff. BGB geregelten Verträge Vorschriften über das Unternehmerrisiko, die Haftung bei Schlechtleistung oder Nichterfüllung, über die Gefahrtragung beim Untergang einer Sache usw. Speziell die Werkvertragsvorschriften (§§ 631 ff. BGB) befassen sich nur mit den Rechtsbeziehungen zwischen dem Besteller und dem Werkunternehmer. Damit wird der Besonderheit nicht Rechnung getragen, daß in den hier zu untersuchenden Fällen der Werkunternehmer die Leistung durch Erfüllungsgehilfen in der Betriebsstätte des Bestellers erbringt. Werkverträge und Arbeitnehmerüberlassungsverträge lassen sich ferner deshalb nur schwer miteinander vergleichen, weil das AÜG eine völlig andere Zielsetzung hat. Es ist in erster Linie ein Gesetz zum Schutz der einem Dritten zugewiesenen Arbeitnehmer. Das BGB und das AÜG gehen von zwei konträren Konzeptionen aus. Dem BGB liegt die Rechtsidee zugrunde, daß die Rechtsgenossen wirtschaftlich gleich stark sind und ihre Interessen im Rechtsverkehr selbst wahrnehmen können. Demgegenüber geht das AÜG davon aus, daß der Leiharbeitnehmer im Vergleich zum Verleiher und zum Entleiher der schwächere Teil ist und daher geschützt werden muß. Die bisherigen Abgrenzungs-

---

[17] *Göbel*, BlStSozArbR 1973, 324 (327).
[18] *Göbel*, BlStSozArbR 1973, 324 (327) ff.

versuche sind zum Scheitern verurteilt, weil Rechtsfiguren, die unterschiedliche Zwecke verfolgen, zwei inkommensurable Größen sind. Sie müssen, bildlich gesprochen, erst auf einen gemeinsamen Nenner gebracht werden, ehe sie zueinander in Beziehung gesetzt werden können.

Auszugehen ist von der Schutzfunktion des AÜG. Der in eine fremde Betriebsstätte entsandte Arbeitnehmer soll nicht dadurch benachteiligt werden, daß er sowohl zum Verleiher als auch zum Entleiher in arbeitsrechtlichen Beziehungen steht. Für die Frage, ob durch den Abschluß eines Werkvertrages das AÜG umgangen wird und ob bestimmte Werkvertragsverhältnisse dem AÜG unterstellt werden sollten, kommt es daher zum einen entscheidend darauf an, ob der Arbeitnehmer des Werkunternehmers deshalb ebenso schutzbedürftig wie ein Leiharbeitnehmer ist, weil er sich bei seiner Tätigkeit in der Betriebsstätte des Bestellers in persönliche Abhängigkeit von diesem begibt.

Außerdem ist auf die Zielsetzung des AÜG abzustellen, die negativen Auswirkungen der Arbeitnehmerüberlassung auf den Arbeitsmarkt und die Volkswirtschaft zu verhindern. Werkverträge, die dieselben Gefährdungen für beide Rechtsgüter hervorrufen, müßten ebenfalls dem AÜG unterstellt werden. Entscheidend dafür, ob von dem Werkvertrag dieselben negativen Auswirkungen auf die Gesamtwirtschaft ausgehen wie bei bestimmten Arbeitnehmerüberlassungsverträgen, ist — was noch näher zu begründen sein wird — die Funktion des herzustellenden Werkes im Rahmen des Betriebszweckes des Entleiherbetriebes. Auf den einzelnen Betrieb bezogen handelt es sich zwar um einen betriebswirtschaftlichen Gesichtspunkt, der aber gesamtwirtschaftliche Auswirkungen hat. Durch die Einbeziehung bestimmter Werkverträge in das AÜG könnten volkswirtschaftlich schädliche Werkverträge, die insoweit der Arbeitnehmerüberlassung gleichen, zurückgedrängt werden. Die Beschränkung des Betätigungsfeldes dieser Werkunternehmer hat gleichzeitig zur Folge, daß diese nicht mehr beliebig Stammarbeiter aus anderen Betrieben abzuwerben in der Lage wären.

Schließlich ist zu berücksichtigen, daß Werkverträge durch weitgehende Haftungsbeschränkungen wirtschaftlich der Arbeitnehmerüberlassung angeglichen werden können. Insoweit sind beide Erscheinungsformen der Arbeitnehmerzuweisung substituierbar. Weitreichende oder völlige Haftungsausschlüsse bilden daher das dritte Kriterium für die Annahme einer Umgehung des AÜG.

Fraglich ist, ob die drei — noch zu konkretisierenden — Kriterien für die Annahme einer Gesetzesumgehung alternativ oder kumulativ angewendet werden müssen. Da die genannten Kriterien auf verschiedene Schutzzwecke des AÜG bezogen sind, ergibt sich daraus die Notwendigkeit der kumulativen Prüfung. Für diese Lösung spricht im übrigen auch die Interdependenz der Kriterien „persönliche Abhängigkeit des Werkunternehmergehilfen vom Besteller" und „Haftungsausschluß".

Unabhängig davon ist die Frage, ob nicht im Einzelfall die analoge Anwendung einzelner zivilrechtlicher Vorschriften des AÜG in Betracht kommt, wenn der Werkunternehmergehilfe wegen seiner Tätigkeit im Bestellerbetrieb ebenso schutzbedürftig wie ein Leiharbeitnehmer ist, der Werkvertrag als solcher jedoch gesamtwirtschaftlich keine schädlichen Auswirkungen hat. Eine Analogie im Einzelfall dürfte schon nach dem geltenden Recht möglich sein.

Der Werkunternehmergehilfe ist dann ebenso schutzbedürftig wie ein Leiharbeitnehmer, wenn die persönliche Abhängigkeit des Werkunternehmergehilfen vom Besteller derjenigen des Leiharbeitnehmers vom Entleiher entspricht. Ist diese Voraussetzung erfüllt, folgt daraus gemäß den obigen Grundsätzen[19], daß zwischen dem Werkunternehmergehilfen und dem Besteller arbeitsrechtliche Beziehungen bestehen. Es liegt dann das erste Kriterium für die Annahme einer Umgehung des AÜG vor.

Die persönliche Abhängigkeit manifestiert sich in erster Linie in der Weisungsunterwerfung des Arbeitnehmers. Die Kriterien der persönlichen Abhängigkeit und der Weisungsunterwerfung sind dem BGB zwar fremd, weil es keine Vorschriften über das Recht der abhängigen Arbeit enthält. Das Schuldrecht kennt jedoch die Rechtsfigur des Erfüllungsgehilfen (§ 278 BGB). Dem Schuldner werden die Handlungen der Personen zugerechnet, deren er sich zur Erfüllung seiner Verbindlichkeit bedient. Erfüllt ein Werkunternehmer seine werkvertraglichen Pflichten durch den Einsatz von Erfüllungsgehilfen, so setzt dies voraus, daß er deren Arbeiten überwacht und das Direktionsrecht ausübt. Untersteht der in der Betriebsstätte des Bestellers arbeitende Arbeitnehmer allein den Weisungen und der Aufsicht des Werkunternehmers, ist er ausschließlich von ihm abhängig und nur dessen Erfüllungsgehilfe. Im Werkvertragsrecht ist daher mit der Erfüllungsgehilfeneigenschaft immer die persönliche Abhängigkeit des Gehilfen von dem verbunden, dem die Handlungen zugerechnet werden. Die Verantwortung für die Tätigkeit des Gehilfen übernimmt derjenige, der auch das Unternehmerrisiko zu tragen hat.

Der Grad der persönlichen Abhängigkeit des Werkunternehmergehilfen vom Besteller kann je nach der Vertragsgestaltung erheblich sein, weil nach der Konzeption des BGB auch dann ein Werkvertrag

---

[19] Vgl. oben: 2. Teil 6. Abschn. I 1 a. E.

vorliegt, wenn sowohl Werkunternehmer als auch Besteller ein Weisungsrecht haben. In § 645 Abs. 1 S. 1, 2. Alternative BGB ist ausdrücklich von einem Anordnungsrecht des Bestellers die Rede. Dieses Anordnungsrecht besteht gegenüber dem Werkunternehmer. Da die Handlungen des Erfüllungsgehilfen dem Werkunternehmer gemäß § 278 BGB zugerechnet werden, hat der Besteller die Anordnungsbefugnis auch gegenüber dem Erfüllungsgehilfen[20].

Es ist daher zu untersuchen, ob und in welchen Fällen das Anordnungsrecht des Bestellers zur persönlichen Abhängigkeit des im Bestellerbetrieb arbeitenden Werkunternehmergehilfen führen kann. Damit im Zusammenhang steht die Frage, ob sich das Anordnungsrecht des Bestellers qualitativ vom Weisungsrecht des Arbeitgebers unterscheidet. Da die §§ 631 ff. BGB davon ausgehen, daß der Werkunternehmer trotz des Anordnungsrechts des Bestellers immer noch „Unternehmer" bleibt und nicht zum abhängigen Arbeitnehmer wird, liegt der Gedanke nahe, daß beide Anordnungsrechte in ihrer Beschaffenheit verschieden sind.

Den Versuch, das Anordnungsrecht vom Weisungsrecht qualitativ zu unterscheiden, unternimmt Molitor[21]. Er geht von der Überlegung aus, das Weisungsrecht des Werkunternehmers gegenüber dem Gehilfen beruhe auf dem Arbeitsvertrag, das Anordnungsrecht des Bestellers dem Arbeitnehmer gegenüber auf dem mit dem Werkunternehmer abgeschlossenen Werkvertrag. Infolgedessen beziehe sich das arbeitsvertragliche Weisungsrecht auf die Arbeit und das Verhalten des Arbeitnehmers bei der Arbeit, das werkvertragliche Weisungsrecht dagegen auf das Arbeitsergebnis, also den zu leistenden Erfolg.

Eine derartige begriffliche Abgrenzung ist als untauglich abzulehnen. Da die Tätigkeit eines Arbeitnehmers auf die Erbringung eines Arbeitserfolges gerichtet ist, beziehen sich zahlreiche arbeitsvertragliche Weisungen ebenso auf das Arbeitsergebnis wie werkvertragliche Anweisungen. Demgemäß räumt Molitor[22] selbst ein, daß sich beide Weisungsrechte nicht immer eindeutig trennen lassen.

Im übrigen widerspricht die qualitative Abgrenzung, wie sie Molitor vorgeschlagen hat, der Auslegung des Begriffs Anweisung i. S. des §

---

[20] In der Lit. zur Arbeitnehmerüberlassung wird die Möglichkeit, daß auch der Besteller Weisungen erteilt, von einigen Autoren gesehen: *von Hindte*, S. 24, *Mayer-Maly*, ZfA 1972, 1 (4) (zum Montagsvertrag) u. *Mittmann*, S. 26 weisen darauf hin, daß oft auch der Besteller ein Weisungsrecht hat. Brauchbare Lösungsvorschläge zur Abgrenzung fehlen jedoch.

Diejenigen Autoren, die ein alleiniges Weisungsrecht des Werkunternehmers postulieren, setzen sich mit der Vorschrift des § 645 Abs. 1 S. 1, 2. Alternative BGB nicht auseinander: *Becker*, AÜG, Art. 1 § 1, Rdn. 32; *Franßen / Haesen*, Art. 1 § 1, Rdn. 60; *Göbel*, BlStSozArbR 1973, 324 (330); *Sandmann / Vielhaber*, Art. 1 § 1, Rdn. 60.

[21] *Molitor*, DB 1960, 28 (29).

[22] *Molitor*, DB 1960, 28 (29).

645 Abs. 1 S. 1, 2. Alternative BGB. Unter „Anweisung“ werden einseitige Anordnungen des Bestellers verstanden[23]. Eine Einschränkung auf bestimmte Anordnungen wird nicht vorgenommen. Auch zeigen die in der Literatur genannten Beispiele, daß sich die Anweisungen sowohl auf die Arbeitsverrichtung als auch auf das Arbeitsergebnis beziehen können. Zu den Anweisungen gehören auch Pläne, Muster, Werk- und Fahrzeuge, die zum Gebrauch bei der Arbeit dem Werkunternehmer (gehilfen) überlassen werden[24].

Da eine qualitative Abgrenzung der Anweisungsbefugnis des Werkunternehmers vom Direktionsrecht des Arbeitgebers sich als nicht durchführbar erweist, ist davon auszugehen, daß grundsätzlich auch das Anordnungsrecht des Bestellers zu einer persönlichen Abhängigkeit des Werkunternehmergehilfen vom Besteller führen kann. Aus diesem Grund kann allein der Umfang des Anweisungsrechts dafür maßgebend sein, ob der Werkunternehmergehilfe, der in der Betriebsstätte des Bestellers arbeitet, von diesem persönlich abhängig ist.

Den §§ 631 ff. BGB ist zu entnehmen, daß das Anweisungsrecht des Bestellers das Direktionsrecht des Werkunternehmers nicht völlig verdrängen darf. Ein umfassendes Anordnungsrecht wäre mit der Werkvertragsvoraussetzung unvereinbar, daß der Werkunternehmer grundsätzlich das Unternehmerrisiko tragen muß. § 645 Abs. 1 S. 1, 2. Alternative BGB enthält eine teilweise Kopplung des Anweisungsrechts des Bestellers mit der Zuordnung des Unternehmerrisikos. Wäre das Anordnungsrecht unbegrenzt, bestünde auch kein Unternehmerrisiko für den Werkunternehmer. Da aber dennoch das Anweisungsrecht des Bestellers sehr weitreichend sein kann, ist es unumgänglich, bestimmte Werkvertragsgestaltungen dem AÜG zu unterstellen. Dazu sollten diejenigen Werkvertragsverhältnisse gehören, bei denen das Anordnungsrecht des Bestellers im Vergleich zum Direktionsrecht des Werkunternehmers überwiegt. In diesen Fällen besteht eine so große Annäherung des Werkvertrages an die Arbeitnehmerüberlassung, daß — sofern auch die beiden anderen Kriterien vorliegen — von einer Umgehung des AÜG ausgegangen werden kann.

Die Schutzbedürftigkeit des Werkunternehmergehilfen entspricht auch dann derjenigen eines Leiharbeitnehmers, wenn sich die vergleichbare persönliche Abhängigkeit aus anderen Tatsachen ergibt.

Auf eine stärkere persönliche Abhängigkeit deuten — neben der Weisungsgebundenheit — insbesondere die folgenden Indizien hin:

(1) Der Besteller bestimmt die Arbeitszeit.

---

[23] *Planck / Oegg*, § 645 Anm. 1; *Staudinger / Riedel*, § 645 Rdn. 2; der Begriff „Anweisung“ steht im Gegensatz zum Begriff „Vertragsbedingungen“.

[24] *Lotmar*, S. 721.

(2) Der Werkunternehmergehilfe hat sich der Betriebsordnung des Bestellerunternehmers zu unterwerfen.

(3) Der in den Bestellerbetrieb entsandte Arbeitnehmer benutzt hochwertige Maschinen und Geräte des Bestellers; in diesen Fällen wird der Besteller häufig Bedingungsanweisungen erteilen und die Aufsicht über den Arbeitnehmer ausüben.

(4) Der zugewiesene Arbeitnehmer kooperiert mit den Arbeitnehmern des Bestellers. Dadurch wird der zugewiesene Arbeitnehmer in die formelle Organisation des Entleiherbetriebes integriert. Die Zusammenarbeit setzt ferner voraus, daß der Besteller den zugewiesenen Arbeitnehmer beaufsichtigt und das Direktionsrecht ausübt.

Der Werkvertrag kann ferner durch die Überwälzung des Unternehmerrisikos auf den Besteller weitgehend der Arbeitnehmerüberlassung angeglichen werden. Durch derartige Haftungsbeschränkungen wird erreicht, daß Werkvertrag und Arbeitnehmerüberlassung im wirtschaftlichen Sinne substituierbar sind. Aus diesem Grund wird man dann eine Umgehung des AÜG annehmen müssen, wenn ein Gehilfe zur Erfüllung werkvertraglicher Pflichten in die fremde Betriebsstätte entsandt wird und weitgehende Haftungsbeschränkungen vereinbart worden sind.

Zum Unternehmerrisiko gehört die Verpflichtung, das Werk mangelfrei und rechtzeitig herzustellen (§§ 633 - 636 BGB). Der Werkunternehmer trägt ferner die Vergütungsgefahr bis zur Abnahme des Werkes (§§ 644, 640 BGB). Die Risiken können weitgehend ausgeschaltet werden. Nach der Rechtsprechung des BGH sind Freizeichnungsklauseln in Allgemeinen Geschäftsbedingungen der Werkunternehmer zulässig, mit denen die Gewährleistungsrechte des Bestellers auf eine Ausbesserung oder Ersatzlieferung und, falls eine solche unterbleibt oder unmöglich ist, auf den Rücktritt vom Vertrag beschränkt werden[25]. Zur Begründung wird angeführt, Schadensersatzansprüche könnten mitunter ein unübersehbares Ausmaß annehmen. Der aus dem Geschäft zu erwartende Gewinn decke nicht immer das Risiko der gesetzlichen Gewährleistung. Die Interessen des Bestellers seien in der Regel durch das Recht zum Rücktritt ausreichend gewahrt.

Angesichts dieser recht großzügigen Rechtsprechung zum Werkvertragsrecht wird man nicht in allen Fällen, in denen der Werkunternehmergehilfe im Entleiherbetrieb tätig ist und Haftungsbeschränkungen bestehen, von einer Umgehung des AÜG ausgehen können.

Genügend Anhaltspunkte für eine Umgehung des AÜG dürften beispielsweise dann bestehen, wenn bei einer summenmäßigen Haftungs-

[25] BGH NJW 1974, 272; BGHZ 48, 264; 54, 236.

beschränkung und bei einem Ausschluß des Rücktrittsrechts die Gewährleistung in keinem Verhältnis mehr zu den tatsächlichen Gefahren steht. Der Umgehungstatbestand ist ferner erfüllt, wenn Schadensersatzansprüche abbedungen wurden, die Möglichkeit der Nachbesserung, Ersatzlieferung und des Rücktritts bleibt, aber die beiden anderen Kriterien (persönliche Abhängigkeit des Unternehmergehilfen vom Besteller, Betriebszweck) für eine Umgehung vorliegen.

Außerdem können die folgenden Indizien für die Frage herangezogen werden, ob der angebliche Werkunternehmer wirklich das Unternehmerrisiko trägt:

(1) Der Werkunternehmer ist auf Grund seiner Betriebsorganisation nicht in der Lage, die fachliche Aufsicht über den im Bestellerbetrieb tätigen Gehilfen auszuüben und Fachweisungen zu erteilen. Übernimmt der Werkunternehmer z. B. die Herstellung eines Werkes auf dem gewerblichen Sektor, muß er durch einen Werkmeister oder eine gleichgestellte Fachkraft die Aufsicht ausüben und Weisungen erteilen. Fehlt eine entsprechende Ausgestaltung der Betriebsorganisation, läßt dies den Rückschluß zu, daß der Werkunternehmer das Unternehmerrisiko nicht tragen wollte.

(2) Ist der Werkunternehmer wegen der offensichtlich zu geringen Kapitalausstattung nicht in der Lage, die Gewährleistungshaftung tatsächlich zu übernehmen, kann ebenfalls daraus geschlossen werden, daß nur ein Scheinwerkvertrag abgeschlossen wurde, hinter dem sich eine verkappte Arbeitnehmerüberlassung verbirgt.

(3) Der Werklohn wird nach den geleisteten Stunden abgegolten. Dieses Indiz reicht für sich allein nicht aus, kann aber bei der Gesamtwürdigung des Werkvertrages herangezogen werden[26].

Ein weiteres Kriterium für die Annahme einer Umgehung des AÜG sollte darin bestehen, daß auf die Funktion des herzustellenden Werkes im Rahmen des Betriebszweckes des Entleiherbetriebes abgestellt wird[27]. Typisch für die Arbeitnehmerüberlassung ist, daß sich der Leiharbeitnehmer dem Betriebszweck des Entleiherbetriebes unterordnet. Er nimmt Aufgaben wahr, die ihrer Art nach auch von einem Stammarbeitnehmer erfüllt werden. Viele Verleiher weichen auf Scheinwerkverträge aus, um insbesondere nicht an die arbeitsmarktpolitisch bedeutsame Dreimonatsfrist des § 3 Abs. 1 Nr. 6 AÜG gebunden zu sein[28]. Die Ersatzfunktion derartiger Werkverträge äußert sich darin, daß wirtschaftlich gesehen die Belegschaft des Entleiherbetriebes erwei-

---

[26] So auch: *Sandmann / Vielhaber*, Art. 1 § 1 Rdn. 10; *Schubel / Engelbrecht*, Art. 1 § 1, Rdn. 28.

[27] Vgl. oben S. 176.

[28] Auf die Gefahr der Umgehung des § 3 Abs. 1 Nr. 6 AÜG weist auch *Becker*, AÜG, § 12, Rdn. 36 hin.

tert wird. Werkverträge, die denselben wirtschaftlichen Zweck wie Arbeitnehmerüberlassungsverträge erfüllen, müssen daher dem AÜG unterstellt werden. Ein wesentliches Kriterium für die Frage der Umgehung ist daher, ob der Werkunternehmer eine Verpflichtung übernimmt, deren Inhalt sich der Art nach mit dem Betriebszweck des Bestellerbetriebes deckt.

Bezieht sich die Verpflichtung des Werkunternehmers auf die Erstellung eines Werkes, das nicht mit den Produkten des Bestellers identisch ist, ergänzen sich quasi beide Betriebe. Bei dieser Sachverhaltskonstellation bestehen kaum volkswirtschafts- und arbeitsmarktpolitische Bedenken. Für den Besteller können solche Werkverträge betriebswirtschaftlich sinnvoll sein, z. B. bei Investitionsvorhaben, bei der Spezialisierung der Unternehmen und bei der Übertragung von Teilfunktionen, die im Bestellerbetrieb nicht wahrgenommen werden (Zulieferbetriebe, Werkverträge für die ständige Reinigung der Betriebsstätte, Wartung und Unterhaltung besonders komplizierter Maschinen usw.). In diesen Fällen wird man in der Regel nicht eine Umgehung des AÜG annehmen können.

Stimmt dagegen die von dem Werkunternehmer zu erbringende Leistung der Art nach mit den Gegenständen überein, die im Bestellerbetrieb hergestellt werden, dürfte in den meisten Fällen eine Umgehung des AÜG gewollt sein[29]. Gegen derartige Werkverträge bestehen dieselben arbeitsmarktpolitischen und volkswirtschaftlichen Bedenken wie bei der Arbeitnehmerüberlassung. Die Annahme einer Gesetzesumgehung ist in der Regel deshalb geboten, weil derartige Werkverträge bei wirtschaftlicher Betrachtungsweise denselben Zweck wie die Arbeitnehmerüberlassung erfüllen[30].

In dem Erfahrungsbericht der Bundesregierung[31] wird in Erwägung gezogen, in das AÜG eine Bestimmung aufzunehmen, wonach bei bestimmten Werkverträgen das Vorliegen einer gewerbsmäßigen Arbeitnehmerüberlassung vermutet werden soll. Im Rahmen einer derartigen Vorschrift könnten die oben entwickelten Kriterien aufgenommen werden.

Problematisch sind allerdings die meisten der im Erfahrungsbericht genannten Tatbestände, die die Vermutung auslösen sollen, es handele sich um gewerbsmäßige Arbeitnehmerüberlassung. Die Vermutung der gewerbsmäßigen Arbeitnehmerüberlassung soll u. a. dann gelten, wenn

---

[29] Beispiel: Hochbauunternehmen vergibt an Subunternehmen den Auftrag, ein Stockwerk eines Hochhauses zu erstellen.

[30] Ähnlich neuerdings der Erfahrungsbericht der BReg., BT-Drucks. 7/2365, S. 11, in dem der Fall erörtert wird, daß der zugewiesene Arbeitnehmer „die gleiche Arbeit wie andere Arbeitnehmer in dem Betrieb des fremden Arbeitgebers zu leisten hat".

[31] BT-Drucks. 7/2365, S. 11.

sich die Betriebstätigkeit eines Arbeitgebers im wesentlichen auf die Entsendung seiner Arbeitnehmer in andere Betriebe beschränkt. Wie wenig praktikabel dieses Kriterium ist, zeigt die Tatsache, daß zahlreiche Handwerksbetriebe und Dienstleistungsunternehmen darunter fallen würden, bei denen unzweifelhaft keine Umgehung des AÜG vorliegt (z. B.: Unternehmen, die sich darauf spezialisiert haben, die Maschinen in den Betrieben zu warten und zu reparieren; Klempner, Fensterputzer, die ihre Arbeitnehmer überwiegend in Büros und gewerbliche Betriebe entsenden).

Der zweite im Erfahrungsbericht genannte Tatbestand, daß der in den fremden Betrieb entsandte Arbeitnehmer dort *allein* nach Weisung des fremden Betriebsinhabers seine Arbeit leistet, ist eindeutig eine Umgehung des AÜG, so daß für eine *widerlegbare* Vermutung kein Raum ist. Hat der entsendende Arbeitgeber bezüglich der Arbeitsleistung seines Arbeitnehmers überhaupt kein Weisungsrecht, kann der Arbeitnehmer auch kein Werkunternehmergehilfe sein, so daß die §§ 631 ff. BGB auf dieses Rechtsverhältnis keine Anwendung finden.

Umgekehrt dürften die Tatbestände, daß der Arbeitnehmer die Arbeit im wesentlichen mit Material und Werkzeug des fremden Arbeitgebers leistet oder die Vergutung nach Zeiteinheiten bemessen wird, viel zu weit gefaßt sein, um die gesetzliche Vermutung auszulösen.

6. *Zwischenpersonen (mittelbare Arbeitsverhältnisse)*

Ein sog. mittelbares Arbeitsverhältnis liegt dann vor, wenn ein Arbeitnehmer von einem Mittelsmann (Zwischenmeister), der seinerseits Arbeitnehmer eines Dritten ist, beschäftigt wird. Die Arbeit muß mit Wissen des Unternehmers für diesen unmittelbar geleistet werden, ohne daß ein unmittelbarer Arbeitsvertrag zwischen dem Dritten und dem Gehilfen zustande kommt[32].

Ein wesentlicher Unterschied zwischen der Arbeitnehmerüberlassung und dem mittelbaren Arbeitsverhältnis besteht darin, daß der Verleiher ein selbständiger Unternehmer ist, während die Zwischenperson selbst ein Arbeitnehmer ist. Aus diesem Grund kann die gewerberechtliche Erlaubnispflicht nicht auf den Zwischenmeister erstreckt werden. Abgesehen davon ist die Situation auch deshalb verschieden, weil die Zwischenperson im selben Unternehmen arbeitet wie seine Gehilfen.

Andererseits ist nicht zu verkennen, daß auch das mittelbare Arbeitsverhältnis gewisse sozialpolitische Probleme aufwirft. Eine beachtliche

---

[32] Vgl. insbesondere: *Becker*, AÜG, Einl., Rdn. 31, Art. 1 § 1 Rdn. 36; *Hueck / Nipperdey* I, S. 798; *Mittmann*, S. 31 ff.; *Nikisch* I, S. 232 f.; *Schaub*, S. 699 f.; Beispiel: der Kapellmeister ist häufig der Arbeitgeber der Musiker. Spielen die Musiker in einem Restaurant, stehen sie zu dem Restaurantinhaber in einem mittelbaren Arbeitsverhältnis.

Zahl von Ingenieuren, Konstrukteuren und Technikern scheint zunächst Gehilfen einzustellen, um dann später bei einer entsprechenden Ausweitung des Geschäfts Arbeitnehmerüberlassung zu betreiben. Aus diesem Grund könnte es angebracht sein, den Zwischenpersonen durch Gesetz gewisse Meldepflichten aufzuerlegen.

Da die Zwischenperson in der Regel wenig kapitalkräftig ist und die Gehilfen ebenso schutzwürdig wie die Leiharbeitnehmer sind, empfiehlt es sich, wenigstens einen Teil der Vorschriften über den zwingenden Inhalt des Leiharbeitsvertrages sowie des Arbeitnehmerüberlassungsvertrages analog anzuwenden. Davon auszunehmen wäre aber z. B. § 3 Abs. 1 Nr. 6 AÜG. Da die Zwischenperson im selben Betrieb wie der Gehilfe arbeitet, paßt diese Vorschrift nicht auf das mittelbare Arbeitsverhältnis.

II. Abwehr von Störungen des Arbeitsmarktes sowie volkswirtschaftlicher Nachteile

Die Abwanderung der Arbeitnehmer mit dauerhaftem Arbeitsinteresse zu Leiharbeitsunternehmen beeinträchtigt die Funktionsfähigkeit des Arbeitsmarktes und volkswirtschaftliche Belange[33].

Beide sind übergeordnete Gemeinschaftsgüter. Steuerungsmechanismen zur Abwehr dieser Gefahren könnten auf drei verschiedenen Ebenen geschaffen werden. Durch eine entsprechende Ausgestaltung des Leiharbeitsvertrages im AÜG müßte das Ziel verfolgt werden, daß — in Übereinstimmung mit der Rechtsprechung des BVerfG — die Verleiher nur solche Leiharbeitnehmer unter Vertrag nehmen, die kein Interesse an einem dauerhaften Arbeitsverhältnis haben. Ferner müßte geprüft werden, ob es sich empfiehlt, der Arbeitsverwaltung Eingriffsbefugnisse einzuräumen, um Gegenkräfte gegen die negativen Tendenzen zu mobilisieren. Dies könnte dadurch erreicht werden, daß der Bundesanstalt entsprechende Steuerungsbefugnisse eingeräumt werden. Schließlich ist zu erwägen, welche Verpflichtungen den Verleihern aufzuerlegen sind, damit die Abwerbung von Dauerarbeitnehmern in Zukunft unterbleibt.

1. Modell des gesetzlichen Höchstbefristungsgebots

Die gesetzliche Regelung über den zwingenden Inhalt des Leiharbeitsverhältnisses wirkt sich nur dann in dem gewünschten Sinn aus, wenn sie auf die typische Situation den Arbeitskräfte mit vorübergehendem Arbeitsinteresse zugeschnitten ist. Durch die Bestimmung, daß das Leiharbeitsverhältnis grundsätzlich unbefristet abzuschließen ist

[33] Vgl. oben 2. Teil 3. Abschn. II.

(§§ 3 Abs. 1 Nr. 3, 9 Nr. 2 AÜG), wird den Leiharbeitnehmern mit nur vorübergehendem Arbeitsinteresse ein Schutz gewährt, den sie nicht bedürfen und im übrigen auch gar nicht in Anspruch nehmen. Die typischen Leiharbeitnehmer, die nur vorübergehend arbeiten wollen, bleiben auch heute nur sehr kurze Zeit bei einem Verleiher. Sehr anschaulich ist ein Vergleich, den Wiedemann im Zusammenhang mit dem Aushilfsarbeitsverhältnis gebracht hat[34]. Der maximale Bestandsschutz für eine zeitlich begrenzte Arbeitstätigkeit ist so funktionswidrig wie ein Mieterschutz für ein Hotelzimmer oder eine Ferienwohnung. Die jetzige Regelung verstärkt nur die ohnehin bestehende Tendenz der Abwanderung von Stammarbeitnehmern in Zeiten der Hochkonjunktur. Einen Ausgleich der Schutzbedürftigkeit des Arbeitnehmers mit den Erfordernissen des Arbeitsmarktes und der Volkswirtschaft ermöglicht folgende Regelung:

Die Verleiher müßten verpflichtet werden, grundsätzlich nur Leiharbeitsverträge mit einer Höchstbefristungsklausel abzuschließen. Eine vorherige Kündigung durch den Verleiher dürfte nur dann zulässig sein, wenn arbeitnehmerbedingte oder betriebsbedingte Gründe im Sinne des § 1 Abs. 2 KSchG vorliegen. Der Schutz der Leiharbeitnehmer ließe sich noch dadurch erhöhen, daß das KSchG auch dann für anwendbar erklärt wird, wenn die sechsmonatige Betriebszugehörigkeitsfrist des § 1 Abs. 1 KSchG noch nicht abgelaufen ist. Da die meisten Leiharbeitnehmer mit vorübergehendem Arbeitsinteresse weniger als sechs Monate bei einem Verleiher bleiben, unterstehen sie faktisch nicht dem Schutz des KSchG.

Im Arbeitsrecht sind solche Höchstbefristungsklauseln schon seit langem bekannt[35]. Danach kann das Arbeitsverhältnis fest befristet werden mit der Vereinbarung im Einzelvertrag, daß es unter Einhaltung der vertraglichen oder gesetzlichen Kündigungsfrist kündbar ist, es jedoch mit Erreichung des als Höchstbefristung festgesetzten Zeitpunkts endet, ohne daß es dann einer Kündigung bedarf.

Durch ein gesetzliches Höchstbefristungsgebot wird verhindert, daß bei den an einem Dauerarbeitsverhältnis interessierten Arbeitnehmern die Erwartung geweckt wird, die Leiharbeit sei eine geeignete und sinnvolle Alternative zu einem Stammarbeitsverhältnis. Wird die Höchstfrist noch dazu sehr großzügig bemessen — man könnte an eine Zweijahresfrist denken, werden die an einer Leiharbeit Interessierten nicht übermäßig belastet. Sie können sich ferner rechtzeitig auf die

---

[34] *Wiedemann*, Festschrift für Lange, S. 395 (406).

[35] Vgl. *Falkenberg*, DB 1971, 430 (433); *Molitor / Bürger* in: AR-Blattei, D Arbeitsvertrag - Arbeitsverhältnis VIII, VIII Beendigung des Arbeitsverhältnisses, (B) III.

Beendigung des Leiharbeitsverhältnisses einstellen. Durch die zusätzliche Ausweitung des Kündigungsschutzes, indem die Sechsmonatsfrist des § 1 Abs. 1 KSchG für unanwendbar erklärt würde, wäre der soziale Schutz der Leiharbeitnehmer insgesamt nicht nur sachgerechter, sondern auch vollkommener geregelt als im geltenden AÜG.

Es muß noch zu dem möglichen Einwand Stellung genommen werden, das vorgeschlagene Modell sei nicht mit der Adia-interim-Entscheidung des BVerfG vereinbar. Das Gericht hat festgestellt, die Arbeitnehmerüberlassung mobilisiere die Arbeitskraft solcher Arbeitnehmer, die aus verschiedenen Gründen keine Dauerstellung annehmen können oder wollen[36]. Das vorgeschlagene Höchstbefristungsgebot schließe diejenigen Interessenten teilweise aus, die keine Dauerstellung annehmen *wollten*. Dieser Einwand läßt sich jedoch leicht widerlegen. Die Stammarbeitnehmer, die zu einem Leiharbeitsunternehmen abwandern wollen, gehören ja gerade nicht der Arbeitsmarktreserve an, sie sind schon vorher fest ins Arbeitsleben integriert. Im übrigen ist die mit dem Höchstbefristungsgebot verbundene Grundrechtseinschränkung nicht verfassungswidrig, weil das Funktionieren des Arbeitsmarktes und die Abwehr von volkswirtschaftlichen Schäden wichtige Gemeinschaftsgüter sind[37]. Außerdem ist der Ausschluß der langfristigen Leiharbeit ein milderes Mittel gegenüber dem vor allem vom DGB[38] geforderten völligen Verbot der Arbeitnehmerüberlassung.

2. Das Lohnniveau der Leiharbeitnehmer

Die Abwanderungstendenzen ließen sich ferner dadurch bekämpfen, daß den Verleihern untersagt wird, höhere Löhne an Leiharbeitnehmer zu zahlen als die Tariflöhne der entsprechenden Berufsgruppe. Dieser Lösungsweg ist aber wenig praktikabel und zudem unsozial. Eine derartige Regelung würde dadurch unterlaufen, daß die Verleiher in noch stärkerem Maße auf überhöhte Auslösungen und andere Scheinauslagen ausweichen. Im übrigen ist der höhere Lohn, den qualifizierte Leiharbeitnehmer bekommen, in gewisser Weise ein Ausgleich für die geringeren Sozialleistungen der Leiharbeitsunternehmen (z. B. keine betriebliche Altersversorgung, keine Gratifikationen, keine Förderung der beruflichen Weiterbildung) sowie für die größeren physischen und psychischen Belastungen, denen ein Leiharbeitnehmer ausgesetzt ist.

---

36 BVerfGE 21, 261 (269).

37 Vgl. die Hanten-Entscheidung, BVerfGE 21, 245 ff. zum Arbeitsvermittlungsmonopol.

38 Vgl. die Stellungnahme des DGB für den Erfahrungsbericht der BReg., S. 7.

3. *Verwaltungsrechtliches Instrumentarium zur Steuerung des Leiharbeitsmarktes*

a) Statistische Meldungen

Die von den Verleihern nach § 8 AÜG zu erstattenden Meldungen sind die Grundlage dafür, daß die Arbeitsverwaltung den Leiharbeitsmarkt steuern kann. Gegen § 8 AÜG ist einzuwenden, daß die Bestimmung sinnvoller in eine Rechtsverordnung untergebracht worden wäre. Nach § 8 Abs. 1 S. 2 AÜG kann die Bundesanstalt die Meldepflicht einschränken. Damit läßt sich dem Gesetz nicht entnehmen, in welchem Umfang jeweils die Meldepflicht besteht. Wäre die Meldepflicht dagegen in einer Rechtsverordnung geregelt worden, die bei jeder Einschränkung hätte geändert werden müssen, hätte dies die Rechtssicherheit gefördert. Im übrigen ist durch die Aufnahme in das Gesetz eine Erweiterung der Meldepflicht erschwert worden.

Schon jetzt ist es empfehlenswert, die Meldepflicht in folgender Weise auszudehnen. Da viele Verleiher auf Werkverträge ausweichen, müßte die Statistik den gesamten Geschäftsumfang erfassen und nicht nur die Arbeitnehmerüberlassungsverträge.

Außerdem ist zu fordern, daß auch Angaben über das Alter der Leiharbeitnehmer in § 8 AÜG aufgenommen werden. Gegenwärtig ist beispielsweise unbekannt, wieviele Jugendliche ohne Berufsausbildung und ältere Leiharbeitnehmer bei Verleihern arbeiten. Dieser Zustand ist unbefriedigend.

b) Eingriffsbefugnisse der Arbeitsverwaltung zur Steuerung des Arbeitnehmerüberlassungsmarktes

Als Vorbild für die Schaffung eines staatlichen Lenkungsmechanismus für den Leiharbeitsmarkt kommen der belgische Gesetzentwurf und die niederländische Regelung in Betracht. § 13 des belgischen Gesetzentwurfes zur Regelung der Zeitarbeit enthält die Ermächtigung, daß für einzelne Berufszweige Prozentsätze der Leiharbeitnehmer im Verhältnis zu den Stammarbeitnehmern festgesetzt werden können, die ein Entleiher bei dem Einsatz von Leiharbeitnehmern nicht überschreiten darf[39]. In den Niederlanden ist von der Lizenzvergabe an die Verleiher die Betätigung in der Bauwirtschaft, in der metallverarbeitenden Industrie in der Umgebung von Dordrecht sowie in den Häfen ausgenommen[40].

Derartige Maßnahmen enthalten einen sehr weitgehenden Eingriff in die Rechte sämtlicher Beteiligten. Sie kommen daher nur als „ultima ratio" in Betracht, falls das Höchstbefristungsgebot nicht aus-

---

[39] Vgl. dazu *Schnorr*, RdA 1972, 193 (203).
[40] Vgl. *Becker*, AÜG, Einl., Rdn. 89.

reichen sollte. Ferner setzen solche dirigistischen Maßnahmen umfangreiche Kontrollen voraus. Sie dürften nur dann effektiv sein, wenn auch die Subunternehmerverträge mit in die Regelung einbezogen werden.

4. Verpflichtung der Verleiher, keine Stammarbeitnehmer abzuwerben

In § 3 AÜG müßte die Verpflichtung aufgenommen werden, daß bei jeglichen Werbemaßnahmen dem Firmennamen des Leiharbeitsunternehmens der Zusatz „Arbeitnehmerüberlassung" hinzugefügt wird. Ferner sollte den Verleihern untersagt werden, damit zu werben, daß sie höhere Löhne zahlen, als in der gesuchten Berufsgruppe üblich sind. Bei der Auswertung der Zeitungsanzeigen der Verleiher in der Frankfurter Rundschau im zweiten Halbjahr 1973 zeigte sich, wie notwendig eine derartige Vorschrift ist.

Die Bestimmung des § 3 Abs. 1 Nr. 3 und des § 9 Nr. 2 AÜG wirkt sich gegenwärtig dahingehend aus, daß die Verleiher gezwungen sind, in den Stellenanzeigen Dauerarbeitskräfte zu suchen. Wird das gesetzliche Höchstbefristungsgebot eingeführt, müßten die Verleiher in den Stellengesuchen zum Ausdruck bringen, daß nur Arbeitnehmer mit vorübergehendem Arbeitsinteresse gesucht werden. Damit wäre in Zukunft ausgeschlossen, daß sich Stammarbeitnehmer bei einem Verleiher in dem Glauben bewerben, es handle sich um die Besetzung eines Stammarbeitsplatzes.

5. Mitbestimmung des Entleiher-Betriebsrats bei dem Einsatz von Leiharbeitnehmern

Nach der neueren Rechtsprechung der Arbeitsgerichte unterliegt der Einsatz von Leiharbeitnehmern der Mitbestimmung des Entleiher-Betriebsrates gemäß §§ 99 ff. BetrVG[41]. Auch diese Auslegung kann sich günstig in Bezug auf den Arbeitsmarkt auswirken. Der Betriebsrat könnte die Zustimmung zum Einsatz verweigern, falls der Leiharbeitnehmer einen Dauerarbeitsplatz besetzen soll.

III. Ausbau des sozialen Schutzes der Leiharbeitnehmer

Die aufstiegshemmende Wirkung der langjährigen Leiharbeit, die höhere physische und psychische Belastung durch den ständigen Zwang zur Umstellung und die vielfältigen negativen Auswirkungen der „Lückenbüßerfunktion" der Leiharbeitnehmer (Qualifikationsverlust, Förderung der rein instrumentellen Arbeitseinstellung, Abschwächung

[41] Beschluß des BAG vom 14. 5. 1974, DB 1974, 1019; LAG Hamm DB 1973, 1511; ArbG Kassel DB 1974, 536; a. A. noch ArbG Herford DB 1973, 727.

der Motivation zur beruflichen Weiterbildung)[42] lassen sich am wirksamsten durch die Einführung des vorgeschlagenen gesetzlichen Höchstbefristungsgebots bekämpfen.

Die negativen Auswirkungen der Leiharbeit treten nämlich nicht oder nur in wesentlich geringerem Umfang auf, wenn der Leiharbeitnehmer nur vorübergehend bei einem Verleiher arbeitet.

Arbeitnehmer mit vorübergehendem Arbeitsinteresse haben ohnehin geringere Aufstiegschancen, weil nur derjenige eine höhere Position erlangen wird, der ständig im Arbeitsleben steht. Er kann nicht dieselben beruflichen Erfahrungen erwerben wie der Arbeitskollege, der ohne Unterbrechungen arbeitet. Die physische und psychische Überbeanspruchung, die mit dem Zwang zur ständigen Umstellung auf andere Betriebe verbunden ist, wirkt sich mit großer Wahrscheinlichkeit nur bei einer langfristigen Leiharbeitstätigkeit aus. Beträgt dagegen die Dauer des Leiharbeitsverhältnisses nur einige Monate, wird der Leiharbeitnehmer möglicherweise den ständigen Betriebswechsel sogar als Abwechslung empfinden. Die negativen Auswirkungen der Lückenbüßerfunktion sind ebenfalls nur dann sozialpolitisch untragbar, wenn der Leiharbeitnehmer ein dauerhaftes Arbeitsinteresse hat. Wer nur vorübergehend arbeiten will, hat ohnehin kein berufszentriertes Bewußtsein.

Die Beeinträchtigung der beruflichen Sozialisation bei jugendlichen Leiharbeitnehmern ohne Berufsausbildung sollte durch die Einführung eines Mindestalters verhindert werden. In Anlehnung an die entsprechende niederländische Vorschrift[43] könnte das JArbSchG durch eine Bestimmung ergänzt werden, wonach Jugendliche unter 18 Jahren nicht als Leiharbeitnehmer eingesetzt werden dürfen[44].

Das Problem der Beschäftigung ausländischer Arbeitnehmer hat sich weitgehend durch die Änderung der Arbeitserlaubnisverordnung erledigt. Die Erfahrung wird zeigen müssen, ob sich die Regelung bewährt.

Die Schwierigkeiten, die mit der Tätigkeit von Frauen mit Kindern, den Frauen nach längerer Berufsunterbrechung und den älteren Arbeitnehmern bei Leiharbeitsunternehmen verbunden sind, lassen sich am besten durch sozialpolitische Maßnahmen außerhalb des AÜG überwinden. Durch die Bereitstellung von Arbeitsplätzen, die auf die Bedürfnisse dieser Arbeitnehmergruppen zugeschnitten sind sowie durch die Schaffung ausreichender Sozialeinrichtungen für Frauen mit Kin-

---

[42] Vgl. dazu näher: 1. Teil 8. Abschn. VI 4.

[43] Vgl. zur Rechtslage in den Niederlanden: *Becker*, AÜG, Einl., Rdn. 89.

[44] Von dem Verbot könnten Schüler und Studenten ausgenommen werden, die nur in den Ferien arbeiten wollen. Für sie besteht nicht die Gefahr, daß die berufliche Sozialisation beeinträchtigt wird.

dern muß erreicht werden, daß diese Personen nicht mehr auf die Leiharbeitsunternehmen angewiesen sind.

IV. Teilhabe der Leiharbeitnehmer an der betrieblichen Mitbestimmung und an den Maßnahmen zur Humanisierung des Arbeitslebens

Weder das BetrVG noch das AÜG enthalten Vorschriften über die betriebsverfassungsrechtliche Stellung des Leiharbeitnehmers.

Einigkeit besteht darüber, daß die Leiharbeitnehmer im Verleiherbetrieb alle im BetrVG enthaltenen Rechte haben.

Kontrovers ist dagegen die Frage, welche betriebsverfassungsrechtliche Stellung der Leiharbeitnehmer im Entleiherbetrieb hat. Relativ unproblematisch ist dabei noch die Frage, ob den Leiharbeitnehmern im Entleiherbetrieb die Individualrechte der §§ 82 und 84, 85 BetrVG zustehen. Wegen der arbeitsrechtlichen Beziehungen des Leiharbeitnehmers zum Entleiher ist dies zu bejahen. Aus demselben Grund wird man den Entleiher für verpflichtet halten müssen, den Leiharbeitnehmer gemäß § 81 BetrVG über die mit der Arbeitsleistung verbundenen Fragen zu unterrichten[45].

Keine Klarheit besteht dagegen darüber, ob der Leiharbeitnehmer kollektivrechtlich dem Entleiherbetrieb in der Weise zuzuordnen ist, daß er ein aktives und passives Wahlrecht bei Betriebsratswahlen hat. Der Ausschuß für Arbeit und Sozialordnung hat diese Frage ausdrücklich verneint, weil der Leiharbeitnehmer nach dem AÜG echter Arbeitnehmer des Verleiherbetriebes sei[46]. Dieser Auffassung hat sich ein großer Teil der Literatur zum AÜG angeschlossen[47]. Sie steht in deutlichem Gegensatz zu der bisher herrschenden Meinung, daß der Leiharbeitnehmer betriebsverfassungsrechtlich zumindest auch dem Entleiherbetrieb zuzuordnen sei[48]. Nur Ramm und Franßen / Haesen wollen dem Leiharbeitnehmer auch unter der Geltung des AÜG ein aktives und passives Wahlrecht einräumen[49].

Ausgangspunkt für die Lösung des Problems muß die Erkenntnis sein, daß ein völliger Ausschluß des Leiharbeitnehmers von der be-

---

[45] So *Becker*, AÜG, Art. 1 § 11, Rdn. 40; *Franßen / Haesen*, Einl., Rdn. 37; *Sandmann / Vielhaber*, Art. 1 § 11, Anm. 12.

[46] Bericht des Abgeordneten Jaschke zu BT-Drucks. VI/3505, S. 4.

[47] *Becker*, AÜG, Art. 1 § 11 Rdn. 39; *Dietz / Richardi*, BetrVG, § 5 Rdn. 24; *Moritz*, BB 1973, 1569 (1570); *Sandmann / Vielhaber*, Art. 1 § 11 Anm. 12.

[48] ArbG Lörrach, DB 1972, 1026; *Bobrowski / Gaul*, S. 105; *Hueck / Nipperdey* I, S. 525; *Maus*, Handb. d. Arbeitsrechts, Leiharbeitsverhältnis III, Rdn. 204; *Nikisch* I, S. 242; *Schaub*, S. 463; *Seiter* JurA 1971, 205 (214 Fn. 28).

[49] *Ramm*, DB 1973, 1170 (1174); *Franßen / Haesen*, Einl. Rdn. 37.

trieblichen Mitbestimmung im Entleiherbetrieb systemwidrig wäre. Das BAG hat noch unter der Geltung des BetrVG 1952 ausgesprochen, daß es für die Arbeitnehmereigenschaft i. S. der §§ 4, 5 BetrVG (= §§ 5, 6 BetrVG 1972) und damit für das aktive und passive Wahlrecht zum Betriebsrat nicht auf die formale Rechtsstellung ankommt, sondern auf die ausgeübte Beschäftigung einer Person in einem Betrieb, zu dessen Belegschaft sie gehört. Deshalb könnten Gemeindebeamte, die zur ständigen Dienstleistung in den Betrieb einer juristischen Person des Privatrechts abgeordnet sind, im Sinne der §§ 4 ff. BetrVG 1952 Arbeitnehmer sein[50]. Das BetrVG knüpft an das sozialversicherungsrechtliche Tatbestandsmerkmal „Beschäftigungsverhältnis“ an. Ein Beschäftigungsverhältnis setzt aber keinen Arbeitsvertrag des Arbeitnehmers zu dem Betriebsinhaber voraus, sondern nur, daß der Arbeitnehmer auf Grund seiner persönlichen Abhängigkeit in arbeitsrechtlichen Beziehungen zum Betriebsinhaber steht und in organisatorischer Hinsicht eine Stellung einnimmt, die derjenigen der dort beschäftigten Arbeiter entspricht[51]. Diese Voraussetzungen liegen bei einem Leiharbeitnehmer vor. Er steht in Beziehungen zur Betriebsspitze bzw. zu deren Repräsentanten sowie zu den übrigen Belegschaftsmitgliedern. Ferner begibt er sich in persönliche Abhängigkeit vom Entleiherbetrieb. Der völlige Ausschluß der Leiharbeitnehmer von der betrieblichen Mitbestimmung ist ferner deshalb unbefriedigend, weil das Betriebsverfassungsrecht den einzelnen Arbeitnehmer davor schützen will, zu einem reinen Produktionsfaktor und zum bloßen Objekt von Leitungs- und Kontrollmaßnahmen herabgewürdigt zu werden. Schutzzweck der Betriebsverfassung ist die Menschenwürde im Betrieb[52]. Wegen der häufigen „Lückenbüßerfunktion“ der Leiharbeitnehmer ist es gerade für sie wichtig, daß der Entleiher nicht nur betriebswirtschaftliche Belange bei ihrem Einsatz berücksichtigt, sondern sich auch von sozialen Erwägungen leiten läßt. Andererseits fehlt den Leiharbeitnehmern die Legitimationsbasis, um gleiche Mitwirkungsrechte im Betriebsrat wie Stammarbeitnehmer zu haben. Wegen des Fehlens der wirtschaftlichen Abhängigkeit vom Entleiher müßte dafür Sorge getragen werden, daß sie von den Mitbestimmungsfragen ausgeschlossen werden, die die wirtschaftlichen Belange der Stammarbeitnehmer betreffen. Der Betriebsrat hat nämlich vielfältige Aufgaben wahrzunehmen, die nur die Stammarbeitnehmer betreffen: Modalitäten der Auszahlung der Arbeitsentgelte (§ 87 Abs. 1 Nr. 4 BetrVG), Urlaubsangelegenheiten (§ 87 Abs. 1 Nr. 5 BetrVG), Sozialeinrichtungen (§ 87 Abs. 1 Nr. 8 BetrVG), Vergabe von Wohnräumen an Betriebsangehörige (§ 87 Abs. 1 Nr. 9 BetrVG), Festsetzung leistungsbezogener Entgelte (§ 87 Abs. 1 Nr. 10

---

[50] Urteil des BAG v. 18. 4. 1964, AP Nr. 3 zu § 4 BetrVG.

[51] BGH Nr. 14 u. 15 zu §§ 898, 899 RVO.

[52] *Söllner*, RdA 1968, 437.

BetrVG), Betriebsvereinbarungen über die Einrichtung von Sozialeinrichtungen (§ 88 Nr. 2 BetrVG). Aus diesen Gründen kann weder die Ansicht befriedigen, die den Leiharbeitnehmer von der betrieblichen Mitbestimmung im Entleiherbetrieb völlig ausschließt, noch die, welche den Leiharbeitnehmer einem Stammarbeitnehmer bezüglich der betrieblichen Mitbestimmung völlig gleichstellt.

Durch Tarifvertrag oder durch Gesetz müßte demnach eine betriebliche Institution geschaffen werden, welche die spezifischen Interessen der Leiharbeitnehmer wahrnimmt. Dabei könnten zwei verschiedene Wege beschritten werden.

In Anlehnung an die Vorschriften über die betriebliche Jugendvertretung (§§ 60 ff. BetrVG) wird nach einer entsprechenden Änderung des BetrVG eine betriebliche Leiharbeitnehmervertretung geschaffen, die für diejenigen Aufgaben zuständig ist, die mit der persönlichen Abhängigkeit des Leiharbeitnehmers vom Entleiher zusammenhängen. Eine derartige Lösung scheitert mit Sicherheit an der jeweils nur kurzen Einsatzdauer der Leiharbeitnehmer. Die Wahlen für diese Vertretung müßten mindestens alle drei Monate erfolgen, weil ein Einsatz niemals länger dauern kann und die Leiharbeitnehmervertreter spätestens nach dieser Zeit nicht mehr dem Entleiherbetrieb angehören. Die Leiharbeitnehmer sind ferner kaum in der Lage, die Rechte der Vertretenen gegenüber dem Entleiher effektiv wahrzunehmen, weil sie die Verhältnisse im Entleiherbetrieb nicht kennen. Umgekehrt sind die Leiharbeitnehmer wegen der kurzen Einsatzdauer nicht in der Lage, die Fähigkeiten der Kandidaten richtig einzuschätzen, weil sie sie nicht kennen. Die tatsächlichen Schwierigkeiten dürften daher so groß sein, daß die Einführung einer besonderen Leiharbeitnehmervertretung nicht durchführbar ist. Aus demselben Grund scheidet die tarifvertragliche Einführung einer entsprechenden Zusatzvertretung gemäß § 3 Abs. 1 Nr. 1 BetrVG aus[53].

Erfolgversprechender wäre die Schaffung einer Vorschrift im BetrVG, wonach unter bestimmten Voraussetzungen ein Stammarbeitnehmer als Obmann von den Leiharbeitnehmern zu wählen ist. Ihm müßte ein Mitwirkungsrecht für solche Angelegenheiten gewährt werden, die die Belange der Leiharbeitnehmer tangieren. Eine solche Regelung wäre in gewisser Hinsicht mit dem Belegschaftsdelegierten nach § 15 des französischen ZAG vergleichbar. Nach dieser Vorschrift haben die Leiharbeitnehmer das Recht, individuelle oder kollektive Beschwerden, die die Arbeitsbedingungen betreffen, bei den Belegschaftsdelegierten des Entleiherbetriebes einzulegen. Das französische Mitwirkungsrecht un-

---

[53] Für die Schaffung tarifvertraglicher Zusatzvertretungen hat sich *Becker*, BlStSozArbR 1972, 129 (135) ausgesprochen.

terscheidet sich zwar erheblich vom deutschen betrieblichen Mitbestimmungsrecht. Insbesondere der Belegschaftsdelegierte ist vom Unternehmer unabhängig und arbeitet eng mit den Gewerkschaften zusammen. Dennoch ist bemerkenswert, daß nach dem französischen Recht der Belegschaftsdelegierte die Interessen zweier Gruppen wahrzunehmen hat: diejenigen der Stammarbeitnehmer und die der Leiharbeitnehmer. Dadurch können gewisse Interessenkollisionen auftreten. Dasselbe gilt für die Einführung eines betrieblichen Obmanns für die Leiharbeitnehmer. Da er Stammarbeitnehmer ist, können seine persönlichen Interessen mit denen der von ihm vertretenen Leiharbeitnehmer kollidieren. Dennoch wäre die Einführung einer entsprechenden gesetzlichen Regelung zu begrüßen, denn eine nicht ganz vollkommene Vertretung für die Leiharbeitnehmer ist immer noch besser als keine. Eine bessere Lösung ist nämlich nicht in Sicht.

Der weitgehende faktische Ausschluß der Leiharbeitnehmer von den zukünftigen Maßnahmen zur Humanisierung der Arbeit ist vor allem dann untragbar, wenn weiterhin auf dem gewerblichen und technischen Sektor zahllose Leiharbeitnehmer mit dauerhaftem Arbeitsinteresse tätig sind. Gelingt es, nach Einführung des gesetzlichen Höchstbefristungsgebots und gegebenenfalls noch weitergehender staatlicher Lenkungsmaßnahmen, die Funktion der Arbeitnehmerüberlassung auf ihr ursprüngliches Ziel zu beschränken, nämlich nur Arbeitsmarktreserven auszuschöpfen, könnte eine andere sozialpolitische Beurteilung möglich sein. Für denjenigen, der nicht ständig berufstätig sein kann oder will, ist eine Arbeit, die unter dem Gesichtspunkt der Humanisierungsbestrebungen nicht optimal gestaltet ist, immer noch besser als überhaupt keine Arbeit.

V. Keine Nachteile für die Stammbelegschaft der Entleiherbetriebe

Die Gefahr des Einsatzes von Leiharbeitnehmern als Streikbrecher kann dadurch vermieden werden, daß das Leistungsverweigerungsrecht des § 11 Abs. 5 AÜG durch ein gesetzliches Verbot des Einsatzes von Leiharbeitnehmern im Streikfalle ersetzt wird. Eine entsprechende Bestimmung enthält bereits heute § 11 des Manteltarifvertrages für die Arbeitnehmer in Betrieben der Zeitarbeit-Unternehmen vom 9. 10. 1972[54].

Die Lohnbenachteiligung der Stammarbeitnehmer sowie der durch die Abwanderung in Gang gesetzte Kreislauf[55] lassen sich wirksam mit dem vorgeschlagenen gesetzlichen Höchstbefristungsgebot und gegebenenfalls mit den weitergehenden Eingriffsbefugnissen bekämpfen.

---

[54] Die Tarifvertragsparteien sind der UZA und die DAG.

[55] Vgl. oben: 2. Teil 3. Abschn. IV.

Wegen der dann zu erwartenden geringeren Zahl der Leiharbeitnehmer und dem geringeren Bedürfnis, auf Leiharbeitskräfte zurückzugreifen, wird der Entleiher nur noch dann Leiharbeitnehmer einsetzen, wenn dies volks- und betriebswirtschaftlich sinnvoll ist. Dies dürfte dann auch positive Auswirkungen auf die Lohnhöhe der Stammarbeitnehmer haben. Der dann immer noch anfallende häufig höhere Kostenanteil für den Einsatz von Leiharbeitnehmern wird durch einen höheren Unternehmergewinn ausgeglichen: Keine Vertragsstrafe, größerer Absatz usw. Da der Personenkreis mit nur vorübergehendem Arbeitsinteresse nicht sehr groß sein dürfte, würde mit der Einführung des gesetzlichen Höchstbefristungsgebots eine weitere künstliche Aufblähung der Arbeitnehmerüberlassung unterbunden werden. Arbeiten künftig keine abgewanderten Dauerarbeitskräfte bei Leiharbeitsunternehmen mehr, wird die weitere Expansion des Leiharbeitsmarktes gebremst. Mit dieser sowie mit eventuellen weiteren staatlichen Steuerungsmaßnahmen ließe sich die Gefahr bannen, daß in einigen Wirtschaftszweigen der hohe Leiharbeitnehmeranteil die Einführung neuer Arbeitsorganisationen zur Humanisierung der Arbeit erschwert oder vereitelt.

VI. Verbot der Arbeitnehmerüberlassung als Scheinlösung

Angesichts der vielfältigen sozialen und wirtschaftlichen Probleme, die die Leiharbeit aufwirft und der offensichtlichen Schwierigkeiten, durch eine wirksame behördliche Kontrolle die Spreu vom Weizen zu trennen, indem den unseriösen und teilweisen kriminellen Verleihern das Handwerk gelegt wird, mag es verlockend sein, mit dem DGB ein völliges Verbot der Leiharbeit zu fordern.

Damit ist jedoch nichts gewonnen, weil sich die Probleme nur verlagern. Die Leiharbeitsunternehmen würden vollends auf Scheinwerk-, Scheindienstverträge, mittelbare Arbeitsverhältnisse usw. ausweichen. Die soziale Gefährdung der Leiharbeitnehmer im weitesten Sinne bliebe dieselbe. Auch die Nachteile für die Volkswirtschaft und die Stammarbeitnehmer wären nicht durch eine solche Maßnahme zu beseitigen. Damit bleibt realistischerweise der in der Arbeit aufgezeigte mühsame Weg, gesetzgeberische und sozialpolitische Maßnahmen zu ergreifen, mit denen Gegenkräfte gegen die Mißstände entwickelt werden und ein Ausgleich zwischen den divergierenden Interessen erreicht wird. Ein Gesetz, das die ökonomischen Aspekte eines Sozialphänomens vernachlässigt, ist zum Scheitern verurteilt. Die beteiligten Wirtschaftskreise werden neue Rechtsformen entwickeln, auf die der Gesetzgeber erneut reagieren muß. Umgekehrt kann eine Gesellschaft auf Dauer nicht bestehen, die es hinnimmt, daß eine beachtliche Anzahl von Arbeitskräften von der gesellschaftspolitischen Entwicklung ausgeschlossen bleibt. Je schneller sich die Gesellschaft verändert, desto größer muß notwendigerweise das soziale Gefälle werden. Da in den hochentwickelten Industriestaaten heute kaum noch größere materielle Not herrscht, wird es in Zukunft bei sozialpolitischen Auseinandersetzungen nicht mehr nur um Lohnerhöhungen gehen, sondern darum, daß die Verbesserung der Lebensqualität auch die Arbeitswelt umfaßt. Werden die Leiharbeitnehmer als marginale Gruppe dabei vernachlässigt, muß mit künftigen gesellschaftlichen Erschütterungen gerechnet werden.

Zusammenfassung

Erster Teil

Die vorliegende Arbeit hat gezeigt, daß das empirische Material zur Arbeitnehmerüberlassung immer noch lückenhaft ist und daß gegenwärtig die Übergangsschwierigkeiten noch nicht überwunden sind. Dennoch wurde der Versuch unternommen, an Hand der verfügbaren und leicht zu beschaffenden Sozialdaten die sozialwissenschaftlichen Grundlagen der Arbeitnehmerüberlassung zu erarbeiten. Soweit ein exakter Nachweis in Einzelfragen nicht möglich war, kam es dem Verfasser darauf an, gerade auch die Probleme der Arbeitnehmerüberlassung aufzuzeigen und sie zur Diskussion zu stellen, denen bisher keine Aufmerksamkeit geschenkt wurde. Wenn im folgenden die Thesen des sozialwissenschaftlichen Teils in gedrängter Form zusammengefaßt werden, ist generell darauf hinzuweisen, daß die Aussagen häufig nur einen Trend aufweisen und daher nicht absolut gesehen werden können.

S. 23 ff.

Bei der Auswertung der Stellenanzeigen der Verleiher zeigte sich, wie stark sich das Zusammentreffen der saisonalen und konjunkturellen Schwankungen auf die Arbeitnehmerüberlassung auswirkt. Sehr ausgeprägt ist ferner die Konzentration der Arbeitnehmerüberlassung auf einige wenige Berufe. Jede der drei Berufsbezeichnungen Stenotypistin, Sekretärin und Phonotypistin erschien häufiger in den Stellengesuchen als alle 54 Berufsbezeichnungen zusammen, die jeweils weniger als zehnmal in den Anzeigen genannt wurden.

S. 28 f.

Die Analyse der Anzeigengestaltung ergibt folgendes: wenig informativer Inhalt über die Art der zu verrichtenden Tätigkeit; die Werbung wendet sich an Personen mit instrumenteller Arbeitseinstellung, d. h. Personen, denen die Möglichkeit, viel Geld zu verdienen wichtiger als eine interessante Tätigkeit ist; anreißerische Aufmachung.

S. 29 ff.

Ein ähnliches Bild wie die Anzeigen vermitteln die meisten Werbebroschüren. Nicht die Attraktivität der auszuübenden Tätigkeit steht im Vordergrund, sondern nur die Begleiterscheinungen der Arbeitnehmerüberlassung. Es werden Erwartungen geweckt, die Leiharbeit sei für Hausfrauen geeignet, menschliche Kontakte herzustellen, ermögliche einen höheren Konsum und sei eigentlich mehr eine Art Zeitvertreib. Die vom Leiharbeitnehmer ausgeübte Tätigkeit soll also nicht zu dessen Selbstverwirklichung beitragen, sondern ist nur das Mittel dazu, die Freizeit angenehmer zu gestalten.

S. 32 ff.

Die Umfrage bei 21 Verleihern in Frankfurt/M. und Offenbach zeigte, daß sich zwar die meisten Verleiher an die gesetzlichen Vorschriften halten. Bei einigen Verleihern jedoch ist der soziale Schutz der Leiharbeitnehmer nicht gewährleistet. Außerdem konnte die Arbeitsweise der Verleiher ermittelt werden. Schließlich wurde festgestellt, daß eine Reihe von Verleihern die Dreimonatsfrist des § 3 Abs. 1 Nr. 5 AÜG nicht einhalten.

S. 37 f.

§ 8 AÜG und das französische ZAG sehen statistische Meldungen vor. Der Aussagewert der künftigen Statistiken gemäß § 8 AÜG wird jedoch wegen des sog. Zugangs-Abgangs-Kreislaufes sowie deshalb gemindert, weil nicht der gesamte Geschäftsbereich der Verleiher erfaßt wird.

S. 38 ff.

Die makrosoziologische Analyse läßt sich wie folgt zusammenfassen:

Die Entstehung der Arbeitnehmerüberlassung beruht auf einer Ausgliederung der Funktionen der Personalverwaltung und deren Verselbständigung; Erweiterung des dualistischen Arbeitsverhältnisses zum Dreiecksverhältnis; teilweiser Funktionsverlust der Arbeitsverwaltung auf dem tertiären Sektor und Aufgabenzuwachs auf dem quartären Sektor. Diese Vorgänge können als Spezialisierungs- oder Desintegrationsprozeß bezeichnet werden. Sie verlaufen parallel zu ähnlichen Vorgängen in der Gesamtgesellschaft.

Die Entstehung der Arbeitnehmerüberlassung ist Ausdruck einer Überorganisation der postindustriellen Gesellschaft.

S. 45 ff.

Die Auswertung der Stellenanzeigen sowie der berufs-, betriebs- und organisationssoziologischen Literatur bestätigt die Annahme, daß dem Einsatz von Leiharbeitnehmern klare Grenzen gesetzt sind. Im wesentlichen kommen Leiharbeitnehmer nur für zwei betriebliche Grundfunktionen in Betracht:

(1) Erledigung rein sachbezogener Aufgaben der untersten Stufe der Betriebshierarchie.

(2) Ausübung einer Stabsfunktion ohne Anordnungsbefugnisse gegenüber den Stammarbeitnehmern im Entleiherbetrieb (überwiegend auf dem technischen Sektor).

S. 53 ff.

In dem Kapitel „Veränderung des Mobilitätsverhaltens zahlreicher Arbeitnehmer durch die Arbeitnehmerüberlassung“ wird nachgewiesen, daß eine teilweise Identität der Merkmale der mobilen Arbeitnehmer mit denen der Leiharbeitnehmer besteht. Die Ergebnisse der Arbeitsmarktforschung legen daher den Schluß nahe, daß die Leiharbeit nicht nur auf die Dauerwechsler eine hohe Anziehungskraft ausübt. Für bestimmte Arbeitnehmergruppen, die sich relativ genau beschreiben lassen, wirkt sich die Arbeitnehmerüberlassung als ein Katalysator für den Umschlag der latenten Fluktuationsbereitschaft in den manifesten Entschluß aus, das bisherige Arbeitsverhältnis aufzugeben. Andererseits deutet die extrem kurze Dauer der Leiharbeitsverhältnisse darauf hin, daß es den Verleihern nicht gelungen ist, die Fluktuation der „mobilen Arbeitnehmer“ zu nutzen und sie für längere Zeit an sich zu binden.

S. 67 ff.

Die vor allem in Zeiten der Hochkonjunktur zu beobachtende Abwanderung von Dauerarbeitskräften führt zu einer disfunktionalen Mobilität und damit zu höheren Produktionskosten. Gleichzeitig erhöht sich wegen des Zugangs-Abgangs-Kreislaufes generell die Mobilität der Dauerarbeitskräfte. Obwohl einige wenige Berufe überrepräsentiert sind, reichen die bisher vorliegenden Daten noch nicht für die Annahme aus, daß die Verleiher auf regionalen Teilmärkten für einzelne Berufssparten eine marktbeherrschende Stellung haben.

S. 70 ff.

Das bisher vorliegende empirische Material deutet darauf hin, daß die wirtschaftliche Macht der Verleiher gegenüber den Entleihern nicht einheitlich zu beurteilen ist.

S. 72 ff.

Die Untersuchung der Motivationen der Entleiher für den Einsatz von Leiharbeitnehmern ergibt, daß unbestreitbar wirtschaftliche Vorteile für den Entleiher maßgebend sein können, insbesondere weil die Arbeitnehmerüberlassung als Elastizitätsfaktor bei kurzfristigen Veränderungen des Arbeitskräftebedarfs wirkt. Andererseits zeigt sich die Ambivalenz der Arbeitnehmerüberlassung darin, daß sie als Instrument benutzt werden kann, die Position der Arbeitnehmerschaft zu schwächen. Durch den Einsatz von Leiharbeitnehmern kann der Versuch unternommen werden, eine Reihe von gesetzlichen Bestimmungen zu umgehen.

S. 74 ff.

Die Frage, ob Leiharbeitnehmer mehr als Stammarbeitnehmer mit entsprechender Qualifikation verdienen, läßt sich nicht einheitlich beantworten. Bei größeren Leiharbeitsunternehmen, die als seriös gelten, liegen die Effektivlöhne jedenfalls für Büroberufe nicht wesentlich über dem Durchschnitt. Umgekehrt gibt es Anzeichen dafür, daß kleinere Verleiher, die nicht so bekannt sind und wohl nicht immer die gesetzlichen Vorschriften einhalten, besonders hohe Löhne zahlen. Leiharbeitnehmer auf dem gewerblichen Sektor erhalten in größerem Umfang überdurchschnittliche Löhne als Leiharbeitnehmer auf dem Bürosektor.

S. 77 f.

Ferner hat der Verfasser dargelegt, inwiefern sich die langfristig ausgeübte Leiharbeitstätigkeit aufstiegshemmend auswirkt.

S. 78 ff.

Obwohl die Verleiher bisher überwiegend die Konjunkturabhängigkeit der Arbeitnehmerüberlassung bestritten haben, lassen sich eine Reihe von Gründen anführen, die eine nicht unerhebliche Konjunkturabhängigkeit wahrscheinlich machen.

S. 82

Die Unterkapitalisierung zahlreicher Leiharbeitsunternehmen ist größer als bei sonstigen Wirtschaftsunternehmen. Bei dem wirtschaftlichen Zusammenbruch eines Leiharbeitsunternehmens sind besonders viele Arbeitnehmer betroffen, die zudem — wegen der spezifischen Berufsstruktur der Leiharbeitnehmer — den Schichten mit kleinen und mittleren Einkommen zugehören. Seit Inkrafttreten des Konkursausfallgeldgesetzes vom 17. Juli 1974 ist die Gefährdung der Lohnansprüche nicht mehr so groß wie bisher.

S. 83 ff.

Der Verfasser hat außerdem die Faktoren analysiert, die zu einer größeren physischen und psychischen Belastung der Leiharbeitnehmer führen.

— Der Zwang zur permanenten Umstellung auf andere Betriebe führt längerfristig zu einem vorzeitigen Kräfteverschleiß. Der Grad der Überforderung ist im einzelnen davon abhängig, inwieweit die Tätigkeit arbeitsplatzbezogen ist.

— Anhand der betriebssoziologischen Erkenntnisse wurde eine Begründung dafür gegeben, warum für zahlreiche Leiharbeitnehmer eine soziale Isolation in den Entleiherbetrieben typisch ist. Die

Außenseiterrolle wirkt sich vor allem bei einer längeren Leiharbeitstätigkeit aus.

— Die „Lückenbüßerfunktion“ der Leiharbeitnehmer hat zahlreiche negative Auswirkungen, die näher erläutert wurden.

S. 96 ff.

Spezifische Probleme tauchen bei bestimmten Leiharbeitnehmergruppen auf:

S. 96 ff.

Bei Jugendlichen ohne Berufsausbildung besteht die Gefahr, daß eine längere Leiharbeitstätigkeit die berufliche Sozialisation nicht unerheblich beeinträchtigt. Ursächlich dafür ist insbesondere die mangelnde Einordnung in einen bestimmten Betrieb und die Struktur der Leiharbeit. Sie bietet extrem geringe Entwicklungsmöglichkeiten und ist am wenigstens dazu geeignet, Berufserfahrungen zu fördern. Insbesondere fehlt eine pädagogische Anleitung zu eigener und selbstverantwortlicher Leistung, die ein Ansporn zur Weiterentwicklung der Fähigkeiten des Jugendlichen sein müßte.

S. 102 ff.

Entgegen der bisherigen Vermutung ist die Arbeitnehmerüberlassung nicht flexibel genug, den Bedürfnissen der Frauen mit Kleinkindern gerecht zu werden. Darauf deutet vor allem die geringe Zahl der Leiharbeitnehmerinnen hin, die mit Kindern im Haushalt zusammenleben. Charakteristisch für die Situation dieser Leiharbeitnehmerinnen ist u. a. die Kumulation von Belastungen der verschiedensten Art. Überbeanspruchungen, die mit der Arbeitnehmerüberlassung zwangsläufig verbunden sind, treffen mit den Problemen zusammen, die sich aus der Doppelrolle Haushalt - Beruf ergeben. Die Arbeitnehmerüberlassung führt daher nur zu einem geringen Teil zur Wiedereingliederung dieser Personengruppe in den Arbeitsprozeß.

S. 105 ff.

Für die Leiharbeitnehmerinnen, die nach mehrjähriger Berufsunterbrechung die Berufstätigkeit aufnehmen und ihr erstes Arbeitsverhältnis mit einem Verleiher eingehen, ist ebenfalls eine Kumulation der Belastungsfaktoren charakteristisch. Die für die Leiharbeit typische Mehrbeanspruchung und die sich aus der Berufsentwöhnung ergebenden Schwierigkeiten treffen zusammen. Obwohl ein Teil der Verleiher diese Probleme erkannt hat, ist es noch nicht gelungen, adäquate Lösungen zu finden.

S. 108 ff.

Auch für die älteren Arbeitnehmer ist die Leiharbeit nur sehr bedingt geeignet. Es wurde versucht nachzuweisen, daß die Anforderungsstruktur der Leiharbeit nicht der typischen Leistungsveränderung entspricht, die bei älteren Arbeitnehmern auftritt.

S. 112 ff.

Auf dem gewerblichen Sektor wurden bisher ausländische Leiharbeitnehmer in besonders großer Zahl eingesetzt. Wegen der häufigen Gesetzesverstöße seitens der Verleiher und der Ausbeutung insbesondere der illegal arbeitenden Ausländer hat die Bundesregierung die Möglichkeit des Einsatzes von Ausländern bei Leiharbeitsunternehmen stark eingeschränkt.

S. 115 ff.

Es wurde ferner dargelegt, daß § 9 Nr. 4 und 5 AÜG grundsätzlich dazu beitragen kann, marginale Arbeitnehmergruppen zu integrieren. Die genannte Bestimmung kann als ein Regulativ gegen die negativen Auswirkungen der Abwanderung von Stammarbeitskräften angesehen werden.

S. 118

Ein Ziel der Sozialpolitik der nächsten Jahre wird es sein, die Grundsätze der Humanisierung und Demokratisierung des Arbeitslebens in die Praxis umzusetzen. Die Analyse der Humanisierungsbestrebungen und der Vergleich mit den Auswirkungen der Arbeitnehmerüberlassung führen zu der Erkenntnis, daß sie in einem diametralen Gegensatz zueinander stehen. Daraus ergeben sich folgende Konsequenzen. Die Leiharbeitnehmer werden zwangsläufig von den künftigen Maßnahmen zur Humansierung und Demokratisierung der Arbeit weitgehend ausgeschlossen sein. Außerdem wird es bei einer weiteren starken Expansion der Arbeitnehmerüberlassung in Wirtschaftszweigen mit hohem Leiharbeitnehmeranteil schwieriger oder sogar unmöglich sein, die Humanisierungsmaßnahmen zu verwirklichen. Andererseits kann die Humanisierung der Arbeit dazu führen, daß kaum noch Stammarbeitskräfte bereit sind, zu einem Verleiher abzuwandern.

Zweiter Teil

S. 126 ff.

Der juristische Teil der Arbeit baut auf der Tatsachenanalyse des sozialwissenschaftlichen Teils auf. Zunächst wurden eingehend die Gründe für den Erlaß des AÜG, die Wertvorstellungen und die Ziele des Gesetzes dargestellt.

S. 132

Dem Gesetzgeber kam es dabei vor allem auf die Verwirklichung der folgenden Ziele an:

1. Schaffung eines weitgespannten Kontrollsystems durch die Einführung einer gewerberechtlichen Erlaubnispflicht.
2. Abgrenzung der gewerbsmäßigen Arbeitnehmerüberlassung von der verbotenen privaten Arbeitsvermittlung.
3. Sicherung des arbeits- und sozialversicherungsrechtlichen Mindestschutzes des Leiharbeitnehmers.
4. Zusätzlicher Schutz der ausländischen Leiharbeitnehmer.

Charakteristisch für das AÜG ist das Ineinandergreifen von Vorschriften aus den verschiedensten Rechtsgebieten. Bei der Darstellung der Grundkonzeption war es aus mehreren Gründen geboten, nicht von der Reihenfolge des AÜG auszugehen, sondern von den angestrebten Zielen des Gesetzes.

S. 146 ff.

Aufgabe des darauf folgenden Abschnittes war es, die im sozialwissenschaftlichen Teil der Arbeit gewonnenen Ergebnisse in zusätzliche sozialpolitische Ziele umzusetzen, die im AÜG nicht oder nur unvollständig berücksichtigt worden sind.

S. 146 ff.

Da viele Verleiher auf andere Vertragsformen ausweichen, um nicht an die Bestimmungen des AÜG gebunden zu sein, ist es notwendig, andere Erscheinungsformen der Zuweisung von Arbeitnehmern an Dritte ganz oder teilweise dem AÜG zu unterstellen.

S. 148 ff.

Die Abwanderung von Stammarbeitskräften zu Leiharbeitsunternehmen hat negative Auswirkungen auf den Arbeitsmarkt und ist auch volkswirtschaftlich nicht vertretbar. Das AÜG berücksichtigt die gesamtwirtschaftlichen Gesichtspunkte nur sehr unzureichend. Darüber hinaus wird die Abwanderung von Stammarbeitskräften vom AÜG sogar gefördert, weil das Gesetz gerade auf die Personen zugeschnitten ist, die ein dauerhaftes Arbeitsinteresse haben.

S. 150 ff.

Außerdem muß es ein wesentliches Anliegen sein, den sozialen Schutz des Leiharbeitnehmers sehr viel weiter zu fassen. Dazu gehört insbesondere, daß die negativen Auswirkungen der langfristigen Arbeitnehmerüberlassung verhindert werden: geringe Aufstiegsmöglichkeiten, Gefahr des sozialen Abstiegs bei den Berufswechslern, physische und psychische Überbeanspruchung, die negativen Folgen der „Lückenbüßerfunktion" des Leiharbeitnehmers.

S. 152 f.

Schließlich darf die Expansion der Arbeitnehmerüberlassung nicht zu Lasten der Stammbelegschaft in den Entleiherbetrieben gehen.

S. 153 ff.

Das Problem des Zielkonflikts wurde an dem Beispiel des maximalen Bestandsschutzes des Leiharbeitsverhältnisses aufgezeigt. Außerdem wurde anhand des französischen ZAG dargelegt, daß die Effektivität eines Gesetzes durch eine zu komplizierte und perfektionistische Regelung sehr erheblich beeinträchtigt wird.

S. 156 ff.

Anschließend wurde untersucht, ob die vom Gesetzgeber angestrebten Ziele mit dem geltenden AÜG erreicht worden sind und in welcher Hinsicht die gesetzlichen Vorschriften geändert werden müßten, um die Zielvorstellungen des Gesetzgebers besser zu verwirklichen. Dabei zeigte sich, daß die starre Einsatzbefristung des § 3 Abs. 1 Nr. 6 AÜG beibehalten werden sollte. Sie durch eine Zweckbegrenzungsformel entsprechend dem französischen ZAG zu ersetzen, wie verschiedentlich vorgeschlagen wurde, kann wegen der geringen Praktikabilität einer solchen Bestimmung nicht empfohlen werden. Ferner hat es sich als nowendig erwiesen, der Arbeitsverwaltung gewisse Kontrollbefugnisse in den Betrieben einzuräumen, in denen zugewiesene Arbeitnehmer tätig sind. Erst durch Betriebsprüfungen kann die Arbeitsverwaltung in begründeten Fällen feststellen, ob eine Umgehung des AÜG vorliegt.

Es wurde nachgewiesen, daß der Leiharbeitnehmer wegen der persönlichen Abhängigkeit vom Entleiher zu diesem in arbeitsrechtlichen Beziehungen steht. Diese Tatsache sollte auch vom Gesetzgeber anerkannt werden.

S. 168 ff.

Gegenstand der Untersuchungen des letzten Abschnitts sind die gesetzgeberischen und sonstigen Maßnahmen zur Verwirklichung der rechtspolitischen Ziele. Bei der Prüfung der Frage, welche Erscheinungsformen der Zuweisung von Arbeitnehmern an Dritte dem AÜG unterstellt werden sollten, lag der Schwerpunkt bei der Untersuchung der Scheinwerkverträge, weil eine Umgehung des AÜG durch Werkverträge besonders häufig vorkommt und andererseits bis heute weitgehend ungeklärt ist, wann der Umgehungstatbestand erfüllt ist. Der Verfasser hat die folgenden Kriterien vorgeschlagen, die für die Frage maßgebend sein sollen, ob bei einem Werkvertrag von einer Umgehung des AÜG ausgegangen werden kann.

— Die persönliche Abhängigkeit des Werkunternehmergehilfen vom Besteller entspricht derjenigen des Leiharbeitnehmers vom Entleiher. Dies wird u. a. dann anzunehmen sein, wenn das Anordnungsrecht des Bestellers im Vergleich zum Direktionsrecht des Werkunternehmers überwiegt.

— Die Gewährleistungshaftung des Werkunternehmers steht bei weitgehenden Haftungsbeschränkungen in keinem Verhältnis mehr zu den tatsächlichen Gefahren.
— Der Werkunternehmer übernimmt eine Verpflichtung, deren Inhalt sich der Art nach mit dem Betriebszweck des Bestellerbetriebes deckt.

S. 184 ff. Durch die Novellierungsvorschläge

— Einführung eines gesetzlichen Höchstbefristungsgebots und einer Bestimmung, wonach die Sechsmonatsfrist des § 1 Abs. 1 KSchG nicht für Leiharbeitsverhältnisse gilt,
— Schaffung einer Verpflichtung, wonach die Verleiher keine Stammarbeitskräfte abwerben dürfen
— und — als ultima ratio — erweiterte Eingriffsbefugnisse der Arbeitsverwaltung zur Steuerung des Arbeitnehmerüberlassungsmarktes

lassen sich die oben aufgeführten sozialpolitischen Ziele sachgerecht lösen: Erweiterung des sozialen Schutzes der Leiharbeitnehmer, Abwehr der Störungen des Arbeitsmarktes sowie der volkswirtschaftlichen Nachteile der langfristigen Arbeitnehmerüberlassung sowie der den Stammarbeitnehmern drohenden Gefahren.

Ferner sollte eine Vorschrift in das BetrVG aufgenommen werden, wonach unter bestimmten Voraussetzungen ein Stammarbeitnehmer als Obmann von den Leiharbeitnehmern zu wählen ist. Dem Obmann müßte ein Mitwirkungsrecht für solche Angelegenheiten eingeräumt werden, die die Belange der Leiharbeitnehmer tangieren.

Schrifttumsverzeichnis

Apitz, K. H.: Zeit-Arbeit — ein Service, ArbuSozPol. 1969, 258

Becker, F.: Kommentar zum Arbeitnehmerüberlassungsgesetz, Neuwied und Berlin 1973 (zitiert: Becker, AÜG)

— Die gewerbsmäßige Arbeitnehmerüberlassung und das staatliche Arbeitsvermittlungsmonopol, DB 1972, 728

— Zur Regelung der gewerbsmäßigen Arbeitnehmerüberlassung in Frankreich und in der Bundesrepublik, AuWiD 1972, 294

— Das Arbeitnehmerüberlassungsgesetz — Kritische Anmerkungen zur gesetzlichen Regelung der gewerbsmäßigen Arbeitnehmerüberlassung, Sonderdruck aus BlStSozArbR Nr. 19/21 vom 1. 10. / 1. 11. 1972

Beine, Reinhard: Die rechtliche Stellung des Leiharbeiters, Diss. jur. Halle 1943

Bernsdorf (Herausgeber): Wörterbuch der Soziologie, Taschenbuchausgabe, 3 Bde., Frankfurt/M. 1972

Bobrowski / Gaul: Das Arbeitsrecht im Betrieb, 6. Aufl. Heidelberg 1970

Bogs, H.: Recht der Arbeitnehmerüberlassung in der Entwicklung, BB 1971, 277

Bolte / Aschenbrenner / Kreckel / Schultz-Wild: Beruf und Gesellschaft in Deutschland, Berufsstruktur und Berufsprobleme, Opladen 1970

Bosetzky, Horst: Grundzüge einer Soziologie der Industrieverwaltung, Stuttgart 1970

Bremke, H.-W.: Paragraphen, die nichts nützen — Heftige Kritik am Gesetz über Zeitarbeit, Die Zeit Nr. 20 vom 11. 5. 1973, S. 48

Bundesminister für Arbeit und Sozialordnung (Herausgeber): Zum Arbeitnehmerüberlassungsgesetz, Sozialpolitische Informationen vom 13. 2. 1973

— Sozialpolitische Informationen — Sozialpolitik in der 7. Legislaturperiode, Bonn 1974

Bundesregierung: Bericht der Bundesregierung über Erfahrungen bei der Anwendung des Arbeitnehmerüberlassungsgesetzes — AÜG-, BT-Drucks. 7/2365 vom 9. 7. 1974

von Büren, Roland: Teilzeitarbeit und temporäre Arbeit als neue Formen von Dienstleistung im schweizerischen Recht, Bern und Frankfurt/M. 1971

Burisch, Wolfram: Industrie- und Betriebssoziologie, 7. Aufl. Berlin und New York 1973

Caire, Guy: Les nouveaux marchands d'hommes? Etude du travail temporaire, Paris 1973

Catala, Nicole: travail temporaire, Paris 1973

CNRS-Untersuchung: Guilbert, Madeleine-Lowitt, Nicole-Creusen, Joseph, Le travail temporaire en France, Untersuchung des „Centre National de la Recherche Scientifique", Paris 1970

Daheim, Hans-Jürgen: Der Beruf in der modernen Gesellschaft, 2. Aufl. Köln und Berlin 1970

Dahrendorf, R.: Sozialstruktur des Betriebes — Betriebssoziologie, Wiesbaden 1959

Dedering, H.: Arbeitsmobilität — Diskussion und Systematik ihrer Begriffsinhalte, KZSS 1972, 46 ff.

DGB: Stellungnahme des Deutschen Gewerkschaftsbundes für den Bericht der Bundesregierung an den Deutschen Bundestag über Erfahrungen bei der Anwendung des Arbeitnehmerüberlassungsgesetzes (AÜG) vom 3. 4. 1974 (unveröffentlicht)

DGPV/RKW-Projekt A 46/69 Teil I/2: Deutsche Gesellschaft für Personalführung e. V., Methoden der Anpassung der Anforderungen an ältere Arbeitnehmer, Erfahrungen und Lösungsvorschläge der Betriebe — Ergebnisse einer empirischen Untersuchung in 30 Betrieben —, Berater: H. H. Datan und R. Fehlauer

Dietz, R. und R. *Richardi:* Betriebsverfassungsgesetz, Kommentar, 5. Aufl. München 1973

Duda, E.: Auswüchse der Leiharbeit mit dem AÜG gestoppt?, Soziale Sicherheit 1973, 69 ff.

Durkheim, Emile: Le suicide, 2. Aufl. Paris 1930

Ebel, H.: Die Konzentration der Berufe und ihre Bedeutung für die Berufspädagogik, Köln und Opladen 1962

Endemann, H.: Die Rechtsstellung des Leiharbeitnehmers, BlStSozArbR 1953, 348 ff. und 362 ff.

Engelbrecht, G.: Einzelne Probleme bei der Anwendung des Arbeitnehmerüberlassungsgesetzes, BB 1973, 481 ff.

Engelen-Kefer, U.: Arbeitskräfteverleih — Sorgenkind in Westeuropa, Arbeit und Sozialpolitik 1972, 280 f.

Etzioni, Amitai: Soziologie der Organisationen (aus dem Amerikanischen, Titel der Originalausgabe: Modern Organizations), München 1967

Falkenberg, R.-D.: Befristung von Arbeitsverhältnissen, DB 1971, 430 ff.

Fiedler, Herbert: Zwischenmeister, Arbeitsgruppen und Leiharbeitsverhältnisse — Ein Beitrag zur Lehre vom mittelbaren Arbeitsverhältnis, Diss. jur. Marburg 1963

Franßen, E. und W. *Haesen:* Arbeitnehmerüberlassungsgesetz (AÜG), Kommentar, Karlsruhe 1974

Fricke, W.: Zum Verhältnis von Arbeitswissenschaften und betrieblicher Personalplanung, Gewerkschaftliche Monatshefte 1973, 11 ff.

von Friedeburg, L.: Zur Fluktuation im Steinkohlenbergbau, BArbBl. 1957, 705 ff.

Friedmann, Georges: Der Mensch in der mechanisierten Produktion (aus dem Französischen, Titel der Originalausgabe: Problèmes humains du machinisme industriel, Köln 1952

Friedrich, H.; L. *Lappe;* J. *Schwinghammer* und J. *Wegehaupt-Schneider:* Frauenarbeit und technischer Wandel, Studie des Soziologischen Forschungsinstituts Göttingen im Auftrage des RKW, Frankfurt/Main 1973

Fürstenberg, F.: Grundfrage der Betriebssoziologie, Köln und Opladen 1964

UZA und BPL: Gegenstellungnahme der im UZA und im BPL zusammengeschlossenen Unternehmen zur Stellungnahme des DGB für den Bericht der Bundesregierung an den Deutschen Bundestag über Erfahrungen bei der Anwendung des AÜG, Frankfurt/M. Juni 1974

Göbel, J.: Arbeitnehmerüberlassung, Werkverträge und verschobene Arbeitgeberrisiken, BlStSozArbR 1973, 309 ff. und 324 ff.

Hassencamp, A.: Die Qualität der Arbeitsbedingungen — Probleme und Lösungsansätze, Gewerkschaftliche Monatshefte 1973, 60 ff.

Heußner, H.: Sozialversicherungsrechtliche Aspekte der Arbeitnehmerüberlassung (sog. Leiharbeit), DB 1973, 180 ff.

Hilgendorf, T.: Versicherungs- und haftpflichtrechtliche Fragen zu Schadensfällen aus der Überlassung von Arbeitsgeräten mit Bedienungspersonal, VersR 1972, 127 ff.

von Hindte, Peter: Probleme der Leiharbeit, Diss. jur. Kiel 1959

Hofrichter, Paul: Das mittelbare Arbeitsverhältnis (Zwischenpersonen und Gruppen im Arbeitsrecht), Diss. jur. Kiel 1939

Homans, George Caspar: Theorie der sozialen Gruppe (aus dem Amerikanischen, Titel der Originalausgabe: The human group), 3. Aufl. Köln und Opladen 1968

Hueck / Nipperdey: Lehrbuch des Arbeitsrechts, 1. Bd. von Alfred Hueck, 7. Aufl. Berlin und Frankfurt/M. 1963

Ibing, Hans: Arbeitsgruppen, Zwischenpersonen, Mittelbare Arbeitsverhältnisse, Diss. jur. Göttingen 1935

Immenga, U.: Rechtsfolgen unzulässiger Leiharbeitsverhältnisse, BB 1972, 805 ff.

Informationsdienst BPL: Informationsdienst des Bundesverbands Personal-Leasing, Loseblatt-Sammlung, Stand: August 1974

Kellner, Wolfgang: Der moderne soziale Konflikt, 2. Aufl. Stuttgart 1968

Kern, H. und M. *Schumann:* Industriearbeit und Arbeiterbewußtsein, Teil I und II, Frankfurt/Main 1970 (Forschungsprojekt des RKW)

Kindereit, L.: Probleme des Leiharbeitsverhältnisses, AuR 1971, 327 ff. sowie RdA 1971, 207 ff.

König, R.: Soziologie der Familie, in: König (Herausgeber), Hdb. der empirischen Sozialforschung, Bd. II, Stuttgart 1969, S. 172 ff.

Krahn, Karl: Mobilitätsorientierung und Fluktuationsbereitschaft — Eine empirisch-soziologische Untersuchung in einem Hüttenwerk, Berlin 1971

Kühl, H.: Das Ende des Vermittlungsmonopols? — Gedanken zum Regierungsentwurf eines Leiharbeitsgesetzes —, ABuA 1971, 241 ff.

Kühlewind, G.: Zur Beschäftigungssituation älterer Arbeitnehmer in den 70er Jahren, BArbBl. 1971, 711 ff.

Kühne, P.: Das Vermittlungsmonopol der Bundesanstalt für Arbeit und die Begründung von Leiharbeitsverhältnissen, Diss. jur. Köln 1971

Lehr, Ursula: Die Frau im Beruf, Habilitationsschrift, Frankfurt/M. und Bonn 1969

Leminsky, G.: Arbeitsgestaltung als Lernprozeß — Erfahrungen mit Experimenten in Norwegen, Gewerkschaftliche Monatshefte 1973, 28 ff.

Leve, M.: Das Vermieten von Menschen, Soziale Arbeit 1972, 383 ff.

Liede, M.: Bildung macht mobil, Die Zeit Nr. 47 vom 16. 11. 1973, S. 50

Löhlein, G.: Die Gruppe entscheidet — Neue Formen der Arbeitsgestaltung werfen neue Fragen auf, Die Zeit Nr. 16 vom 12. 4. 1974, S. 28

Lotmar, Philipp: Der Arbeitsvertrag, 2. Bd., Leipzig 1908

Lutz, Burkhart: Modelluntersuchung eines regionalen Arbeitsmarktes am Beispiel des Wirtschaftsraumes Augsburg, RKW-Projekt A 44, 3 Bde. (Institut für sozialwissenschaftliche Forschung e. V.) München, 1972

— Arbeitswirtschaftliche Modelluntersuchung eines Arbeitsmarktes, Zusammenfassung, Frankfurt/M. 1973

Lutz, B. und F. *Weltz*: Der zwischenbetriebliche Arbeitsplatzwechsel — Zur Soziologie und Sozioökonomie der Berufssoziologie, Frankfurt/Main 1966 (Veröffentlichung des RKW)

Lyon-Caen und *Ribettes-Tillhet*: Sociétés de travail temporaire et travailleurs temporaires, Dalloz-Sirey 1972, Chronique, S. 63

Maus, W.: Handbuch des Arbeitsrechts, Loseblattsammlung, Leiharbeitsverhältnisse, Stand August 1965

Mavridis, V.: Eingliederungstheorie, Vertragstheorie und Gemeinschaftsverhältnis, RdA 1956, 444 ff.

Mayer-Maly, Theo: Das Leiharbeitsverhältnis, ZfA 1972, 1 ff.

— Arbeitnehmerüberlassungsgesetz, Besprechung, AuR 1973, 376 ff.

Mayntz, Renate: Soziologie der Organisation, Hamburg 1963

— Die soziale Organisation des Industriebetriebes, Stuttgart 1958

Metzmaier, Gerd: Die Eingliederungstheorie und die Lehre vom Arbeitsverhältnis, Diss. Jur. Gießen 1968

Mittmann, Gerd: Rechtliche Probleme der Leiharbeit, Diss. jur. Kiel 1972

Molitor, E.: Geteiltes Weisungsrecht, DB 1960, 28 ff.

Molitor, E. und K. H. *Bürger*: Beendigung des Arbeitsverhältnisses, in: AR-Blattei, D Arbeitsvertrag - Arbeitsverhältnis VIII, VIII Beendigung des Arbeitsverhältnisses (Stand 1971)

Möller-Lücking, Norbert: Gewerbsmäßige Arbeitnehmerüberlassung — Neuordnung oder Verbot?, Manuskript, Veröffentlichung vorgesehen im Jahrbuch „Das Arbeitsrecht der Gegenwart", Bd. 11, Dokumentation für das Jahr 1973

Moritz, H. W.: Inkrafttreten des Arbeitnehmerüberlassungsgesetzes, BB 1972, 1569 ff.

Mörschbach, F.: Leiharbeit-Protest: Wir sind keine Streikbrecher, WdA vom 3. 12. 1971, S. 4 f.

Nef, Urs Ch.: Temporäre Arbeit, Diss. Zürich 1971

Neuloh, Otto: Arbeits- und Berufssoziologie, Berlin und New York 1973

Neumann, Heinrich: Mittelbare Arbeitsverhältnisse, Diss. Leipzig 1934

Niemann, H.-J.: Jugendliche im Betrieb — Ein Literaturbericht, RKW-Schriftenreihe: Lernen und Leistung, Frankfurt/M. 1973

Nikisch, A.: Arbeitsrecht, I. Bd., Allgemeine Lehren und Arbeitsvertragsrecht, 3. Aufl. Tübingen 1961

Noll, P.: Gesetzgebungslehre, Hamburg 1973

OECD-Bericht: Organisation de Cooperation et de Développement Economiques: Le travail temporaire, Rapport sur une réunion mixte d'experts, Paris, 12 - 14 avril 1972, von: Catala-Franjou

ohne Verfasser: Die Bundesrepublik ist ein Großmutterland, Der Spiegel Nr. 43 vom 22. 10. 1973, S. 49 ff.

— Große Geschäfte mit kleinen Leuten, FR vom 27. 4. 1973, S. 5

— Staatsanwalt befaßt sich mit dem Konkurs, FR vom 12. 5. 1973, S. 17

— Verleih-Firmen-Flucht nach vorn, FR vom 20. 7. 1973, S. 5

— Bauunternehmen ging bankrott — Arbeiter hatten Glück, FR vom 6. 10. 1973, S. 15

— Beruhigung auf dem Arbeitsmarkt wird deutlicher, FR vom 16. 10. 1973, S. 5

— Unlauteres Geschäftsgebaren bei Zeitarbeit-Firmen? FR vom 14. 11. 1973, S. 12

— Vom Personalabbau begünstigt, FR vom 16. 1. 1974, S. 6

— Manager wie Putzfrauen vermittelt, Zeitungs- und Zeitschriftenverlag 1967, S. 602

— Manchmal schlage ich irgendwas kaputt, Der Spiegel vom 2. 7. 1973, S. 98 ff.

— Le travail temporaire, in: avenirs, no. 240, Mai 1973, S. 19 ff.

— Valeur ajoutée, in: Entreprise, supplément au no. 757 vom 14. 3. 1970, S. 5 ff.

— Kampf den Auswüchsen im Personalverleih, Schweizerische Arbeitgeberzeitung (Zürich) vom 23. 9. 1971, S. 705 ff.

Oldendorff, A.: Sozialpsychologie im Industriebetrieb (aus dem Niederländischen; Titel der Originalausgabe: Organisatie van samenwerking in het industriële bedrijf) Köln 1970

Planck: Kommentar zum BGB nebst Einführungsgesetz, Bd. 2, 2. Hälfte, Recht der Schuldverhältnisse (Besonderer Teil), 4. Aufl. Berlin und Leipzig 1928

Raiser, Thomas: Das Unternehmen als Organisation — Kritik und Erneuerung der juristischen Unternehmenslehre, Berlin 1969

Ramm, Th.: Eine Kritik des Arbeitnehmerüberlassungsgesetzes, DB 1973, 1170 ff.

Ramm, Th.: Die Aufspaltung der Arbeitgeberfunktionen (Leiharbeitsverhältnis, mittelbares Arbeitsverhältnis, Arbeitnehmerüberlassung und Gesamthafenarbeitsverhältnis), ZfA 1973, 263 ff.

Rehbinder, M.: Einführung in die Rechtssoziologie, Frankfurt/M. 1971

— Zur Einführung: Rechtssoziologie, JuS 1973, 272 ff.

RKW-Symposium: Humanisierung des Arbeitslebens, Symposium des RKW zu Möglichkeiten neuer Formen der Arbeitsorganisation (Projekt Z 23) mit Beiträgen von W. Arendt, W. Pöhler, E. Ulich, H. Ehrenberg, Frankfurt/M. 1973

Rohde, Helmut: Personalplanung und ältere Arbeitnehmer, Referat für die Internationale Informationsveranstaltung „Ältere Arbeitnehmer" des RKW am 21. / 22. 4. 1974

Rosenmayr, L.: Soziologie des Alters, in: König (Herausgeber), Hdb. der empirischen Sozialforschung, Bd. II, Stuttgart 1969, S. 306 ff.

Rutenfranz, J. — Ulich, E.: Berufsreife, in: Gottschald, K-Lersch, Ph.-Sander, F.-Thomae, H. (Herausgeber), Hdb. der Psychologie, Göttingen 1961, S. 336 ff.

Sandmann, G.: Regelung der Leiharbeit, BArbBl. 1972, 499 ff.

Sandmann, G. und Th. *Vielhaber:* Arbeitnehmerüberlassungsgesetz, Kommentar, Frankfurt/M. 1972

Schaub, G.: Arbeitsrechtshandbuch, München 1972

Scheiwiller, B.: Geld und Geist — Auswüchse im Personalverleih, in: Die Weltwoche (Zürich) vom 8. 10. 1971

Schmidt, W.: Baugerätegestellung als Miete oder Werkvertrag?, VersR 1969, 24 f.

Schnorr, G.: Die gewerbsmäßige Arbeitnehmerüberlassung, RdA 1972, 193 ff.

Schrauth, Otto: Das mittelbare Arbeitsverhältnis, Diss. jur. Gießen 1939

Schubel, H.-D.: Nicht alle Rechtsfragen wurden befriedigend gelöst, in: Handelsblatt vom 25. / 26. 5. 1973, S. 35

Schubel, H.-D. und G. *Engelbrecht:* Kommentar zum Gesetz über die gewerbsmäßige Arbeitnehmerüberlassung, Heidelberg 1973

Schubert, W.: Illegale verdienen oft nur vier Mark, FR vom 9. 10. 1973, S. 15

Schürhoff, Horst: Zeit-Arbeit — ein Instrument moderner Personalplanung und -führung, Nachdruck aus: Handbuch für Manager, Herne, Lieferung März 1973

Seiter, H.: Staatliches Arbeitsvermittlungsmonopol und private Arbeitnehmerüberlassung, JurA 1971, 204

SOFRES-Untersuchung: SOFRES (Paris), Le travail temporaire en France, Etude menée auprès des salariés des entreprises de travail temporaire, April 1973 (im Auftrag des Verleiherverbandes SNETT)

Söllner, A.: Betrieb und Menschenwürde, RdA 1968, 437 ff.

Soergel / Siebert: Kommentar zum Bürgerlichen Gesetzbuch, Bd. 3, Schuldrecht II (§§ 611 - 853), 10. Aufl. 1969

Stammer, Otto (Herausgeber): Angestellte und Arbeiter in der Betriebspyramide, Berlin 1960

Starosta, Eberhard: Aspekte der Zeitarbeit, Berichte des Deutschen Industrieinstituts zur Sozialpolitik 1971, Heft 5, S. 1 ff.

Staudinger: Kommentar zum Bürgerlichen Gesetzbuch, II. Bd., Recht der Schuldverhältnisse, 3. Teil (§§ 611 - 704), erläutert von H. C. Nipperdey, H. Mohnen, D. Neumann, H. Riedel, 11. Aufl. Berlin 1958

Sturn, H.: Kritische Fragen zum Leiharbeitsverhältnis, BB 1969, 1436 ff.

Then, Werner: Personal-Leasing — Rationalisierungsmittel moderner Personalarbeit, DB, Beilage vom 24. 12. 1971

— Diskussionsbeitrag zum Gesetz für „deutsche Gastarbeiter", in: Handelsblatt vom 25. 4. 1972, S. 36

— Zeit-Arbeit, Düsseldorf und Wien 1974

— Die wirtschaftlichen und personalpolitischen Vorteile der „Zeit-Arbeit", in: Personal, Mensch und Arbeit im Betrieb 1972, 148 ff.

Theuersbacher, Paul: Das Leiharbeitsverhältnis, Diss. jur. München 1960

Toumit, Jean-Louis: Travail temporaire, L'âge adulte, in: L'usine nouvelle vom 15. 10. / 15. 11. 1973, S. 87 ff.

Trieschmann, Günther: Der Leiharbeiter, Diss. jur. Köln 1952

— Das Leiharbeitsverhältnis, DB, Beilage 16 vom 26. 9. 1956

Ulich, E.: Arbeitswechsel und Aufgabenerweiterung, REFA-Nachrichten 1072, 265 ff.

Vetter, H. O.: Humanisierung der Arbeitswelt als gewerkschaftliche Aufgabe, Gewerkschaftliche Monatshefte 1973, 1 ff.

Vielhaber, Th.: Mehr Schutz für Leiharbeitnehmer, ArbuSozPol. 1971, 275 ff.

Vilmar, Fritz (Herausgeber): Menschenwürde im Betrieb — Modelle der Humanisierung und Demokratisierung der Arbeitswelt, Hamburg 1973

Welch, R.: Personal-Leasing der „zweite Arbeitsmarkt", in: Handelsblatt vom 25. 4. 1974, S. 35

Weinert, F. E.: Schule und Beruf als institutionelle Sozialisationsbedingungen, in: Hdb. der Psychologie, 7. Bd. Sozialpsychologie, 2. Halbband, Herausgeber: Graumann, Kruse, Kroner, Göttingen 1972, S. 824 ff.

Weltz, Friedrich: Bestimmungsgrößen des Verhaltens von Arbeitnehmern auf dem Arbeitsmarkt, Zusammenfassung der Ergebnisse einer Untersuchung des Instituts für Sozialwissenschaftliche Forschung e. V. München, RKW-Projekt A 58, Frankfurt/M. 1971

Wiedemann, H.: Zur Typologie zulässiger Zeitarbeitsverträge, Festschrift für H. Lange, 1970, S. 395 ff.

Wilensky, Harold L.: Arbeit, Karriere und soziale Integration, in: Luckmann-Sprondel (Herausgeber), Berufssoziologie, Köln 1972, S. 318 ff.

Wolf: Arbeitserlaubnis für nichtdeutsche Leiharbeitnehmer, BB 1973, 1216 f.

Wolff: Verwaltungsrecht, Bd. 1, 8. Aufl. München 1971

Wurzbacher, G. und U. *Schlottmann:* Beruf und Schule als Faktoren soziokultureller und personaler Strukturierung und Veränderung, in: Theodor Scharmann (Herausgeber), Schule und Beruf als Sozialisationsfaktoren, Bd. II, Stuttgart 1966, S. 74 ff.

FSC
www.fsc.org
MIX
Papier | Fördert
gute Waldnutzung
FSC® C083411

Kolibri 360 GmbH
Ferdinand-Jühlke-Straße 7
99095 Erfurt, Deutschland
produktsicherheit@kolibri360.de

Druck:
CPI Druckdienstleistungen GmbH
im Auftrag der
Kolibri 360 GmbH
Ferdinand-Jühlke-Str. 7
99095 Erfurt